21 世纪经济管理精品教材
金融学系列

投资组合管理

(第2版)

李学峰 主编

清华大学出版社
北京

内容简介

本书讲授投资组合管理的理论与操作,分上下两篇。上篇为投资理论,主要从理论上讲授投资中的风险、收益与投资者效用,资产组合理论,资本资产定价模型,因素模型与套利定价理论,市场有效性理论与行为金融理论。下篇为投资组合管理,在详细讲解、演示了资产组合理论、资本资产定价模型、套利定价理论、有效市场假说与行为金融理论的具体应用与操作的基础上,进一步分析了投资组合的构建与动态调整、组合管理中的资产配置、投资组合的绩效评价、债券投资组合管理策略,以及期货、期权的投资策略。

本书可作为高等院校金融学专业本科生、MBA(工商管理硕士)、金融专业硕士和其他研究生的教材,也可作为金融从业人员的参考用书。

本书封面贴有清华大学出版社防伪标签,无标签者不得销售。
版权所有,侵权必究。举报: 010-62782989, beiqinquan@tup.tsinghua.edu.cn。

图书在版编目(CIP)数据

投资组合管理/李学峰主编. —2版. —北京: 清华大学出版社,2021.1(2025.6重印)
21世纪经济管理精品教材·金融学系列
ISBN 978-7-302-56992-3

Ⅰ.①投… Ⅱ.①李… Ⅲ.①投资管理—高等学校—教材 Ⅳ.①F830.593

中国版本图书馆 CIP 数据核字(2020)第 231943 号

责任编辑: 张 伟
封面设计: 李召霞
责任校对: 宋玉莲
责任印制: 丛怀宇

出版发行: 清华大学出版社
网　　址: https://www.tup.com.cn, https://www.wqxuetang.com
地　　址: 北京清华大学学研大厦 A 座　　邮　编: 100084
社 总 机: 010-83470000　　邮　购: 010-62786544
投稿与读者服务: 010-62776969, c-service@tup.tsinghua.edu.cn
质量反馈: 010-62772015, zhiliang@tup.tsinghua.edu.cn
课件下载: https://www.tup.com.cn, 010-83470332

印 装 者: 北京同文印刷有限责任公司
经　　销: 全国新华书店
开　　本: 185mm×260mm　　印　张: 15.75　　字　数: 362千字
版　　次: 2015年9月第1版　2021年3月第2版　印　次: 2025年6月第10次印刷
定　　价: 49.00元

产品编号: 081521-01

第2版前言

本书讲授投资组合管理的理论与操作，分上下两篇。上篇为投资理论，主要从理论上讲授投资中的风险、收益与投资者效用，资产组合理论，资本资产定价模型，因素模型与套利定价理论，市场有效性理论与行为金融理论。其中配有大量的习题、案例和阅读资料，帮助读者对投资学的各个核心理论模块的内涵、逻辑有具体、深入的理解和掌握。下篇为投资组合管理，在详细讲解、演示了资产组合理论、资本资产定价模型、套利定价理论、有效市场假说与行为金融理论的具体应用与操作的基础上，进一步分析了投资组合的构建与动态调整、组合管理中的资产配置、投资组合的绩效评价、债券投资组合管理策略，以及期货、期权的投资策略。本篇的核心内容即投资理论的操作和应用，为此我们精心设计了大量的实操案例。

本书的第一个特色是坚持以习近平新时代中国特色社会主义思想为指导，深入贯彻党的二十大精神。这一特色主要体现在，相对于其他投资组合管理方面的书籍，本书的内容更加中国化。我们发现理解、掌握投资组合管理的理论、模型、方法的最大难点在于，由于大多数投资组合管理的书籍都是对欧美书籍的翻译或者是参考了欧美版本，所以过程中所使用的也大多是欧美特别是美国市场的数据和情况，导致了读者特别是在校大学生、研究生不仅对于投资组合管理理论和模型的理解感觉很抽象、很遥远，而且对于中国资本市场的实际情况也缺乏较为深刻的了解和认识。这些无疑也阻碍了投资组合管理的基本原理和思考方式与中国市场实践的有机结合。为了解决这一关键问题，在本书第2版的写作过程中，我们不仅用了较多的时间和精力自己设计或者收集、整理了大量中国市场的案例、实际情况和数据，而且在基本理论和模型的阐述中也进行了很多中国化的理论表达。

本书的第二个特色是落实教材国家事权，服务自主知识体系构建，站稳中国立场。这主要体现于在第2版的研究、设计、写作过程中，我们对全书的结构做出了不同于国内外其他相关书籍的全新调整，使得各篇各章各节各目的逻辑关系、理论脉络、学术传承与实践应用更为清晰、自然；同时本书主要以中国市场作为研究背景，设置了多个阅读资料帮助学生理解相关原理在中国的应用、中国市场运行的特点，并由此理解我国市场建设所取得的成就，树立对我国市场的自信。

本书的第三个特色是具有前沿性,并做到了科研与教学相融合。本书重点研究和介绍了资产组合理论、资产定价理论、市场有效性理论、行为金融理论和投资绩效评价理论等投资学(甚至是整个微观金融学)的核心理论,特别是结合我们二十年来在投资组合管理领域的学术研究,对上述理论近年来的最新进展进行了介绍和评价。使读者通过本书的学习,不仅能够扎实地掌握经典理论和模型,而且能够把握理论的前沿和学术动态。

此外,本书既有利于教师在教学时灵活使用、有所侧重,也有利于高等院校金融学专业本科生、研究生使用和自学,还有助于实务工作者进一步思考和探讨相关知识在日常工作中的应用。

本书获得南开大学"双一流"建设项目的立项支持,并在基础数据收集和案例设计过程中得到了赵继红、马悦、张晏玮、洪剑锋、张楚、杨盼盼、李连文、金晓溪、闫沂良等人的大力协助。在此一并表示衷心的感谢!尽管本书第2版在写作过程中经过反复修改,但缺点仍在所难免,这里也恳请同行专家和广大读者提出宝贵意见,以便我们进一步修改和完善。

李学峰

2024年1月于南开大学金融学院

上篇 投资理论

第一章 风险、收益与投资者效用 ········· 3
- 第一节 单一资产收益与风险的衡量 ········· 3
- 第二节 组合资产的收益和风险衡量 ········· 15
- 第三节 效用价值与投资者的风险偏好 ········· 24
- 本章小结 ········· 29
- 练习题 ········· 30
- 即测即练 ········· 31

第二章 资产组合理论 ········· 32
- 第一节 资产组合理论概述 ········· 32
- 第二节 马科维茨模型 ········· 39
- 第三节 最优资产组合的确定 ········· 43
- 第四节 指数模型 ········· 52
- 本章小结 ········· 64
- 练习题 ········· 65
- 即测即练 ········· 66

第三章 资本资产定价模型 ········· 67
- 第一节 模型的含义与假设 ········· 67
- 第二节 模型的内容 ········· 68
- 第三节 资本资产定价模型的应用与评价 ········· 71
- 第四节 对 CAPM 的扩展 ········· 75
- 本章小结 ········· 81
- 练习题 ········· 83
- 即测即练 ········· 83

第四章　因素模型与套利定价理论 ································· 84

- 第一节　因素模型 ·· 84
- 第二节　套利定价理论 ·· 90
- 本章小结 ·· 95
- 练习题 ··· 97
- 即测即练 ·· 97

第五章　市场有效性假说 ··· 98

- 第一节　有效市场理论 ·· 98
- 第二节　市场有效性理论的实证研究 ·· 102
- 本章小结 ·· 106
- 练习题 ··· 108
- 即测即练 ·· 108

第六章　行为金融理论 ·· 109

- 第一节　对市场异象的解释与分歧 ·· 109
- 第二节　行为金融学及其基本理论 ·· 112
- 第三节　投资者的行为偏差 ··· 117
- 本章小结 ·· 126
- 练习题 ··· 127
- 即测即练 ·· 127

下篇　投资组合管理

第七章　投资理论的应用 ··· 131

- 第一节　资产组合理论的应用 ·· 131
- 第二节　资本资产定价模型的应用 ·· 139
- 第三节　套利定价理论的应用 ·· 145
- 第四节　有效市场假说与股票分析 ·· 146
- 第五节　行为投资学与投资行为管理 ··· 149
- 本章小结 ·· 156
- 练习题 ··· 157
- 即测即练 ·· 157

第八章　投资组合的构建与调整 ··· 158

- 第一节　投资组合构建与调整的合理性评价 ································ 158
- 第二节　积极组合管理的实施 ·· 163

第三节　积极组合管理能力评价 …………………………………… 167
　　本章小结 ………………………………………………………………… 172
　　练习题 …………………………………………………………………… 172
　　即测即练 ………………………………………………………………… 172

第九章　资产配置管理 ……………………………………………………… 173
　　第一节　资产配置概述 ……………………………………………… 173
　　第二节　战略性资产配置、战术性资产配置及动态资产配置 …… 180
　　第三节　资产配置效率与能力 ……………………………………… 191
　　本章小结 ………………………………………………………………… 194
　　练习题 …………………………………………………………………… 195
　　即测即练 ………………………………………………………………… 195

第十章　投资绩效评价 ……………………………………………………… 196
　　第一节　绩效评价模型 ……………………………………………… 196
　　第二节　绩效持续性及其影响因素 ………………………………… 211
　　本章小结 ………………………………………………………………… 216
　　练习题 …………………………………………………………………… 216
　　即测即练 ………………………………………………………………… 216

第十一章　债券投资组合管理 …………………………………………… 217
　　第一节　债券投资管理的基础：久期与凸性 ……………………… 217
　　第二节　消极的债券投资策略 ……………………………………… 222
　　第三节　积极的债券投资策略 ……………………………………… 228
　　本章小结 ………………………………………………………………… 231
　　练习题 …………………………………………………………………… 232
　　即测即练 ………………………………………………………………… 232

第十二章　期货与期权投资 ……………………………………………… 233
　　第一节　期货投资 …………………………………………………… 233
　　第二节　期权的投资策略 …………………………………………… 237
　　本章小结 ………………………………………………………………… 240
　　练习题 …………………………………………………………………… 241
　　即测即练 ………………………………………………………………… 241

参考文献 ……………………………………………………………………… 242

上 篇

投 资 理 论

  对投资中所面临的风险和可能获得的收益的量化表达,以及对投资者效用的理论分析和描述,构成了投资理论的基础背景。而资产组合理论、资本资产定价模型、套利定价理论、有效市场假说与行为金融理论,则构成了投资理论的核心内容。本篇即围绕上述投资理论的基础概念与核心内容进行分析。

第一章 风险、收益与投资者效用

投资理论的一个基本指导理念是风险与收益的最优匹配。对一个理性的投资者而言，所谓风险与收益的最优匹配，是在一定风险下追求更高的收益，或是在一定收益下追求更低的风险。对风险与收益的量化以及对投资者风险偏好的分类，是构建资产组合时首先要解决的一个基础问题。

本章分别对单一资产和组合资产的风险与收益的分类及其计量进行研究，并对投资者的风险偏好与效用进行分析，为进入资产组合理论的核心提供概念基础。

第一节 单一资产收益与风险的衡量

我们知道，一个投资组合是由不同的资产或证券构成的，而对单一资产或证券的收益和风险的衡量，则是计量投资组合的收益与风险的基础。本节将从收益的类型与测定、风险的衡量、非正态分布的风险度量、风险的分类以及风险与收益的综合五个角度，对单一资产风险与收益进行量化研究。

一、收益的类型与测定

我们可以将投资收益率分为持有期收益率、预期收益率和必要收益率三大类型。

（一）持有期收益率

进行证券投资，收益额由当前收益与资本利得两部分构成，如图 1-1 所示。

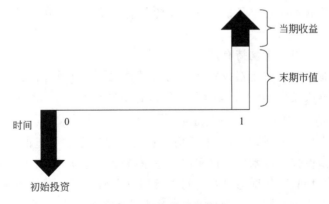

图 1-1 投资收益的构成

由图 1-1 可见，持有期收益率是指当期收益与资本利得之和占初始投资的百分比，即

$$持有期收益率 = \frac{当期收益 + 资本利得}{初始投资} \times 100\% \tag{1-1}$$

例题1-1 持有期收益率的计算

假定小王在去年的今天以每股25元的价格购买了100股浦发银行股票。过去一年中小王得到20元的红利(0.2元/股×100股)，年底时股票价格为每股30元，那么，持有期收益率是多少？

解：(1) 计算过程如下：

小王的投资为 $25 \times 100 = 2\,500$（元）。

年末小王的股票价值额为3 000元，同时还拥有现金红利20元。

小王的收益额为 $20 + (3\,000 - 2\,500) = 520$（元）。

则年持有期收益率为 $\dfrac{520}{2\,500} \times 100\% = 20.8\%$。

(2) 图形描述如图1-2所示。

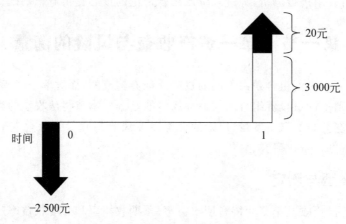

图1-2 投资收益的图形描述

进一步，持有期收益率从计算上可分为算术平均持有期收益率和几何平均持有期收益率。算术平均持有期收益率是指投资者在持有某种投资品n年内获得的收益率总和，公式为

$$\text{算术平均持有期收益率} = (r_1 + r_2 + \cdots + r_n)/n \tag{1-2}$$

几何平均持有期收益率是指投资者在持有某种投资品n年内按照复利原理计算的实际获得的年平均收益率，其中r_i表示第i年持有期收益率($i=1,2,\cdots,n$)，公式为

$$\text{几何平均持有期收益率} = \sqrt[n]{(1+r_1) \times (1+r_2) \times \cdots \times (1+r_n)} - 1 \tag{1-3}$$

当各期收益出现巨大波动时，算术平均持有期收益率会呈明显的上偏倾向。几何平均持有期收益率指标优于算术平均持有期收益率指标的地方，是因为它引入了复利的程式，考虑了货币的时间价值，即通过对时间进行加权来衡量最初投资价值的复合增值率，从而克服了算术平均持有期收益率有时会出现上偏倾向的缺点。通过下面的案例可以理解这一点。

案例 1-1 持有期收益率——算术平均与几何平均

某种股票的市场价格在第 1 年年初时为 100 元,到了年底股票价格上涨至 200 元,但时隔 1 年,在第 2 年年末它又跌回到了 100 元。假定这期间公司没有派发过股息,计算其算术平均收益率和几何平均收益率。

第 1 年的投资收益率为 100%($r_1=(200-100)/100=1=100\%$),第 2 年的投资收益率则为 -50%($r_2=(100-200)/200=-0.5=-50\%$)。

用算术平均收益率来计算,这两年的平均收益率为 25%,即 $r=[100\%+(-50\%)]/2=25\%$。

采用几何平均收益率来计算,$r_c=\sqrt{(1+1)(1-0.5)}-1=0$。这个计算结果符合实际情况,即两年来平均收益率为 0。

由以上案例可见,算术平均收益率的上偏倾向使它总是高于几何平均收益率,而且收益波动的幅度越大,这种偏差就越明显。只有在整个投资期间各期的收益率都是相同的情况下,两种平均收益率才可能是一致的。

从经济意义上来说,几何平均收益率因为从复利的角度考虑,对时间进行了加权,当收益率波幅较大时,克服了等权重计算带来的误差。而由于算术平均收益率是等权重计算的,因此波幅较大时,计算的结果也会较大。只有整个投资期间各期的收益率都是相同的情况下,权重因素才不起作用,两种平均收益率才可能是一致的。

(二)预期收益率

所谓预期收益率,即未来收益率的期望值。其计算公式可以表述为

$$E(r)=\sum_{i=1}^{n}(\text{收益率的概率})\times(\text{可能的收益率}) \tag{1-4}$$

记作

$$E(r)=p_1r_1+p_2r_2+\cdots+p_nr_n=\sum_{i=1}^{n}p_ir_i \tag{1-5}$$

式中,p_i 为收益率的概率;r_i 为可能的收益率。

通常,可以通过选择历史样本数据,利用收益率的算术平均值来估计预期收益。

例题 1-2 预期收益率的计算

在可供选择的投资中,假定投资收益可能会由于市场运行情况的不同出现几种结果,如在市场运行良好的环境中,该项投资在下一年的收益率可能达到 20%;而当市场处于熊市时,投资收益将可能是 -20%;如果市场维持正常状态运行,该收益率是 10%,见表 1-1。

表 1-1 不同情况下的可能收益率

市场状况	概　率	收益率
牛市	0.15	0.20
熊市	0.15	−0.20
正常运行	0.70	0.10

根据以上数据即可算出该投资下一年的预期收益率：
$$E(r)=0.15\times0.20+0.15\times(-0.20)+0.70\times0.10=0.07$$

（三）必要收益率

所投资的证券产生的收益率必须得到补偿：①货币纯时间价值，即真实无风险收益率 r_f；②该期间的预期通货膨胀率 π^e；③所包含的风险，即风险溢价 r_p。这三种因素的总和被称为必要收益率，用公式表示为

$$k=r_f+\pi^e+r_p \tag{1-6}$$

作为对延期消费的补偿，这是投资者进行一项投资所能接受的最小收益率，即必要收益率。需要我们注意的是，在式(1-6)中，无风险收益率是已知的，预期通货膨胀率也可以从有关宏观研究报告中获取，那么，风险溢价是多少？如果此数据未知，意味着必要收益率 k 是无解的。这是一个很有趣又很实际操作的问题，请大家思考。

（四）收益率的正态分布

正态分布是一个"神奇"的自然现象，很多由一连串随机事件构成的变量都会呈现出正态分布的形态，在日常生活中频繁出现。例如，一个国家或地区全部人口的身高、体重情况都很好地符合正态分布。如果投资者对收益的期望是理性预期，那么实际收益率应该是服从以此期望为均值的正态分布，即收益率的概率分布最终会形成大家熟悉的钟形形状。

图1-3展示的是一个均值为10%、标准差为20%的正态分布。这个图形展示了在给定这些参数下各种收益水平发生的理论概率。较小的标准差意味着可能的收益表现更多地聚集在均值附近，较大的标准差则意味着可能实现的收益水平更加分散。任何一个特定收益率实现的概率都由均值和标准差来决定，换句话说，一个正态分布的形态完全由其均值和标准差这两个参数来决定。

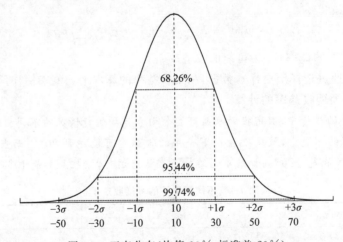

图1-3　正态分布（均值10%，标准差20%）

如果收益率的分布可以用正态分布来近似拟合的话，投资管理将变得更加有理有据。第一，正态分布是左右对称的，也就是说，均值左右程度一样的偏离其发生的概率也一样。

没有对称性的话,用收益的标准差来衡量风险显然是不合适的。第二,正态分布具有稳定性,意味着对于具有正态性的不同资产,其构成组合的收益同样服从正态分布。第三,当资产或资产组合收益分布只有两个变量时,对其未来的情境分析因为需要考虑的变量很少而会变得简单许多。第四,当构造证券组合时,必须考虑证券收益的相关性。总体来说,这种相关性是多层面的。但是如果收益是正态分布,收益之间统计相关性可以以相关系数来表达。这样我们在描述任何两个证券的相关性时只需估计一个参数。

案例 1-2　Excel 中的正态分布函数

假定标准普尔500的月收益率近似符合均值为1%、标准差为6%的正态分布。那么在任何一个月指数收益为负的概率是多少?使用Excel建立一个函数能很快解决这个问题。在正态分布函数中观察的结果小于临界值的概率用NORMDIST得到。在这个例子中想得到小于零的概率,即计算NORMDIST(0,1,6,TRUE)=0.433 8,也可以在Excel中建立标准正态函数来求均值低于1/6个标准差的概率:NORMDIST(-1/6)=0.433 8。

二、风险的衡量

如果我们面对普通股、长期债券、短期国债三种证券,仅仅从收益的角度来看,如图 1-4 所示。

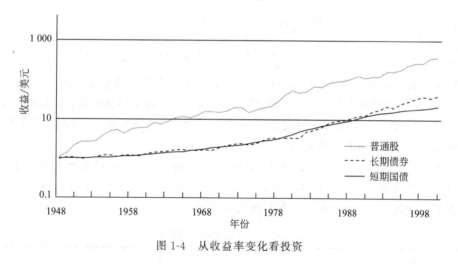

图 1-4　从收益率变化看投资

由图 1-4 可见,根据收益率的计算公式:

$$1\times(1+r_{1948})\times(1+r_{1949})\times\cdots\times(1+r_{2000})=383.82(\text{美元})$$

即 1948 年 1 美元的股票投资到 2000 年时将变为 383.82 美元,其结果则是:将没有哪个投资者愿意持有长期债券和短期国债。

但如果我们从收益率的变化来看,情况则大不相同,如图 1-5 所示。这也就引出了另一个重要的概念——风险。

一般将投资风险定义为实际收益对预期收益的偏离,数学上可以用预期收益的方差

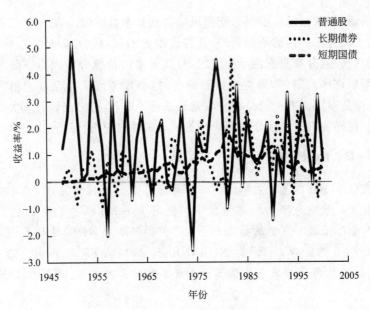

图 1-5 从收益率变化看投资

来衡量。公式为

$$\sigma^2 = \sum_{i=1}^{n} p_i [r_i - E(r_i)]^2 \tag{1-7}$$

方差的平方根为标准差,公式为

$$\sigma = \sqrt{\sum_{i=1}^{n} p_i [r_i - E(r_i)]^2} \tag{1-8}$$

标准差的统计学含义是：当资产收益服从正态分布时,2/3 的收益率在 $E(r_i) \pm \sigma_i$ 的范围内;95% 的收益率在 $E(r_i) \pm 2\sigma_i$ 的范围内。因此,其金融学的含义是：方差或标准差越大,随机变量与数学期望的偏离越大,即实际收益对预期收益的偏离越大,风险就越大。

例题 1-3　某股票预期收益率

假定投资于某股票,初始买入价格为 10 元/股,持有期 1 年,现金红利为 0.4 元/股,预期股票价格在表 1-1 所示的不同市场运行状态下有如表 1-2 中所示的三种可能。求各种可能下的收益率,并求该股票的期望收益和方差。

表 1-2　一个假设的股票投资

经济状态	繁荣	正常运行	萧条
概率	0.25	0.50	0.25
期末价/(元/股)	14	11	8

解：设 r_1、r_2、r_3 分别为经济繁荣、正常运行和经济萧条状态下的收益率。则

$r_1 = (14 - 10 + 0.4)/10 = 44\%$

$r_2 = (11 - 10 + 0.4)/10 = 14\%$

$r_3 = (8 - 10 + 0.4)/10 = -16\%$

根据预期收益率计算公式得

$E(r)=(0.25\times44\%)+(0.5\times14\%)+[0.25\times(-16\%)]=14\%$

再根据方差的计算公式得

$\sigma^2=0.25(44\%-14\%)^2+0.5(14\%-14\%)^2+0.25(-16\%-14\%)^2=0.045$

三、非正态分布的风险度量①

上述风险的表达所遵循的即收益率的正态分布。但在现实市场中,资产收益率经常偏离正态分布。此时对正态分布的偏离可以使用收益分布的高阶矩进行衡量。超额收益 R 的 n 阶中心距为 $(R-\bar{R})^n$,一阶矩为 0,二阶矩为方差的估计值 $\hat{\sigma}^2$。

对不对称性进行度量,称为偏度,计算公式如下:

$$\text{偏度}=\frac{1}{n-1}\sum_{i=1}^{n}\frac{(R_i-\bar{R})^3}{\hat{\sigma}^3} \qquad (1-9)$$

偏度的立方有正有负。因此,如果分布右偏,则如图1-6中的曲线,偏度为正,标准差高估风险。左偏如图1-7中的曲线,偏度为负,标准差低估风险。

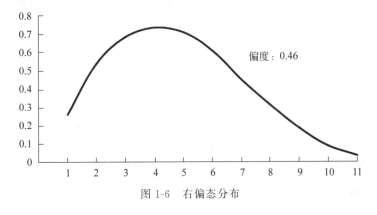

图1-6 右偏态分布

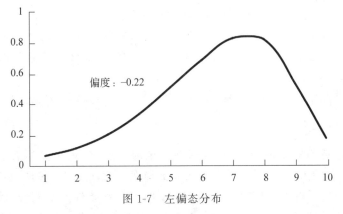

图1-7 左偏态分布

---

① 此处参考了博迪,凯恩,马库斯.投资学[M].10版.北京:机械工业出版社,2017.

另一个正态偏离的度量是考虑分布两端极端值出现的可能性,即从图像上来看是有肥尾特征的情况,分布的尾部发生的概率较正态分布预测的要高,分布中部发生的概率较正态分布的低。这种度量称为峰度,计算如下:

$$峰度 = \frac{1}{n-1} \sum_{i=1}^{n} \frac{(R_i - \bar{R})^4}{\hat{\sigma}^4} - 3 \tag{1-10}$$

之所以减去 3 是因为正态分布的峰度为 0,峰度为正说明存在肥尾现象。

极端负值可能由负偏度以及负峰度产生。注意偏度和峰度为纯数值,它们不会随着高频观测值的变化而变化。极端负收益的频繁发生会导致出现负偏和肥尾。因此,我们需要新的风险度量方法来衡量极端负收益率的发生情况,这些方法主要包括在险价值、预期损失、下偏标准差与索提诺比率、-3σ 收益的相对频率。

(一) 在险价值

在险价值是度量一定概率下发生极端负收益所造成的损失[①]。在险价值的另一个名称是分位数。一个概率分布的 q 分位数是指小于这一分位数的样本点占总体的比例为 $q\%$,因此,当 $q=50$ 时的分位数就是中位数。通常我们估计 5% 的 VaR,它表示有 95% 的收益率将大于该值。因此,这一 VaR 实际上是 5% 的最坏的情况下最好的收益率。在险价值的公式为

$$\text{VaR}_p = F^{-1}(1-P)$$

式中,$F(\cdot)$ 为分布函数;P 为置信水平。

当投资组合的收益率为正态分布时,VaR 可以从分布的均值和标准差中直接推导出来。标准正态分布的 5% 分位数为 -1.65,因此相应的 VaR 为

$$\text{VaR}(0.05, 正态分布) = \bar{R} + (-1.65)\sigma \tag{1-11}$$

我们可以将观测值从高到低排列以获取 VaR 的估计值,VaR 就是样本分布的 5% 分位数。通常,受样本数量的影响,必须对分位数进行插值处理。

案例 1-3 VaR 的计算

假设样本由 84 个年收益率组成(1926—2009 年),则 5% 的观测的序号为 4.2。我们必须在从下往上数的第 4 个观测和第 5 个观测之间进行插值运算。假设最低的 5 个收益率为:-25.03%,-25.69%,-33.49%,-41.03%,-45.64%,则相应的 VaR 在 -25.03% 和 -25.69% 之间,并被计算如下:

$$\text{VaR} = -25.69\% + 0.2 \times (25.69\% - 25.03\%) = -25.56\%$$

(二) 预期损失

当我们通过观测最坏的 5% 的情况来评估尾部风险时,VaR 是所有这些情况中收益率最高(损失最小)的。一个对损失敞口头寸更加现实的观点是:关注最坏情况发生条件下的预期损失。这样的一个值有两个名称:预期损失和条件尾部期望,后者更强调其与左尾分布之间的密切关系。在本书中,我们使用预期损失这一名称。精确定义为:损失

[①] 在险价值一般会写入银行的管理条例并由风险管理人员监控。

大于 VaR 的期望，即

$$ES_P = E[X \mid X > \text{VaR}_p] \tag{1-12}$$

案例 1-4 预期损失的计算

我们对案例 1-3 进行拓展，假设每一个样本点发生的概率相同。因此，我们需要求最底部的 5% 的观测值的平均值。和前面的差值过程一样，我们给最底部的 4 个值的权重为 4/4.2，第 5 个值的权重为 0.2/4.2，这样得到预期损失：

ES = −25.03% × 0.2/4.2 + (−25.69% − 33.49% − 41.03% − 45.64%) × 1/4.2 = −35.94%

显著小于 VaR 的值 −25.56%。

（三）下偏标准差与索提诺比率

正态分布情况下用标准差作为风险的度量存在以下问题：①分布的非对称性要求我们独立地考察收益率为负的结果；②因为无风险投资工具是风险投资组合的替代投资，因此我们应该考察收益对无风险投资收益的偏离而不是对平均投资收益的偏离。

下偏标准差可以解决这两个问题。其计算方法和普通标准差的计算相似，但只使用造成损失的那些样本，即只使用相对于无风险收益率负偏（而不是相对于样本均值负偏）的那些收益率，类似求方差一样求这些偏离的平方和的平均值，然后再求其平方根就得到了下偏标准差。因此下偏标准差实际代表的是给定损失发生情况下的均方偏离。注意到这样一个值忽略了负超额收益的频率，不同的负的超额收益的分布可能产生相同的下偏标准差值。

一般使用下偏标准差来代替标准差，同样也用超额收益率对下偏标准差的比例来代替夏普指数，这一变形称为索提诺比率，计算公式如下：

$$\text{下行标准差：} DD_{EX} = \sqrt{\frac{1}{n-1} \sum_{i=1}^{n} [\min(R_t - R_f, 0)]^2} \tag{1-13}$$

$$\text{索提诺比率：} \text{SOR} = \frac{E(R_p) - R_f}{DD} \tag{1-14}$$

可以看出，下行偏差忽略"良好"表现，而只计算"不良"风险。表示每增加一份"不良"风险，会有多少收益的报酬。就像第五章讲的夏普指数一样，索提诺比率也是越大越好。当考虑到一个很小的下行偏差时，可能会产生一个比较大的索提诺比率。

（四）−3σ 收益的相对频率

接下来关注大幅度负收益与相同均值和标准差正态分布相比的相对发生频率。当股票价格发生大幅度变动时会产生的极端收益，这种极端的收益被称为跳跃。我们用低于均值 3 倍标准差或以上的收益发生的样本数与正态分布下 −3σ 收益发生的相对频率衡量这种跳跃。文中的系统风险和非系统风险也可以表述为系统性风险和非系统性风险，这两种表述没有区别。

这一程度对于股票价格下行风险有信息价值，实践中它在高频大样本中更有用。在均值为 0.1、标准差为 0.2 的正态分布中，−3σ 跳跃的相对频率为 0.13%，即每 1 000 个观察值中有 1.3 次。因此，在小样本中很难得到具有代表性的结果，或者很难反映真实的关于极端变化的统计预期。

四、风险的分类

总体上,可以将风险分为非系统性风险和系统性风险。

(一) 非系统性风险

非系统性风险是由个别上市公司或其他融资主体的特有情况所造成的风险,这一风险只与该公司本身的情况有关,而与整个市场无关,也称微观风险。如果市场是有效的[①],则整个证券市场可以看作"市场组合",该组合将弱化甚至完全消除非系统性风险,因此市场组合或整个市场的非系统性风险为 0。

(二) 系统性风险

系统性风险是指由于某种全局性的因素而对所有资产收益都产生影响的风险。这种风险主要源于宏观经济因素的变化,如利率、汇率的变化所产生的风险,因此又称宏观风险。

正由于系统性风险是通过宏观经济因素变化所导致的,因此它无法通过投资组合给予消除。对于某证券所面临的系统性风险的衡量,可以用该证券的收益率与市场收益率之间的 β 系数代表该证券的系统性风险。某证券 i 的 β 系数 β_i 是指该证券的收益率和市场收益率的协方差 σ_{iM},再除以市场收益率的方差 σ_M^2,即

$$\beta_i = \sigma_{iM}/\sigma_M^2 \tag{1-15}$$

对一个证券组合的 β 系数 β_p,它等于该组合中各证券的 β 系数的加权平均,权数为各种证券的市值占该组合总市值的比重 X_i,即

$$\beta_p = \sum_{i=1}^{n} X_i \beta_i \tag{1-16}$$

β 值的判断标准是:如果某证券或证券组合的 $\beta=1$,其系统性风险与市场风险一致;如果其 $\beta>1$,该证券或投资组合的风险大于市场风险;如果其 $\beta<1$,则表明其系统性风险小于市场风险;当 $\beta=0$ 时,无系统性风险。

这里我们需要注意的是,β 值等于、大于还是小于市场风险,本身无好坏之分,要依据投资策略来判断。因为一方面理论上存在承担的风险越高,可能获得的收益越高;另一方面不同投资者(或机构)对风险的偏好(目标)不一样。若投资策略是追求风险价值,则其组合的 β 值应大于 1,换言之,这种情况下,$\beta<1$ 或 $\beta=1$ 即可能是无效组合。本书后面的有关章节中还会对 β 的投资管理含义进一步阐述。

五、风险与收益的综合

以上分别界定了收益与风险,进一步,将风险与收益综合到一起,即可以帮我们在投资组合构建中进行资产选择。

(一) 风险溢价与资产选择

风险溢价,是指超过无风险资产收益的预期收益,这一溢价为投资的风险提供了补

---

① 关于市场有效性理论,详见第五章。

偿。其中的无风险（risk-free）资产，是指其收益确定，从而方差为零的资产。一般以货币市场基金或者短期国债作为无风险资产的代表品。

如果投资者是风险厌恶者，为了保持其效用不变，要使其承担一定的风险，必须给予其更高的预期收益[①]。换言之，一个风险厌恶的投资者，其行为方式将服从均值—方差标准（mean-variance criterion），即如果投资者是风险厌恶的，则其对于证券 A 和证券 B 的选择，当且仅当 $E(r_A) \geqslant E(r_B)$，且 $\sigma_A^2 \leqslant \sigma_B^2$ 成立时，投资者应选择证券 A 而放弃证券 B。这即是根据风险与收益的关系进行资产选择的原则之一。

（二）变异系数

上述 A、B 两个资产的状态：资产 A 的收益大于资产 B 且资产 A 的风险小于资产 B，在现实市场中实际上是不多见的。当投资者进行资产选择的时候，更多的是要面对资产 A 的收益大于资产 B，但资产 A 的风险也大于资产 B，这个时候就要用到夏普教授所发明的变异系数。

所谓变异系数，也即夏普比率，是指每获得单位收益所承担的风险。即

$$\text{变异系数} = \text{CV} = \frac{\text{标准差}}{\text{预期收益率}} = \frac{\sigma}{E(r)} \tag{1-17}$$

夏普比率的值越大，表明获得单位收益所承担的风险越大，即该资产（或证券）越没有投资价值。夏普比率是我们进行资产选择的一个重要原则或指标。

例题 1-4 用变异系数评估理财产品

假定两个银行理财产品 A、B 的收益率和方差如表 1-3 所示。

表 1-3　A、B 理财产品的收益率和方差

项　目	理财产品 A	理财产品 B
收益率	0.05	0.07
方差	0.07	0.12

通过分别计算例题 1-4 中 A、B 两个理财产品的变异系数就可以从中选择出较优理财产品：

$$\text{CV}_A = \frac{0.07}{0.05} = 1.40 \quad \text{CV}_B = \frac{0.12}{0.07} = 1.71$$

由计算结果可见，理财产品 A 的变异系数低于理财产品 B，所以投资者可以选择理财产品 A 进行理财。

案例 1-5　期望收益率和方差的实际计算

这里我们用一个现实案例来演示期望收益率和方差的计算过程。如表 1-4 所示，三种市场状态出现的概率均为 1/3，资产为股票性基金和债券型基金。

[①] 详见下一节关于投资者效用的界定。

表 1-4 三种市场状态的收益率

市场状态	概率/%	收益率/%	
		股票基金	债券基金
熊市	33.3	−7	17
正常	33.3	12	7
牛市	33.3	28	−3

最终计算结果如表 1-5 所示。

表 1-5 最终计算结果

市场状态	股票基金		债券基金	
	收益率/%	差平方/%	收益率/%	差平方/%
熊市	−7	3.24	17	1.00
正常	12	0.01	7	0.00
牛市	28	2.89	−3	1.00
期望收益率/%	11.00		7.00	
方差	0.020 5		0.006 7	
标准差/%	14.3		8.2	

计算过程如下。

1. 股票型基金的期望收益率

$$E(r_S) = \frac{1}{3} \times (-7\%) + \frac{1}{3} \times (12\%) + \frac{1}{3} \times (28\%)$$

$$E(r_S) = 11\%$$

即表 1-5 中"期望收益率"一行中的数据。

2. 债券型基金的期望收益率

$$E(r_B) = \frac{1}{3} \times (17\%) + \frac{1}{3} \times (7\%) + \frac{1}{3} \times (-3\%)$$

$$E(r_B) = 7\%$$

即表 1-5 中"期望收益率"一行中的数据。

3. 差平方

表 1-5 中,差平方一列中各结果的得到如下:

$[(-7\%) - 11\%]^2 = 3.24\%$

$(28\% - 11\%)^2 = 2.89\%$

$(12\% - 11\%)^2 = 0.01\%$

4. 方差

表 1-5 中,股票型基金的方差由下式得到

$$3.24\% \times \frac{1}{3} + 0.01\% \times \frac{1}{3} + 2.89\% \times \frac{1}{3} = 2.05\%$$

表 1-5 中债券型基金的方差同理可得即 0.006 7。

5. 标准差

对所求得的方差开根号,即得到标准差,比如股票型基金的标准差:

$$\sqrt{0.020\ 5} = 14.3\%$$

第二节 组合资产的收益和风险衡量

第一节研究了单一资产收益与风险的衡量,当我们考虑组合投资时,构建一个投资组合的基础性问题,即是要对该组合的收益和风险做到心中有"数"。此外,组合投资相对于单一资产投资的优势所在,以及产生这一优势的条件等,都是通过对资产组合的收益和风险的分析与计量得到的。

一、组合资产的收益

对组合资产的投资决策,不仅要考虑单个资产的收益和风险,而且要考虑资产组合作为一个整体的收益和风险,还需要决定对组合中的某一单独资产的投资比例。

资产组合的预期收益 $E(r_p)$ 是资产组合中所有资产预期收益的加权平均,其中的权数 x 为各资产投资占总投资的比率。公式为

$$E(r_p) = \sum_{i=1}^{n} x_i E(r_i) \tag{1-18}$$

式中, $i=1,2,\cdots,n$; $x_1+x_2+\cdots+x_n=1$。

例题 1-5 计算组合期望收益率

假设以上海证券市场的三只股票构建投资组合,其基本情况如表 1-6 所示。

表 1-6 一个假设的组合

证券名称	中国国贸	钢联股份	华夏银行	组合
证券代码	600007	600010	600015	—
组合中股份	100	200	100	400
初始买入价(每股)/元	5.98	4.29	4.36	—
总投资/元	598	858	436	1 892
占组合比例	0.316	0.454	0.23	1
期望收益率/元	5	7	3	5.448

表 1-6 中的"初始买入价"分别是三只股票在某一交易日的收盘价;"期望收益率"分为两部分:一部分是三只股票各自的期望收益率,分别以三只股票的样本均值计算得到;另一部分是组合的期望收益率,是本题求解的结果。

解：根据式(1-18)，该组合期望收益率 = 0.316×5% + 0.454×7% + 0.23×3% = 5.448%。

对例题1-5，我们还存在两个问题需要解决。

其一，组合中三只股票的股份分别为100股、200股和100股，根据三只股票各自的单价，从而使其各自的投资额占组合总投资额的比例分别为31.6%、45.4%和23%。那么，这一比例，或者说三只股票各自的购买量是依据什么确定的？对这一问题的详细解答正是第二章马科维茨资产组合理论所要研究和解决的问题。我们这里只是根据一个简单的原则：对预期收益较高的股票给出较高的投资比例。

其二，在表1-6所示的组合中，我们选择了"中国国贸""钢联股份"和"华夏银行"三只股票，为什么选择这三只股票？或者说"选股"的依据是什么？对这一问题的回答需要用到资本资产定价模型、基本分析方法、技术分析方法等。此外，还有一个简单而明确的原则，即下一节要讲到的相关系数问题。

案例1-6 实际操作中组合收益率的计算——以华富保本混合型证券投资基金（000028）为例

选取华富保本混合型证券投资基金2014.12.31—2015.12.31数据，对本资产组合前十大重仓持股以及持有债券进行分析。数据引自同花顺、基金网等。

1. 股票持仓明细

表1-7为该基金前十大重仓股持仓明细。

表1-7 该基金前十大重仓股持仓明细

证券代码	证券名称	占净资产比例/%	期初市值/万元	持股数/万股	分红/万元	期末市值/万元	收益率/%
600089	特变电工	2.92	579.88	46.84	84.36	551.30	9.62
601299	中国北车	2.86	568.00	80.00	13.2	1 130.8	101.41
002094	青岛金王	2.51	499.46	45.99	0	1 432.59	186.82
600280	中央商场	2.17	432.00	30	0.9	335.1	−22.23
002146	荣盛发展	2.07	412.62	26	6.5	247.78	−38.38
600535	天士力	2.07	411.00	10	4.2	409.2	0.58
600976	健民集团	1.93	382.93	13.99	2.798	473.28	24.33
600108	亚盛集团	1.88	373.60	40	0.24	293.6	−21.35
601318	中国平安	1.88	373.55	5	1.75	180	−51.35
600196	复星医药	1.80	358.70	17	5.44	399.33	12.84

表1-7中的中国北车于2015年中旬与南车合并为中国中车，转股比例为1∶1.10。

2. 债券持仓明细

表1-8为该基金债券持仓明细。

表1-8 该基金债券持仓明细

证券代码	证券名称	占净资产比例/%	期初市值/万元	期末市值/万元	票面利率/%	收益率/%
1180038	11锡盟债	10.38	2 065.40	2 143.70	7.62	11.41
140338	14进出38	9.66	1 920.60	1 958.19		1.92
098082	09华西债	6.76	1 343.66	1 351.08	6.05	6.63
125089	深机转债	2.85	567.73	987.62	0.60	73.96
110023	民生转债	1.39	276.54	246.98		−10.69

表1-8中的14进出38债券于2015年6月到期,为平息债券,票面利率3.94%。深机转债为可转债,2015年5月22日,市价221.100元,这里按售出计算收益,没有计算转股后持有至2015年末。民生转债也是可转债,2015年6月24日,市价119.660元,这里按售出计算收益,没有计算转股后持有至2015年年末。

基于股票和债券历史数据计算股票收益率,计算公式为

$$\frac{期末市值+分红-期初市值}{期初市值}$$

由此分别计算得出各股票收益率。

计算债券收益率,计算公式为

$$\frac{期末市值+利息-期初市值}{期初市值}$$

其中平息债券无利息项,可转债按转换日价值作为期末市值。

基于以上计算结果,分别计算股票组合与债券组合对总资产组合的收益贡献:

股票组合对总资产提供的收益贡献为5.94%;债券组合对总资产提供的收益贡献为3.38%。

上述两项计算结果是通过将股票收益、债券收益与相应的在总资产组合中的比重相乘得到。

二、资产组合的风险

正如对资产组合收益的计算一样,资产组合的方差也不是组合中各资产方差的简单加权平均,而是资产组合的收益与其预期收益偏离数的平方,即

$$\sigma_p^2 = E[r_p - E(r_p)]^2 \tag{1-19}$$

式中,r_p为资产组合的收益率。

如果是由两个资产构建一个投资组合,则该组合的方差为

$$\begin{aligned}\sigma_p^2 &= w_1^2\sigma_1^2 + w_2^2\sigma_2^2 + 2w_1w_2\sigma_{1,2} \\ &= w_1^2\sigma_1^2 + w_2^2\sigma_2^2 + 2w_1w_2\rho_{1,2}\sigma_1\sigma_2\end{aligned} \tag{1-20}$$

由 n 个资产构成的组合,计算该组合方差的一般公式为

$$\sigma_p^2 = \sum_{i=1}^{n} x_i^2 \sigma_i^2 + \sum_{i=1}^{n}\sum_{j=1}^{n} x_i x_j \mathrm{cov}(x_i, x_j), \quad i \neq j \quad (1\text{-}21)$$

式中,$\mathrm{cov}(x_i, x_j)$ 为资产 i 与资产 j 之间的协方差,对此将在下一节给予详细讨论。式(1-21)表明,资产组合的方差是资产各自方差与它们之间协方差的加权平均。

例题 1-6　计算组合方差

假设由两项资产构成投资组合,$x_1=0.25$,$\sigma_1=0.20$,$x_2=0.75$,$\sigma_2=0.18$,且 $\sigma_{12}=0.01$,计算该组合的方差。

根据式(3-20)有

$$\begin{aligned}\sigma_p^2 &= 0.25^2(0.20)^2 + 0.25(0.75)(0.01) + 0.75^2(0.18)^2 + 0.75(0.25)(0.01) \\ &= 0.024\,5\end{aligned}$$

对例题 1-6 做进一步的分析。由题中的已知条件可见,资产 1 的方差 $\sigma_1^2=0.04$,资产 2 的方差 $\sigma_2^2=0.032\,4$;而我们所计算的投资组合的方差 $\sigma_p^2=0.024\,5$。可见组合投资有利于降低投资风险。但这一结果的取得还有赖于一个前提性条件,即资产之间的相关系数。

三、协方差与相关系数

所谓协方差,即两个或更多的随机变量之间的相互依赖关系。设 x_1、x_2 为两个随机变量,其均值分别为 $E(x_1)$ 和 $E(x_2)$,则两变量之间的协方差被定义为

$$\mathrm{cov}(x_1, x_2) = E[(x_1 - E(x_1)) \times (x_2 - E(x_2))] \quad (1\text{-}22)$$

经过简单推导,可以得到式(1-22)的一个替代公式:

$$\mathrm{cov}(x_1, x_2) = E(x_1 x_2) - E(x_1)E(x_2) \quad (1\text{-}23)$$

通常以 σ_{12} 表示两个资产之间的协方差。

协方差所告诉我们的信息是:如果 $\sigma_{12}=0$,即两资产为不相关的随机变量;如果 $\sigma_{12}>0$,则两随机变量正相关,此时如果一个随机变量高于均值,则另一个随机变量也高于均值;如果 $\sigma_{12}<0$,则两个随机变量负相关。协方差:资产的相关性如图 1-8 所示。

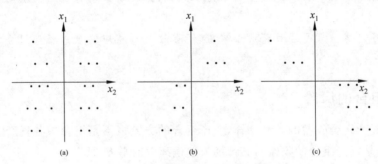

图 1-8　协方差:资产的相关性

图 1-8 以两个随机变量 x_1 和 x_2 为例,显示了协方差所表明的随机变量之间的相关性。其中图 1-8(a)表明的是 $\sigma_{12}=0$;图 1-8(b)表明的是 $\sigma_{12}>0$;图 1-8(c)则表明的是 $\sigma_{12}<0$。

协方差的一个重要界限是,两个随机变量的协方差满足

$$|\sigma_{12}| \leqslant \sigma_1 \sigma_2 \tag{1-24}$$

这一不等式表明,如果 $\sigma_{12}=\sigma_1\sigma_2$,表明两个随机变量完全正相关;如果 $\sigma_{12}=-\sigma_1\sigma_2$,表明两个随机变量完全负相关。

协方差描述了两个随机变量之间的相关状态,即是正相关、负相关,还是零相关,但它却不能说明变量之间的相关程度。相关系数反映两个随机变量的联系程度,其计算公式为

$$\rho_{ij} = \frac{\sigma_{ij}}{\sigma_i \sigma_j} \tag{1-25}$$

式中,ρ_{ij} 为资产 i 与 j 的相关系数。

由协方差的计算公式可以得到,相关系数的取值为:$+1 \geqslant \rho_{ij} \geqslant -1$。正号表示正相关,负号表示负相关;$\rho_{ij}=1$ 时为两个资产完全正相关,$\rho_{ij}=-1$ 时两个资产完全负相关,$\rho_{ij}=0$ 时两个资产不相关。

不同资产之间的相关系数对资产组合的风险有重大影响。如果由两个资产构成一个资产组合,则该组合的方差可表述为

$$\sigma_p^2 = x_1^2 \sigma_1^2 + x_2^2 \sigma_2^2 + 2 x_1 x_2 \rho_{12} \sigma_1 \sigma_2 \tag{1-26}$$

其中,ρ_{12} 为两个资产的相关系数。

由式(1-26)可见,如果两个资产的权重及其各自的方差既定不变,ρ_{12} 越大,则 σ_p^2 越大;反之则相反。这说明,资产的相关度越高,资产组合的风险越大;或者说,选择相关度小的资产组合,可降低投资风险。

例题 1-7　计算相关系数

根据例题 1-6 的数据,该组合中两资产的相关系数为

$\rho_{12}=0.01/(0.2 \times 0.18)=0.278$

可见,虽然两资产的相关系数为正,但趋近于 0,从而才导致例题 1-6 的组合风险低于单个的资产风险这一结果。这也就回答了例题 1-5 所提出的问题:选择"中国国贸""钢联股份"和"华夏银行"三只股票构成该例题的组合,其"选股"的依据即是较低的相关系数——越是行业跨度大的资产,其相关系数越低。

案例 1-7　资产组合的收益率和风险

在案例 1-5 的基础上,来看股票型基金和债券型基金各占 50% 的资产组合如何平衡风险与收益。基础数据如表 1-9 所示。

表 1-9　基础数据　　　　　　　　　　　　　　%

市场状态	股票基金		债券基金	
	收益率	差平方	收益率	差平方
熊市	−7	17	5.0	0.160
正常	12	0.02	7	0.32
牛市	28	2.15	−3	0.19

续表

市场状态	股票基金		债券基金	
	收益率	差平方	收益率	差平方
期望收益率/%	13.33		1.33	
方差	0.007 2		0.001 7	
标准差/%	8.5		4.1	

计算过程如下。

1. 组合的收益率

资产组合的收益率由其中股票和债券两只基金的预期收益率加权而来，即

$$r_P = w_B r_B + w_S r_S$$

比如在牛市情况下(表 1-10)：

表 1-10　牛市情况下基础数据

市场状态	收益率/%			差平方
	股票基金	债券基金	投资组合	
熊市	−7	17	5.0	0.160
正常	12	7	9.5	0.003
牛市	28	−3	**12.5**	0.123
期望收益率/%	11.00	7.00	9.00	
方差	0.020 5	0.006 7	0.001 0	
标准差/%	14.3	8.2	3.08	

表 1-10 中，牛市情况下投资组合的收益率：

$50\% \times (28\%) + 50\% \times (-3\%) = 12.5\%$

而资产组合的预期收益率由其中的基金的预期收益率加权而来：

$$E(r_P) = w_B E(r_B) + w_S E(r_S)$$

即：

$50\% \times (11\%) + 50\% \times (7\%) = 9\%$

2. 组合的风险

两种风险资产组合的收益率方差为

$$\sigma_P^2 = (w_B \sigma_B)^2 + (w_S \sigma_S)^2 + 2(w_B \sigma_B)(w_S \sigma_S)\rho_{BS}$$

其中，ρ_{BS} 是股票和债券的收益率之间的相关系数，本案例中假设等于 −0.999。由最终的计算结果可以看到：就收益的排名，股票基金最高，投资组合其次，债券基金最低；就风险而言，股票基金最大，债券基金其次，而投资组合最小。综合而言可得到如下结论：资产组合的最大效用就在于，在相同收益(或收益下降不大)的情况下，承担了最低的风险。

阅读资料1-1　长期投资与对数正态分布[①]

要研究长期投资,首先来考虑一个简单的例子:假如一位投资者今天有1元钱,计划投资25年,现在有两种投资方案,一种是投资于股票组合(获得的股利进行再投资),该股票组合的月收益率为1%,25年后他将获得$(1+0.01)^{300}=19.79(元)$,增长率为1 879%。另一种投资方案是,将1元钱投资于月收益率为0.5%的无风险的25年期国债,投资的终值为$(1+0.005)^{300}=4.46(元)$。可以看出0.5%的月风险溢价会使股票投资的总收益比无风险国债多近6倍,这就是复利的作用。从图1-9可以看出,投资时间越长,两种投资方案的收益差值就越大。按照这种逻辑,我们应该都选择投资股票而不是国债,然而现实中不是所有人都去投资股票,也有人去投资国债,这主要是因为投资是一个收益与风险的权衡过程。一个长期收益率的投资风险较难理解,因此对它的刻画十分重要。

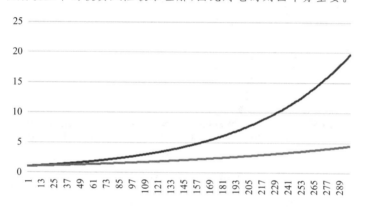

图1-9　股票组合与国债收益率

1. 构造投资终值的概率分布

如果收益率的分布可以用正态分布拟合,那么就可以用收益率的标准差来描述长期投资的风险。因此,首先要构造出长期投资回报的概率分布,验证其是否符合正态分布。

用二叉树来构造一个股票投资终值的概率分布,在这里我们以复利计算终值。假设股票组合的月收益率50%的可能性是5%,50%的可能性是-3%。这种构造的月期望收益是1%,其风险用月收益标准差来衡量是$\sqrt{0.5\times(5-1)^2+0.5\times(-3-1)^2}=4\%$。2个月后的二叉树如下所示:

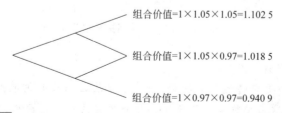

[①] 此阅读资料主要取材于博迪,凯恩,马库斯.投资学[M].10版.北京:机械工业出版社,2017.

300个月后二叉树会产生301种不同的可能结果,而每种结果的概率可以通过Excel中的BINOMDIST函数来获得。由此计算得到期末终值的均值为19.79,标准差为17.10。

图1-10是投资回报的概率分布,从图中可以明显看出分布的非对称性。因此,该分布不满足正态分布,说明用标准差来度量长期投资的风险并不适用。事实上,以复利计算多期二项分布的终值时,其收敛于对数正态分布,对数正态分布描述的是变量在取对数后服从正态分布。如图1-11所示,当我们对投资回报取对数后,可以明显看出其概率分布具有对称性。

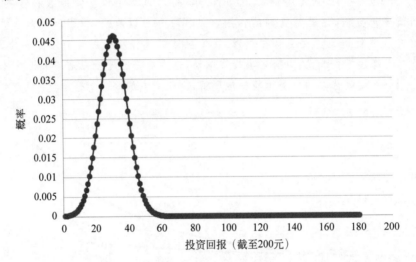

图1-10 投资回报的概率分布

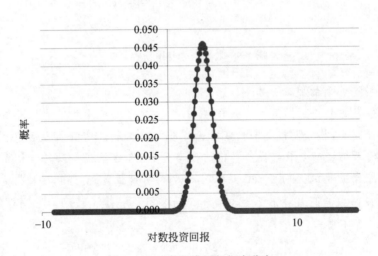

图1-11 对数投资回报概率分布

2. 正态分布与对数分布

正态分布的一个重要特性是它的稳定性,即服从正态分布的收益加和后的结果依然服从正态分布,但是这一特性不适用于正态分布收益的乘积。例如,两个时段的实际收益率r_1和r_2均为正态分布,但是这两个时段的总收益率$(1+r_1)(1+r_2)-1$不是正态分布。

因此正态分布不能用来描述按复利计算的长期收益率分布,但是对数正态分布可以。

对数正态分布是指当一个随机变量 X,其对数 $\ln(X)$ 服从正态分布,则该随机变量 X 服从对数正态分布。从短期来看对数正态分布,因为与正态分布非常接近,但长期来看,对数正态分布向上分布的数值更多一些。如果在一个极短时段内股票价格服从正态分布,即在一个极短时段收益呈正态分布,那么在一个较长时段股票的复利收益以及未来的股票价格服从对数正态分布。反过来,如果股票价格服从对数正态分布,其连续复利收益[①]服从正态分布。因此不管时间多长,连续复利收益都服从正态分布,如果我们采用连续复利收益率而非实际收益率,就可以利用正态分布带来的种种简化。

下面来研究一下,当股票价格服从对数正态分布时可以得出什么样的规律。假设股票价格服从对数正态分布,其对数服从预期年化增长率为 g、标准差为 δ 的正态分布。由于股票价格的分布是非对称的,所以当收益受到随机冲击时,股价的变化是非对称的。一个正向的向上冲击提高了股价,则下一个冲击较上一个大。同理,一个负向冲击降低了股价,下一个冲击则较小。这样,一连串的正向冲击将有一个较大的上行影响,一连串的负向冲击将产生较大的下行影响。因此即便当预期年化增长率 $g=0$ 时,随机冲击也会推动股价变化,这部分变化恰好等于其方差的一半。这样连续复利收益率 m 将大于 g,预期的年化连续复利收益率等于

$$E(r_{cc}) = m = g + \frac{1}{2}\delta^2 \tag{1-27}$$

预期期初财富 W_0 复利到期末,终值为 $W_0 e^{g+\frac{1}{2}\delta^2} = W_0 e^m$。因此预期实际利率等于

$$E(r) = e^{g+\frac{1}{2}\delta^2} - 1 = e^m - 1 \tag{1-28}$$

如果将年化连续复利收益率用于一项期限为 T 的投资,不管 T 是大于或小于 1 年,该投资的实际利率等于

$$r(T) = e^{r_{cc}T} - 1 \tag{1-29}$$

预期累计收益率 $r_{cc}T$ 与 T 成比例,即 $E(r_{cc}T) = mT = \left(g + \frac{1}{2}\delta^2\right)T$,则预期的期末财富为

$$E(Wr) = W_0 e^{mT} = W_0 e^{\left(g+\frac{1}{2}\delta^2\right)T} \tag{1-30}$$

累计收益率的方差与时段长度成比例,即 $\mathrm{Var}(r_{cc}T) = T\mathrm{Var}(r_{cc})$,其标准差与时段长度呈平方根的关系,即

$$\delta(r_{cc}T) = \sqrt{T\mathrm{Var}(r_{cc})} = \delta\sqrt{T} \tag{1-31}$$

式(1-31)提供了降低长期投资风险的途径,因为预期收益与时段长度成比例增长,而标准差增长的速度较慢,因此长期风险投资的预期收益相对于标准差增长得更快。那么预期损失是否也会随着期限的增加而下降,这一问题我们在下面进行探究。

3. 短期和长期收益损失风险

通过一个例子来探究这个问题。假设股票的预期月收益率为 1%,那么其连续复利

---

① 连续复利收益公式 $r_{cc} = \ln(1+r)$,r 为实际收益率。

收益率等于 ln(1.01)＝0.009 95（即每月 0.995％）。假设无风险月度收益率为 0.5％，那么其连续复利收益率 ln(1.005)＝0.498 8％。股票的实际收益率标准差为 4.54％，则在连续复利下月度标准差①为 4.492 8％。因此连续复利的风险溢价为 0.995－0.498 8＝0.496 2％，标准差等于 4.492 8％，夏普比率等于 0.496 3/4.492 8＝0.11。换句话说，当股票的收益较均值低 0.11 倍的标准差时，股票组合的绩效低于无风险资产。满足正态分布时，我们发现股票组合的绩效低于无风险资产的概率为 45.6％（在 Excel 的 NORMSDIST 公式输入－0.11 可得）。这是投资者的后悔概率，这种情况下，投资者宁愿投资于短期国库券而非股票。

如果投资期为 300 个月，累计超额收益高达 0.496 3％×300＝148.9％，标准差为 $4.492×\sqrt{300}$＝77.82，意味着夏普比率高达 1.91。在 NORMSDIST 公式中输入－1.91，你会发现 300 个月期间投资者的收益损失概率②仅为 0.029。

然而损失的概率并不是一种完善的投资风险度量方法。这个概率不考虑潜在损失的大小，而一些可能损失虽然发生概率小，却意味着完全破产。25 年投资的最大损失要比 1 个月投资的最大损失大得多。

一个更好地度量长期投资风险的方法是用可以抵御损失的保险的市场价格。这种保险的保费必须考虑到损失的可能性和损失的大小。尽管一个投资组合的保险兑现赔偿的概率很低，但是可能损失的金额和时机会使这样的保险需要较高的保费。现实中，与期限越长损失风险越小的结论相反，在市场上期限越长的保险保费更高，这是因为长期的最大损失要远比短期的最大损失大得多。

第三节 效用价值与投资者的风险偏好

在对 β 值的研究中曾提到，不同投资者有不同的风险偏好。原则上，可以依据投资者对风险的态度，将投资者分为风险厌恶（risk averse）型、风险中性（risk-neutral）和风险偏好（risk lover）型三种类型。本节从效用价值和确定性等价的概念入手，对投资者的风险偏好进行研究。

一、效用价值与确定性等价利率

衡量一项投资或投资组合的效用，即是观察其风险与收益的匹配状态：在风险一定的情况下，预期的收益越高，该投资或资产组合的效用价值越大；而其收益波动性越强的投资或资产组合，效用值就越低。

给定预期收益为 $E(r)$，收益波动性（方差）为 σ^2，则资产组合的效用价值为

$$U = E(r) - 0.005A\sigma^2 \tag{1-32}$$

式中，U 为效用价值；A 为投资者的风险厌恶指数；系数 0.005 是一个按比例计算的方法，这使得我们可以将预期收益和标准差表述为百分比而不是表示为小数。公式表明，高预

---

① 当实际收益率 r 呈对数正态分布时，$\text{Var}(r)=e^{2m}(e^{\delta^2}-1)$。

② 股票投资组合收益率低于无风险资产，这种情况有时被称为收益损失。

期收益会提高效用,而高波动性(风险)将降低效用。

可以将效用价值与无风险投资的报酬率进行比较,以确定风险投资与安全投资之间的选择,即可以将风险投资的效用看作投资者的确定性等价的收益率。一个资产组合的确定性等价的利率(certainty equivalent rate)是为使无风险投资与风险投资具有相同吸引力而确定的无风险投资的报酬率。

例题 1-8 效用函数的计算

如果某股票的期望收益率为 7%,方差 σ^2 为 78.69%,假定无风险利率为 4%。如果某投资者 A 的风险厌恶指数为 8,而另一投资者 B 的风险厌恶指数为 6。请问这两个投资者该如何进行投资(资产)选择?

解:根据式(1-32)给出的投资者效用价值公式,对投资者 A 来说,如果他投资者于例题中所给的股票,则其效用值为

$$U_A = 7 - (0.005 \times 8 \times 78.69) = 3.85$$

可见,对该股票的投资收益低于无风险报酬率,即投资者 A 应放弃股票投资而选择对无风险资产的投资。

对投资者 B 来说,其投资于股票的效用值为

$$U_B = 7 - (0.005 \times 6 \times 78.69) = 4.64$$

即收益高于无风险报酬率,投资者 B 就会选择投资于股票。

二、投资者的风险偏好类型

由式(1-32)可见,方差(即风险)与效用价值负相关,即风险越大,投资组合给投资者的效用越低;式(1-32)还表明,风险减少效用的程度取决于投资者的风险厌恶指数 A。

一个风险厌恶型的投资者,其为补偿所承担的风险,会按一定比例降低投资组合的预期收益,从而将降低组合的效用价值。换言之,对风险厌恶的投资者来说,为了保持其效用不变,要使其承担一定的风险,必须给予其更高的预期收益。也就是说,风险厌恶型的投资者,其风险与收益是正相关的。从确定性等价利率的角度看,如果风险溢价等于 0,即风险投资的收益率减去无风险投资的收益率等于 0,则风险厌恶型投资者的确定性等价报酬率将低于无风险投资报酬率。

一个风险中性的投资者只按预期收益率来衡量组合的效用,即风险(方差)因素与其投资组合所带来的效用无关。换言之,对风险中性的投资者来说,资产组合的确定性等价报酬率就是预期收益率。

风险偏好型在其效用中加入了风险的"乐趣",即风险的增加提高了投资组合的效用。换言之,风险爱好者的预期收益与风险之间是负相关的:即便预期收益有所下降,他也愿意承担更大的风险。从另一角度来看,即便风险溢价等于 0,风险爱好者的确定性等价报酬率也高于无风险投资报酬率。

阅读资料1-2　　Kelly 准则

考虑一个单期投资计划,该计划只有两种可能的回报:正的超额收益 b,概率为 p;负的超额回报 $-a$,概率为 $q=1-p$。投资者计划的投资金额是 y,剩余资金投资于无风险资产,其总收益是 $1+r+by$,概率为 p,或者 $1+r-ay$,概率为 q。Kelly 准则使用的是对数效用函数,因此期望效用为

$$E[U(y)] = p\ln(1+r+by) + q\ln(1+r-ay)$$

对该效用函数求最大化问题便是 Kelly 准则。得到风险资产所占的比例:

$$y = (1+r)\left(\frac{p}{a} - \frac{q}{b}\right)$$

根据该准则,当 p 和 b 值较大时投资者应该更多地投资于该计划,当 q 和 a 值较大时,投资者投资得更少。因为当回报和损失相等时,即 $a=b$,$y=(1+r)(p-q)/a$,回报或损失较大时,投资的比例越低。无风险利率越高,投资比例越高。

三、风险厌恶型投资者的无差异曲线

一般而言,假定一个理性的投资者是风险厌恶型。为了描述风险厌恶型投资者的效用最大化,可给出风险厌恶型投资者的无差异曲线,这也是马科维茨组合理论确定最优资产组合的工具之一。

(一) 投资者无差异曲线

在投资组合理论中,效用函数代表着投资者偏好。投资者的目标是投资效用最大化,而投资效用则如式(1-32)所示,取决于投资的预期收益率和风险。该效用函数可以通过在预期收益率-风险平面上以无差异曲线族表现出来。

资本市场的无差异曲线表示在一定的风险和收益水平下(即在同一曲线上),投资者对不同资产组合的满足程度是无区别的,即同等效用水平曲线,如图1-12所示。图中,纵轴 $E(r)$ 表示预期收益,横轴 σ 为风险水平。

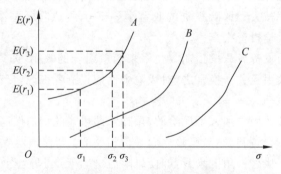

图1-12　风险厌恶型投资者的无差异曲线

(二) 风险厌恶型投资者无差异曲线的特点

风险厌恶型投资者无差异曲线具有以下特点。

（1）斜率为正，即为了保证效用相同，如果投资者承担的风险增加，则其所要求的收益率也会增加。对于不同的投资者其无差异曲线斜率越陡峭，表示其越厌恶风险，即在一定风险水平上，为了让其承担等量的额外风险，必须给予其更高的额外补偿；相反，无差异曲线越平坦表示其风险厌恶的程度越小。

（2）下凸[①]。这意味着随着风险的增加要使投资者再多承担一定的风险，其期望收益率的补偿越来越高。如图1-12所示，在风险程度较低时，当风险上升（$\sigma_1 \rightarrow \sigma_2$），投资者要求的收益补偿为$E(r_2)-E(r_1)$；而当风险进一步增加，虽然是较小的增加（$\sigma_2 \rightarrow \sigma_3$），收益的增加都要大幅上升为$E(r_3)-E(r_2)$。这说明风险厌恶型投资者的无差异曲线不仅是非线性的，而且该曲线越来越陡峭。这一现象实际上是边际效用递减规律在投资上的表现。

（3）不同的无差异曲线代表着不同的效用水平。越靠左上方，无差异曲线代表的效用水平越高，如图1-12中的A曲线。这是由于给定某一风险水平，越靠上方的曲线其对应的期望收益率越高，因此其效用水平也越高；同样，给定某一期望收益率水平，越靠左边的曲线对应的风险越小，其对应的效用水平也就越高。此外，在同一无差异曲线图（即对同一个投资者来说）中，任两条无差异曲线都不会相交。

案例 1-8　无差异曲线的数字计算

为了理解如何构造无差异曲线，考虑风险厌恶指数$A=4$的一个投资者，他目前全部投资于无风险组合，收益率$r_f=5\%$。因为这个组合的方差为零，效用价值的公式表明它的效用为$U=0.05$。当投资者投资于$\sigma=1\%$的风险组合时，为了获得相同的效用，其期望收益必须上升，以弥补更高的σ值：

$$U=E(r)-1/2 \times A\sigma^2 \qquad (1\text{-}33)$$
$$E(r)-1/2 \times 4 \times 0.01^2 = 0.05$$

这说明必要的期望收益为

$$E(r)=0.05+1/2 \times A\sigma^2=0.05+1/2 \times 4 \times 0.01^2=0.050\ 2$$

对于不同的σ重复这样的计算，可以得到保证效用函数为0.05所需的$E(r)$。这个过程将得到效用水平为0.05时所有期望收益和风险的组合，把这些组合描点在图上便得到无差异曲线。

可以使用Excel表格来生成投资者的无差异曲线。表1-11包含了效用值分别为0.05和0.09对于风险厌恶指数分别为$A=2$和$A=4$的两个投资者的风险和收益的组合。

图1-13描绘了与$A=2$和$A=4$对应的期望收益率和标准差组合，截距分别为0.05和0.09，对应曲线的效用水平。

[①] 如果无差异曲线凸向原点，即风险与收益反相关，表明投资者为风险偏好型；风险中性投资者的无差异曲线则为水平线。

表 1-11　无差异曲线的数字计算

σ	$A=2$		$A=4$	
	$U=0.05$	$U=0.09$	$U=0.05$	$U=0.09$
0.00	0.050 0	0.090 0	0.050	0.090
0.05	0.052 5	0.092 5	0.055	0.095
0.10	0.060 0	0.100 0	0.070	0.110
0.15	0.072 5	0.112 5	0.095	0.135
0.20	0.090 0	0.130 0	0.130	0.170
0.25	0.112 5	0.152 5	0.175	0.215
0.30	0.140 0	0.180 0	0.230	0.270
0.35	0.172 5	0.212 5	0.295	0.335
0.40	0.210 0	0.250 0	0.370	0.410
0.45	0.252 5	0.292 5	0.455	0.495
0.50	0.300 0	0.340 0	0.550	0.590

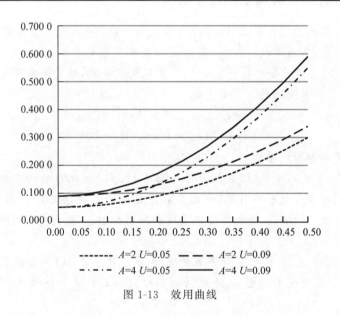

图 1-13　效用曲线

上述结果的计算过程如下：

必要的期望收益 $E(r)=0.05+1/2\times A\times\sigma^2=0.05+1/2\times 2\times 0.01^2=0.050\ 1$

必要的期望收益 $E(r)=0.05+1/2\times A\times\sigma^2=0.05+1/2\times 4\times 0.01^2=0.050\ 2$

必要的期望收益 $E(r)=0.09+1/2\times A\times\sigma^2=0.09+1/2\times 2\times 0.01^2=0.090\ 1$

必要的期望收益 $E(r)=0.09+1/2\times A\times\sigma^2=0.09+1/2\times 4\times 0.01^2=0.090\ 2$

假定任何投资者都愿意投资于更高的无差异曲线上的组合，获得更高的效用。更高的无差异曲线上的资本组合在给定风险水平上能够提供更高的期望的收益。例如，$A=2$

的两条无差异曲线形状相同,但是对于任意水平的风险,效用为 0.09 的那条曲线比效用为 0.05 的那条曲线的期望收益高 4%。

表 1-11 中的第 4 列和第 5 列对风险厌恶指数更高($A=4$)的投资者重复了上述分析。图 1-13 反映出更高风险厌恶程度投资者的无差异曲线比低风险厌恶程度投资者的曲线更陡峭。更陡峭的曲线意味着投资者需要更多的期望收益来补偿同样的组合风险。

更高的无差异曲线意味着对应更高的效用水平,因此投资者更愿意在更高的无差异曲线上寻找投资机会,但这要受到可行集和资本配置线的制约[①]。

本章小结

投资学的一个基本指导理念是风险与收益的最优匹配。当风险与收益达到最优匹配状态时,一项投资或投资组合给投资者的效用就最高。在风险一定的情况下,预期的收益越高,该投资或资产组合的效用价值越大;而收益波动性越强的投资或资产组合,其效用值越低。给定预期收益为 $E(r)$,收益波动性为 σ^2,则资产组合的效用价值为

$$U = E(r) - 0.005A\sigma^2$$

上式表明,高预期收益会提高效用,而高波动性(风险)将降低效用。上式还表明,风险减少效用的程度取决于投资者的风险厌恶指数 A。一个风险厌恶型的投资者,其为补偿所承担的风险,会按一定比例降低投资组合的预期收益,这将降低组合的效用价值。也就是说,风险厌恶型的投资者,其风险与收益是正相关的。

风险厌恶型投资者的无差异曲线,是马科维茨组合理论确定最优资产组合的工具之一。资本市场的无差异曲线表示在一定的风险和收益水平下(即在同一曲线上),投资者对不同资产组合的满足程度是无区别的,即同等效用水平曲线。

进一步,需要对影响投资者效用的风险与收益两个因素给予明确的量化。对单一资产或证券的收益和风险的衡量,是计量投资组合的收益与风险的基础。就收益方面而言,对资产收益的估计可用数学期望方法进行,即对每一收益率的估计都给出其实现的概率,再对各收益率及其概率加权平均。

就风险而言,一般将投资风险定义为实际收益对预期收益的偏离,数学上可用预期收益的方差来衡量。方差或标准差越大,随机变量与数学期望的偏离越大,风险就越大。

在实际投资中,大多数投资者都会考虑组合投资。对组合资产的投资决策,不仅要考虑单个资产的收益和风险,还要考虑资产组合作为一个整体的收益和风险。

资产组合的预期收益 $E(r_p)$ 是资产组合中所有资产预期收益的加权平均,其中的权数 x 为各资产投资占总投资的比率。

正如对资产组合收益的计算一样,资产组合的方差也不是组合中各资产方差的简单加权平均,而是资产组合的收益与其预期收益偏离数的平方。

协方差的一个重要界限,是两个随机变量的协方差满足

$$|\sigma_{12}| \leqslant \sigma_1 \sigma_2$$

---

① 详见下一章。

这一不等式表明，如果 $\sigma_{12}=\sigma_1\sigma_2$，表明两个随机变量完全正相关；如果 $\sigma_{12}=-\sigma_1\sigma_2$，表明两个随机变量完全负相关。

相关系数反映两个随机变量的联系程度，其取值为 $+1\geqslant\rho_{ij}\geqslant-1$。正号表示正相关，负号表示负相关；当 $\rho_{ij}=1$ 时为两个资产完全正相关，当 $\rho_{ij}=-1$ 时为完全负相关，当 $\rho_{ij}=0$ 时两个资产不相关。不同资产之间的相关系数对资产组合的风险有重大影响，即资产的相关度越高，资产组合的风险越大。或者说，选择相关度小的资产组合，可降低投资风险。

投资组合所面对的风险还可进一步分为系统性风险和非系统性风险两类。非系统性风险是由个别上市公司或其他融资主体的特有情况所造成的风险，这一风险只与该公司本身的情况有关，而与整个市场无关，也称为微观风险。

而所谓系统性风险，就是指由于某种全局性的因素而对所有资产收益都产生影响的风险。这种风险主要源于宏观经济因素的变化，因此又称为宏观风险。

对于某证券所面临的系统性风险的衡量，可以用该证券的收益率与市场收益率之间的 β 系数来进行。某证券的 β 系数 β_i 是指该证券的收益率和市场收益率的协方差 σ_{iM}，再除以市场收益率的方差。

对一个证券组合的 β 系数 β_p，它等于该组合中各证券的 β 系数的加权平均，权数为各种证券的市值占该组合总市值的比重 X_i。

β 值的判断标准是，如果某证券或证券组合的 $\beta=1$，其系统性风险与市场风险一致；如果其 $\beta>1$，该证券或投资组合的风险大于市场风险；如果其 $\beta<1$，则表明其系统性风险小于市场风险；当 $\beta=0$ 时，无系统性风险。

练 习 题

一、名词解释

1. 持有期收益率
2. 几何平均持有期收益率
3. 必要收益率
4. 风险溢价
5. 非系统性风险
6. 系统性风险
7. 厌恶型投资者

二、简答题

1. 简述风险与收益的最优匹配。
2. 如何判断系统性风险？
3. 简述风险厌恶型投资者效用曲线的特点。

三、计算题

1. 假定投资于某股票，初始价格为 10 元/股，持有期为 1 年，现金红利为 4 元/股，预期该股票价格在不同市场状态下有表 1-12 所示的三种可能，求各种可能下的收益率，并求该股票的期望收益和方差。

表1-12 三种可能

市场状态	牛市	正常运行	熊市
概率	0.25	0.50	0.25
期末价/(元/每股)	15	12	7

2. 假设由两项资产构成投资组合，$x_1=0.40$，$\sigma_1=0.30$，$x_2=0.60$，$\sigma_2=0.20$，且$\sigma_{12}=0.01$，计算该组合的方差及两资产的相关系数，并对计算结果进行简要分析。

3. 假设小王以3只股票构建投资组合，其基本情况如表1-13所示。计算该组合的期望收益率。

表1-13 3只股票的基本情况

组合中的证券	股票A	股票B	股票C	组合
组合中股份	1 000	2 000	1 000	4 000
初始买入价(每股)/元	7.23	6.55	6.67	—
期望收益率/%	6	8	7	?

4. 假设有A、B、C三种证券可供选择，它们的期望收益率分别为12.5%、25%、10.8%，标准差分别为6.31%、19.52%、5.05%，问这三种证券进行投资选择的次序。

四、分析题

什么是系统性风险？如何衡量系统性风险？其判断标准是什么？在依据其标准进行判断时有什么注意事项？

即 测 即 练

第二章 资产组合理论

在实际投资行为中,无论是个人投资者还是机构投资者,他们都不可能仅仅对一项资产或一个证券进行投资①,而是将不同证券构成一篮子资产进行投资,即形成一个资产组合。投资者在构建一个投资组合时,所面临的主要问题如下:第一,应选择哪些资产或证券构成这一组合?第二,总投资额如何在这些资产或证券中分配?第三,这一组合中应包括多少种资产或证券?资产组合理论就是要解决或部分解决这些问题。资产组合理论是现代微观金融学的核心理论之一。

本章将在第一章对风险、收益和投资者效用研究的基础上,研究和展示资产组合理论的逻辑脉络和核心内容。

第一节 资产组合理论概述

1952年,马科维茨发表了堪称现代微观金融理论史上里程碑式的论文——《投资组合选择》。该论文阐述了衡量收益和风险水平的定量方法,建立了均值—方差模型的基本框架,奠定了求解投资决策过程中资金在投资对象中的最优分配比例问题的理论基础。本节将从理论上对马科维茨资产组合理论进行概述。

一、前提假设

马科维茨的投资组合理论是建立在单一期间(single time period)和终点财富的预期效用(expected utility of terminal wealth)最大化基础上的。单一期间是指投资者持有资产的期间是确定的,在期间开始时持有证券并在期间结束时售出。由此简化了对一系列现金流的贴现和对复利的计算。

终点财富的预期效用最大化的假设,区别于预期终点财富(expected terminal wealth)最大化。因为财富最大化本身不是投资者的目标,而效用这一概念既包括了财富的期望值,也考虑了获得这种预期财富的不确定性,即风险效用的最大化才是投资者真正追求的目标。

此外,马科维茨投资组合理论还包含下列前提假设。

(1) 证券市场是有效的,即该市场是一个信息完全公开、信息完全传递、信息完全解读、无信息时滞的市场。

(2) 投资者为理性的个体,遵循不满足和风险厌恶的行为方式,且影响投资决策的变量是预期收益和风险两个因素。在同一风险水平上,投资者偏好收益较高的资产组合;在同一收益水平上,则偏好风险较小的资产组合。

---

① 从第一章的有关研究中看到,进行组合投资不是投资于单一证券,而是进行多样化投资以降低风险。

（3）投资者在单一期间以均值和方差标准来评价资产与资产组合。该前提假设隐含证券收益率的正态分布假设，即证券的收益率为具有一定概率分布的随机变量，一般情况下它服从正态分布 $r_i \sim N(\sqrt{r_i}, \sigma^2)$。正态分布的特性在于随机变量的变化规律通过两个参数就可以完全确定，即期望值和方差在收益率服从正态分布的假设下，投资者投资该证券的预期收益率和风险就可以通过期望值与方差加以描述。

（4）资产具有无限可分性。

在上述假设基础上，通过揭示资产组合的可行集，并从中分离出资产组合的有效集，再结合第一章研究过的投资者的效用无差异曲线，最终得到投资者的最优选择，这是马科维茨资产组合理论的逻辑脉络和核心内容。

二、风险资产的可行集

通过给出风险资产的可行集，并从中分离出有效集，是从理论上确定投资者投资组合的另一基础性工具。

风险资产的可行集是指资本市场上由风险资产可能形成的所有投资组合的期望收益和方差的集合。将所有可能投资组合的期望收益率和标准差的关系描绘在期望收益率-标准差坐标平面上，封闭曲线上及其内部区域上来表示可行集。

假设由两种资产构成一个资产组合，这两种资产的相关系数为 $-1 \leqslant \rho_{12} \leqslant 1$。当相关系数分别为 $\rho_{12}=1$ 和 $\rho_{12}=-1$ 时，可以得到资产组合可行集的顶部边界和底部边界，其他所有可能的情况则在这两个边界之中。下面将逐步进行研究。

第一步，考虑如果两种资产完全正相关，即 $\rho_{12}=1$，则组合的标准差为

$$\sigma_p(w_1) = \sqrt{w_1^2 \sigma_1^2 + (1-w_1)^2 \sigma_2^2 + 2w_1(1-w_1)\rho_{12}\sigma_1\sigma_2}$$
$$= \sqrt{[w_1\sigma_1 + (1-w_1)\sigma_2]^2}$$
$$= w_1\sigma_1 + (1-w_1)\sigma_2 \tag{2-1}$$

式中，σ_p、σ_1 和 σ_2 分别为资产组合、资产 1 和资产 2 的标准差；w_1 为资产 1 在组合中的比重，$(1-w_1)$ 即是资产 2 在组合中的比重。

组合的预期收益为

$$\overline{r_p}(w_1) = w_1 \overline{r_1} + (1-w_1) \overline{r_2} \tag{2-2}$$

当 $w_1=1$ 时，则有

$$\sigma_p = \sigma_1, r_p = r_1$$

当 $w_1=0$ 时，即有

$$\sigma_p = \sigma_2, r_p = r_2$$

因此，该可行集为连接 $(\overline{r_1}, \sigma_1)$ 和 $(\overline{r_2}, \sigma_2)$ 两点的直线。即当权重 w_1 从 1 减少到 0 时可以得到一条直线，该直线就构成了两种完全正相关资产组合的可行集（假定不允许买空卖空），如图 2-1 所示。

第二步，如果两种资产完全负相关，即 $\rho_{12}=-1$，则有

$$\sigma_p(w_1) = \sqrt{w_1^2 \sigma_1^2 + (1-w_1)^2 \sigma_2^2 - 2w_1(1-w_1)\sigma_1\sigma_2}$$
$$= |w_1\sigma_1 - (1-w_1)\sigma_2| \tag{2-3}$$

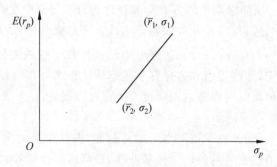

图 2-1 完全正相关资产所构成组合的可行集

$$\overline{r_p}(w_1) = w_1 \overline{r_1} + (1-w_1)\overline{r_2} \tag{2-4}$$

当 $w_1 = \sigma_2/(\sigma_1+\sigma_2)$ 时，$\sigma_p = 0$；

当 $w_1 \geqslant \sigma_2/(\sigma_1+\sigma_2)$ 时，$\sigma_p(w_1) = w_1\sigma_1 - (1-w_1)\sigma_2$，则可得到 $w_1 = f(\sigma_p)$，从而有

$$\begin{aligned}\overline{r_p}(\sigma_p) &= \frac{\sigma_p+\sigma_2}{\sigma_1+\sigma_2}\overline{r_1} + \left(1-\frac{\sigma_p+\sigma_2}{\sigma_1+\sigma_2}\right)\overline{r_2} \\ &= \frac{\overline{r_1}-\overline{r_2}}{\sigma_1+\sigma_2}\sigma_p + \frac{\overline{r_1}-\overline{r_2}}{\sigma_1+\sigma_2}\sigma_2 + \overline{r_2}\end{aligned} \tag{2-5}$$

同理：当 $w_1 \leqslant \sigma_2/(\sigma_1+\sigma_2)$ 时，$\sigma_p(w_1) = (1-w_1)\sigma_2 - w_1\sigma_1$，则

$$\overline{r_p}(\sigma_p) = -\frac{\overline{r_1}-\overline{r_2}}{\sigma_1+\sigma_2}\sigma_p + \frac{\overline{r_1}-\overline{r_2}}{\sigma_1+\sigma_2}\sigma_2 + \overline{r_2} \tag{2-6}$$

也就是说，完全负相关的两种资产所构成的组合的可行集是两条直线，其截距相同，斜率异号，如图 2-2 所示。

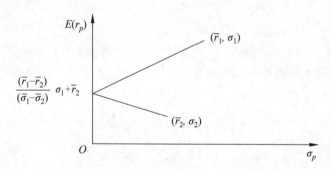

图 2-2 完全负相关资产所构成组合的可行集

案例 2-1 两个风险资产的可行集

假设有股票和债券两个风险资产。如果完全持有债券（股票的持有比例为 0），其风险为 8.2%，其收益率为 7.0%；如果完全持有股票（即债券持有量为 0），其风险为 14.3%，其收益率为 11.0%。而如果将该两项资产按照不同比例构建投资组合，情况如表 2-1 所示。

表 2-1 股票和债券的不同组合 %

股票投资比例	风险	收益率	股票投资比例	风险	收益率
0	8.2	7.0	55	4.2	9.2
5	7.0	7.2	60	5.3	9.4
10	5.9	7.4	65	6.4	9.6
15	4.8	7.6	70	7.6	9.8
20	3.7	7.8	75	8.7	10.0
25	2.6	8.0	80	9.8	10.2
30	1.4	8.2	85	10.9	10.4
35	0.4	8.4	90	12.1	10.6
40	0.9	8.6	95	13.2	10.8
45	2.0	8.8	100	14.3	11.0
50	3.1	9.0			

根据表 2-1 的数据，即可绘制图 2-3 所示的两个风险资产的可行集。

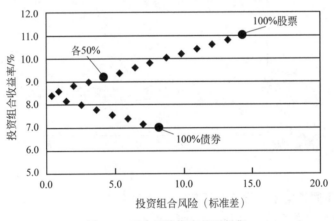

图 2-3 两个风险资产的可行集

第三步，根据以上推导，在各种可能的相关系数下，两种风险资产构成的可行集如图 2-4 所示。由图 2-4 可见，可行集曲线的弯曲程度取决于相关系数，当相关系数由 1 向 −1 转变时，曲线的弯曲程度逐渐加大；当相关系数为 1 时，曲线是一条直线，即没有弯曲；当相关系数为 −1 时，曲线成为折线，即弯曲程度达到最大；当 $-1 \leqslant \rho_{12} \leqslant 1$ 时，曲线即介于直线和折线之间，成为平滑的曲线。

考虑到一方面，现实中在资本市场上很难找到完全负相关的原生性资产[①]；另一方面，进行资产组合的目的之一就是通过降低资产之间的相关性来降低投资风险。因此在

---

① 一些衍生性金融工具即试图创造出负相关性较大的不同资产。详见第十二章。

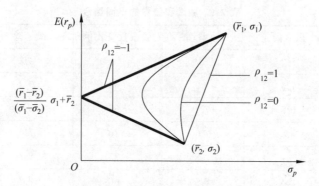

图 2-4　各种可能的相关系数下风险资产的可行集

一个实际资产组合中一般不会存在相关系数为 -1 或 1 的情况。也就是说，正常的可行集应是一条有一定弯曲度的平滑曲线。

进一步，当考虑一个由 n 项风险资产构成的投资组合时，即形成了如图 2-5 所示的伞形可行集曲线图。其边界上或边界内的每一点代表一个投资组合。将不规则分布的最外围的组合点连接起来，整个可行集呈雨伞状，其左侧边界是一条双曲线的一部分。

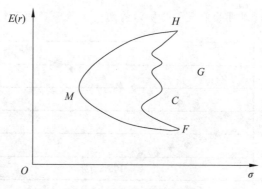

图 2-5　风险资产的可行集

例题 2-1　不同相关系数下的可行集

如果两种证券的预期收益和标准差分别为

$$E(r_1)=20\% \qquad E(r_2)=25\%$$
$$\sigma_1=10\% \qquad \sigma_2=20\%$$

并且权重

$$w_1=w_2=50\%$$

请分别计算 $\rho_{12}=1,0.5,0,-0.5$ 和 -1 时的资产组合的预期收益率和标准差，并绘制对应情况的可行集。

解：根据公式

$$E(r_P)=w_B E(r_B)+w_S E(r_S)$$

和

$$\sigma_P^2=(w_B\sigma_B)^2+(w_S\sigma_S)^2+2(w_B\sigma_B)(w_S\sigma_S)\rho_{BS}$$

计算结果如表 2-2 所示。

表 2-2 计 算 结 果

ρ_{12}	资产组合预期收益率/%	资产组合标准差/%
1	22.50	15.00
0.5	22.50	13.23
0	22.50	11.18
−0.5	22.50	8.66
−1	22.50	5.00

将表 2-2 的数据绘制为图形,即得到不同相关系数下的可行集(图 2-6)。

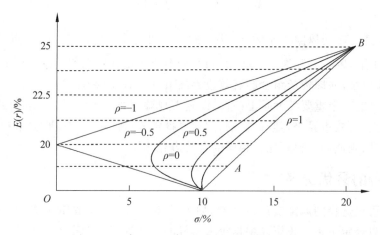

图 2-6 证券 1 和证券 2 不同相关系数的可行集

三、资产组合的有效边界

根据马科维茨投资组合理论的前提条件,投资者为理性个体且遵循不满足假定和回避风险行为:①投资者在既定风险水平下要求最高收益率;②在既定预期收益率水平下要求最低风险,即所谓有效集原则。

在图 2-5 中,按原则①,则 M 点到 H 点的边界之下的点可以全部不用考虑。M 为最小风险点,H 为最大风险点。按原则②,则 $\overparen{FMH}$ 之右的点可以完全去除。H 点和 F 点分别为期望收益率的最大点和最小点。

为了更清晰地表明资产组合有效边界的确定过程,这里我们集中揭示可行集左侧边界的双曲线 FMH。该双曲线上的资产组合都是同等收益水平上风险最小的组合,因此该边界线称为最小方差资产组合的集合,如图 2-7 所示。

图 2-7 中,既定收益水平 $E(r_1)$ 下,边界线上的 a 点所对应的风险为 σ_3,而同样收益水平下,边界线内部的 b 点所对应的风险则上升为 σ_5。

FMH 双曲线左侧端点处的 M 点,其资产组合是所有最小方差资产组合集合中方差最小的,被称为最小方差资产组合(minimum variance portfolio,MVP)。图 2-7 中,M 点

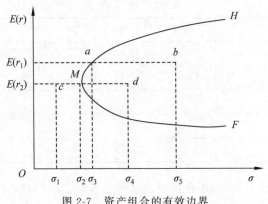

图 2-7　资产组合的有效边界

左侧的 c 点，其对应的风险水平为 σ_1，但它脱离了可行集；M 点右侧的 d 点，则在同样收益 $E(r_2)$ 水平下，风险上升为 σ_4。也就是说，同时满足前述两条有效集原则的只剩下 $\overparen{MH}$ 边界，称为有效集，亦即资产组合的有效边界（efficient frontier）。

有效边界的一个重要特性是上凸性，即随着风险增加，预期收益率增加的幅度减慢。在某种意义上，有效边界是客观确定的，即如果投资者对证券的期望收益率和方差协方差有相同的估计，则他们会得到完全相同的有效边界。

四、投资者的最优选择

对各种可供选择的风险资产或证券，如果已知其期望收益率和方差-协方差矩阵，则有效边界可以确定下来。投资者根据个人偏好的不同选择有效边界上的某一点进行投资决策，由于有效边界上凸，而效用曲线下凸，所以两条曲线必然在某一点相切，切点代表的就是为了达到最大效用而应该选择的最优组合（optimal portfolio）。

不同投资者会在资产组合有效边界上选择不同的区域。风险厌恶程度较高的投资者会选择靠近端点的资产组合；风险厌恶程度较低的投资者会选择端点右上方的资产组合，如图 2-8 所示。

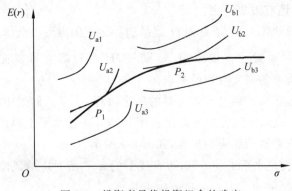

图 2-8　投资者最优投资组合的确定

图 2-8 中的黑体曲线，即有效边界线；图 2-8 中的 P_1 点和 P_2 点分别是投资者 A 和投

资者 B 的最优投资组合点。由二者的位置可见，投资者 A 比投资者 B 更厌恶风险。对投资者 A 来说，虽然效用线 U_{a1} 代表的效用水平更高，但因处于有效边界上方，故不可行(infeasible)；等效用线 U_{a3} 代表的效用水平比 U_{a2} 所代表的水平低，投资者显然不愿意只达到这一效用水平；只有 P_1 点为投资者 A 的最优组合，因为这一点所在的等效用线 U_{a2} 与有效边界相切。对于投资者 B 而言，由于其比投资者 A 更喜好风险，他将选择期望收益率更高而风险也更高的 P_2 点进行投资。

第二节 马科维茨模型

根据本章第一节确定有效集的两条原则，构造最优投资组合的过程，就是在所有可以实施的组合集中，选择那些期望收益率固定时风险最小或风险固定时期望收益率最大的组合。因此，这一过程是一个非线性规划问题，本节就以此方法具体介绍马科维茨的资产组合模型。

一、模型

假设构造风险最小的组合，则目标函数为

$$\min_{(w_1,\cdots,w_n)} \sigma_p^2 = \sum_{i=1}^{n}\sum_{j=1}^{n} w_i w_j \sigma_{ij} \tag{2-7}$$

式中，w_i, w_j 分别为证券 i 和证券 j 所占的比重（权数）；$\sigma_{ij} = \sigma_i \sigma_j \rho_{ij}$，$\rho_{ij}$ 为证券 i 和证券 j 的相关系数。

式(2-7)的约束条件为

$$\sum_{i=1}^{n} w_i = 1$$

且

$$\sum_{i=1}^{n} w_i \overline{r_i} = \overline{r_p}$$

约束条件中 $\overline{r_i}$ 为证券 i 的期望收益，$\overline{r_p}$ 为组合的期望收益。

假设是两证券的组合，则该组合的期望收益率和方差分别为

$$\overline{r_p} = w_1 \overline{r_1} + (1-w_1) \overline{r_2}$$
$$\sigma_p^2 = w_1^2 \sigma_1^2 + (1-w_1)^2 \sigma_2^2 + 2w_1(1-w_1)\sigma_{12}$$

构造拉格朗日函数

$$L = \sigma_p^2 - \lambda[\overline{r_p} - w_1 \overline{r_1} - (1-w_1)\overline{r_2}] \tag{2-8}$$

求最优解，得

$$\frac{dL}{dw_1} = \frac{d\sigma_p^2}{dw_1} + \lambda(\overline{r_1} - \overline{r_2}) = 0 \tag{2-9}$$

通过对式(2-9)求解，可得 w_1 的唯一解或边界解，从而可得到 w_2 的值，最终构造出组合。

二、有效集方程组

对于均值为 $\overline{r}$ 的有效投资组合，在允许卖空的条件下，其组合中 n 个资产的权重

$w_i(i=1,2,\cdots,n)$ 与两个拉格朗日乘数 λ、μ 满足

$$L = \sum_{i=1}^{n}\sum_{j=1}^{n} w_i w_j \sigma_{ij} - \lambda\left(\sum_{j=1}^{n} w_i \bar{r}_i - \bar{r}\right) - \mu\left(\sum_{i=1}^{n} w_i - 1\right) \quad (2\text{-}10)$$

则有

$$\frac{\partial L}{\partial w_i} = \sum_{j=1}^{n} w_j \sigma_{ij} - \lambda \bar{r} - \mu = 0, \quad i=1,2,\cdots,n \quad (2\text{-}11)$$

$$\sum_{j=1}^{n} w_i \bar{r}_i = \bar{r} \quad (2\text{-}12)$$

$$\sum_{i=1}^{n} w_i = 1 \quad (2\text{-}13)$$

式(2-11)中有 n 个方程,再加上式(2-12)和式(2-13),得到 $n+2$ 个方程组成的方程组,相应地,有 $n+2$ 个未知数 w_i、λ 和 μ。因此,求解后将得到均值为 $\bar{r}$ 的一个有效投资组合的权数。

例题 2-2 投资比例与组合方差的求解

假设由三个资产构成一个投资组合,三个资产各自的均值分别为 1、2、3,各资产的方差和协方差都为 1。确定各资产的投资比例及该组合的方差。

解:根据题意,有

$$\sigma_1^2 = \sigma_2^2 = \sigma_3^2 = 1, \quad \sigma_{12} = \sigma_{23} = \sigma_{13} = 1$$

因此,式(2-11)变为

$$\begin{cases} w_1 - \lambda - \mu = 0 \\ w_2 - 2\lambda - \mu = 0 \\ w_3 - 3\lambda - \mu = 0 \end{cases} \quad (2\text{-}14)$$

式(2-12)和式(2-13)变为

$$\begin{cases} w_1 + 2w_2 + 3w_3 = \bar{r} \\ w_1 + w_2 + w_3 = 1 \end{cases} \quad (2\text{-}15)$$

由式(2-11)变形后的方程组(2-14)解出 w_1、w_2、w_3,并将其代入式(2-12)和式(2-13)变形后的方程组(2-15),得到

$$\begin{cases} 14\lambda + 6\mu = \bar{r} \\ 6\lambda + 3\mu = 1 \end{cases} \quad (2\text{-}16)$$

解该方程组,得

$$\lambda = \frac{\bar{r}}{2} - 1, \mu = 2\frac{1}{3} - \bar{r}$$

将该结果代入方程组(2-14),得

$$w_1 = (4/3) - (\bar{r}/2)$$
$$w_2 = 1/3$$
$$w_3 = (\bar{r}/2) - (2/3)$$

据此,求解标准差有

$$\sigma = \sqrt{w_1^2 + w_2^2 + w_3^2} = \sqrt{\frac{7}{3} - 2\bar{r} + \frac{\bar{r}}{2}}$$

三、卖空的限制

上述研究中未对 w_i 加以限制，意味着允许卖空。当禁止卖空时，可通过限制 w_i 为非负来表示。卖空限制下的马科维茨模型为

$$\min_{(w_1, w_2, \cdots, w_n)} \sigma_p^2 = \sum_{i=1}^{n} \sum_{j=1}^{n} w_i w_j \sigma_{ij} \tag{2-17}$$

限制条件为

$$\sum_{i=1}^{n} w_i \overline{r_i} = \overline{r_p} \tag{2-18}$$

和

$$\sum_{i=1}^{n} w_i = 1 \tag{2-19}$$

且

$$w_i \geqslant 0, \quad \text{其中 } i = 1, 2, \cdots, n$$

卖空限制下的马科维茨模型其求解目标是非线性的（二次的），而其限制条件是线性的（一次的）等式或不等式。这称为二次规划，需用金融计量软件计算。

卖空限制与非卖空限制的马科维茨模型，其投资学的差别在于：当允许卖空时，绝大部分最优的 w_i 有非 0 值（或正或负），即几乎所有的资产都可被使用；当禁止卖空时，许多 w_i 值为 0，即存在许多"闲置"资产或投资机会不能为投资者所用。

案例 2-2 以资产组合理论考察中国证券投资基金实际组合的构建

本案例以马科维茨模型为指导，以中国资本市场中的证券投资基金"大成价值增长"为例，对我国证券投资基金实际组合的构建进行实证研究。研究中以"大成价值增长"2014 年 3 月 31 日公布的投资组合为例，对其组合中的个股（前十名）利用组合理论，围绕投资比例进行计算①。模型中计算的周期为"周"；无风险收益选取 2014 年一年期居民储蓄定期存款利率 3.00%（换算为周利率=0.062 5%）②。

从表 2-3 中的结果看，基金的实际持仓风险 σ_p 为 0.03，而按照马科维茨模型所得到的风险 σ_p 为 0.011 2，从这个意义上讲，应用马科维茨模型是较优的选择。

---

① 在投资决策过程中，当投资者确定了投资对象后最为关心的是如何在投资对象之间进行资金分配，使其在一定收益下风险最小，或风险一定时收益最大。至于投资对象的确定，一般的程序是：由研究员通过基本面分析、行业研究等工作形成"资产池"；投资经理通过 CV 比、相关系数等指标再结合自己的投资风格并考虑组合的最优规模从"资产池"中确定投资对象。本案例中"大成价值增长"的十大重仓股为给定的投资对象。

② 这一选择的理由是，一方面，至今为止我国商业银行（特别是国有商业银行）的兑付和破产风险还只是一种理论上的存在；另一方面，正如第一章对我国证券投资基金投资组合的研究中所说明的，基金的"闲置"资产大多存于托管银行的账户中并获得相应的储蓄收益。

表 2-3 投资比例与风险　　　　　　　　　　　　　　　　　　　　%

序号	名　称	相对比例	马科维茨计算的投资比例
1	中国平安	15.60	20.85
2	浦发银行	15.26	12.30
3	民生银行	13.68	−13.24
4	万科 A	11.37	−21.60
5	兴业银行	9.97	31.27
6	美的集团	8.08	7.61
7	康美药业	7.49	−2.75
8	中国建筑	7.18	−7.41
9	桑德环境	6.00	13.88
10	王府井	5.38	11.08
σ_p		0.03	0.011 2

进一步对收益进行计算。计算方法是：假设基金以自己的持仓比例持有的时间与在相同期望收益下模型计算的持仓比例的持仓时间相同，通过比较各自的实际收益大小检验模型的实际效用。如果按照模型计算的比例进行投资，在相同时间内获得的实际收益高于基金的实际收益，则可以认为模型具有较好的适用性；反之，则应当对模型的适用性进行检讨。

根据以上基本思路，设定基金持有期为 3 个月，在 2014 年 6 月 30 日计算基金组合的实际收益。计算结果见表 2-4。由表中可见，按"大成价值增长"实际持仓比例获得的收益为 −8.93%，而按马科维茨模型计算的比例获得的实际收益为 −11.19%，远低于基金按实际持仓比例获得的收益。

表 2-4 "大成价值增长"不同持仓比例的收益表

股票名称	买入价格/元	持有期结束价格/元	涨幅/%	实际收益率/%	马科维茨模型/%
中国平安	37.56	39.34	4.74	0.74	0.99
浦发银行	9.72	9.05	−6.89	−1.05	−0.85
民生银行	9.64	6.21	−18.93	−2.59	2.51
万科 A	8.09	8.27	2.22	0.25	−0.48
兴业银行	9.52	10.03	5.36	0.53	1.68
美的集团	45.08	19.32	−57.14	−4.62	−12.35
康美药业	16.20	14.95	−7.72	−0.58	0.21
中国建筑	2.91	2.82	−3.09	−0.22	0.23

续表

股票名称	买入价格/元	持有期结束价格/元	涨幅/%	实际收益率/%	马科维茨模型/%
桑德环境	27.48	22.85	−16.85	−1.01	−2.34
王府井	17.01	15.80	−7.11	−0.38	−0.79
基金持仓3个月的总收益率				−8.93	−11.19

综合以上研究结果,按照马科维茨模型计算的比例进行投资,其所获得的收益和风险都低于"大成价值增长"的实际投资组合所获得的收益和承担的风险。

这也就是说,按照马科维茨模型指导投资组合的构建其效果与基金按照自身的投资方式进行投资的结果相比,并没有明显的比较优势。这可能主要是由于马科维茨模型在其假设中隐含要求市场具备强式有效,但我国的市场目前只具备弱式有效(详见本书第五章有关内容)。这是马科维茨模型应用受到限制的重要原因。进一步看,由检验结果可见,"大成价值增长"的投资组合也并未完全按照组合理论进行设计(否则结果应一致)。

当然,本案例只是对马科维茨组合理论的模拟应用,它只是对2014年的一只基金的十大重仓股所进行的应用分析,还不足以构成一个全面、真实的研究结论。

第三节 最优资产组合的确定

在马科维茨模型中,每一资产的方差都大于零,即组合中的资产都是风险资产。本节即研究加入无风险资产后对风险投资组合的影响,以及如何建立一个最优资产组合。

一、风险资产与无风险资产的配置

(一) 无风险资产的含义

无风险资产是指其收益率是确定的,从而其资产的最终价值也不存在任何不确定性。换言之,无风险资产的预期收益率与其实际收益率不存在任何偏离,即其方差(标准差)为零。

进一步看,根据第一章给出的相关系数公式 $\rho_{ij} = \sigma_{ij}/\sigma_i \sigma_j$,两种资产 i 和 j 之间的协方差等于这两种资产之间的相关系数和这两种资产各自的标准差的乘积,即

$$\sigma_{ij} = \rho_{ij} \sigma_i \sigma_j \tag{2-20}$$

假设 i 是无风险资产,则 $\sigma_i = 0$,因此 $\sigma_{ij} = 0$,即无风险资产的收益率与风险资产的收益率之间的协方差也是零。

(二) 资本配置的含义

要使一个资产组合具有分散或降低风险的功能,其前提条件之一是降低组合中各资产之间的协方差或相关系数。

由于无风险资产的收益率与风险资产的收益率之间的协方差为零,控制资产组合风

险的一个直接方法,即将全部资产中的一部分投资于风险资产,而将另一部分投资于无风险资产。

所谓资本配置,即根据风险与收益相匹配的原则,将全部资产投资于风险资产和无风险资产中,并决定这两类资产在一个完全资产组合中的比例(权重),这一过程称为资本配置。

上述的资本配置的结果,也就形成了完全的资产组合(complete portfolio)。所谓完全的资产组合,就是指在该组合中既包括了风险资产,又包括了无风险资产所形成的组合。

如果已经按照马科维茨模型确定了最优风险资产组合,则一个资本配置过程,实际上是在不改变风险资产组合中各资产的相对比例的情况下,将财富从风险资产向无风险资产进行转移;或者说,是在一个全面资产组合中,降低风险资产组合的权重,而提升无风险资产组合的权重。

(三) 无风险资产与风险资产构造的投资组合

如果以任意风险资产与无风险资产(通常选择国库券)构造资产组合,该组合的构造将形成一条 CAL(资本配置线),如图 2-9 所示。

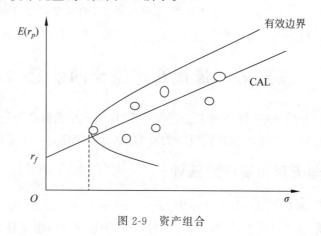

图 2-9 资产组合

图 2-9 中,

$$E(r_p) = y r_f + (1-y) E(r_A)$$
$$\sigma_P = (1-y) \sigma_A$$
$$\text{CAL}: E(r_P) = r_f + \frac{E(r_A) - r_f}{\sigma_A} \sigma_p \tag{2-21}$$

二、资本配置线

那么,上述 CAL 方程是如何导出的呢?假设一个全面的资产组合由一个风险资产和一个无风险资产构成,其中风险资产的预期收益率(以 r 表示)为 16.2%,方差为 1.46%;无风险资产的预期收益率(以 r_f 表示)为 4%。假设这两种资产在组合中的比例(X_1 代表风险资产,X_2 代表无风险资产)分为表 2-5 所示的五种情况。

表 2-5　全面组合中两种资产的权重

资产	组合 C_1	组合 C_2	组合 C_3	组合 C_4	组合 C_5
X_1	0	0.25	0.5	0.75	1
X_2	1	0.75	0.5	0.25	0

（一）资本配置线的导出

根据以上情况，该完全组合的预期收益率为

$$E(r_c) = X_1 r + X_2 r_f = (X_1 \times 16.2\%) + (X_2 \times 4\%) \tag{2-22}$$

对于组合 C_1，其全部资产都投资于无风险资产，因此其预期收益率为 4%；而对于组合 C_5，其全部资产都投资于风险资产，因此其预期收益率为 16.2%。对于组合 C_2、C_3 和 C_4，其预期收益率分别为

$$E(r_{C_2}) = (0.25 \times 16.2\%) + (0.75 \times 4\%) = 7.05\%$$
$$E(r_{C_3}) = (0.5 \times 16.2\%) + (0.5 \times 4\%) = 10.10\%$$
$$E(r_{C_4}) = (0.75 \times 16.2\%) + (0.25 \times 4\%) = 13.15\%$$

再计算该完全组合的标准差。对于组合 C_1 和组合 C_5 来说，其标准差分别为

$$\sigma_{C_1} = 0, \quad \sigma_{C_5} = 12.08\%$$

组合 C_2、C_3 和 C_4 的标准差可由下述组合标准差的公式计算

$$\sigma_C = (X_1^2 \sigma_1^2 + X_2^2 \sigma_2^2 + 2 X_1 X_2 \sigma_{12})^{1/2} \tag{2-23}$$

根据无风险资产的定义，有

$$\sigma_2 = 0, \quad \sigma_{12} = 0$$

因此公式可简化为

$$\sigma_C = (X_1^2 \times 1.46\%)^{1/2} = X_1 \times 12.08\% \tag{2-24}$$

从而组合 C_2、C_3 和 C_4 的标准差分别为

$$\sigma_{C_2} = 0.25 \times 12.08\% = 3.02\%$$
$$\sigma_{C_3} = 0.5 \times 12.08\% = 6.04\%$$
$$\sigma_{C_4} = 0.75 \times 12.08\% = 9.06\%$$

将上述计算结果概括为表 2-6。

表 2-6　5 个组合的预期收益率和标准差　　　　　　　　　　　%

组合	X_1	X_2	预期收益率	标准差
C_1	0	1	4	0
C_2	0.25	0.75	7.05	3.02
C_3	0.5	0.5	10.1	6.04
C_4	0.75	0.25	13.15	9.06
C_5	1	0	16.1	12.08

将表 2-6 中的数据绘制到以预期收益率为纵轴、以标准差为横轴的坐标图中，从而得

到图 2-10 所示的风险资产与无风险资产组合。

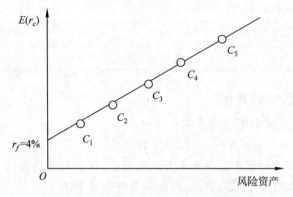

图 2-10 风险资产与无风险资产组合

表 2-6 中所列示的 5 个组合都落在连接无风险资产(C_1 点)和风险资产(C_5 点)的两个点的直线上,而且可以证明,由无风险资产和风险资产构成的任何一个组合,都会落在该直线上。

由此还可以推论出:对于任意一个由无风险资产和风险资产所构成的组合,其相应的预期收益率和标准差都落在连接无风险资产和风险资产的直线上。该线被称作资本配置线。

(二)资本配置线的表述

如果将一个完全的资产组合中风险资产的预期收益率记为 $E(r_p)$,投资比例为 x,无风险资产的投资比例为 $(1-x)$,则该完全资产组合的预期收益率为

$$E(r_c) = xE(r_p) + (1-x)r_f = r_f + x[E(r_p) - r_f] \qquad (2-25)$$

根据式(2-23)有

$$\sigma_c = x\sigma_p$$

则

$$x = \sigma_c / \sigma_p \qquad (2-26)$$

将式(2-26)代入式(2-25),得到

$$E(r_c) = r_f + \frac{\sigma_c}{\sigma_p}[E(r_p) - r_f] \qquad (2-27)$$

式(2-27)即资本配置线方程,其截距即无风险资产收益率 r_f,其斜率为 $[E(r_p) - r_f]/\sigma_p$。该斜率实际上所表明的是组合中每单位额外风险的风险溢价测度。资本配置线表示投资者所有可行的风险-收益组合。

三、资本市场线(CML)

不同的风险资产与无风险资产的配置,会形成不同的资本配置线。在均衡情况下,投资者会选择最陡的(有限制条件的)一条 CAL,这条线被称为资本市场线(CML),与有效边界的切点即为市场组合 M。如图 2-11 所示。

市场组合是一个完全多样化的风险资产组合。市场组合中的每一种证券的现时市价

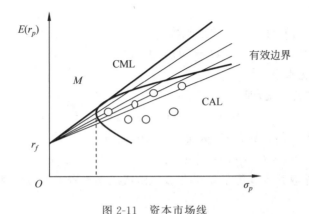

图 2-11 资本市场线

都是均衡价格,就是股份需求数等于上市数时的价格。如果偏离均衡价格,交易的买压或卖压会使价格回到均衡水平。

风险溢价或风险报酬是一个资产或资产组合的期望收益率与无风险资产收益率之差,即 $E(r_p)-r_f$。通常 CML 是向上倾斜的,因为风险溢价总是正的。风险愈大,预期收益也愈大。

CML 的斜率反映有效组合的单位风险的风险溢价,表示一个资产组合的风险每增加一个百分点,需要增加的风险报酬,其计算公式为

$$\text{CML 的斜率} = [E(r_M) - r_f]/\sigma_M \tag{2-28}$$

CML 上的任何有效的资产组合 p 的预期收益＝无风险收益＋市场组合单位风险的风险溢价×资产组合 p 的标准差。即 CML 的公式表述为

$$E(r_p) = r_f + \frac{E(r_M) - r_f}{\sigma_M} \sigma_p \tag{2-29}$$

四、最优资产组合的确定

(一) 投资者效用与资本配置

1. 定性分析

CML 给出风险水平不同的各个有效证券组合的预期收益。不同投资者可根据自己的无差异效用曲线在资本市场线上选择自己的资产组合。具体来看:

对于风险承受能力弱、偏爱低风险的投资者可在 CML 上的左下方选择自己的资产组合,一般可将全部资金分为两部分,一部分投资于无风险资产,一部分投资于风险资产。越是追求低风险,在无风险资产上投资越大,所选择的资产组合点越接近于纵轴上的 r_f。

对于风险承受能力强、偏爱高风险的投资者可在 CML 上的右上方选择自己的资产组合。一般将全部资金投资于风险资产组合后,还按无风险利率借入资金投资于风险资产。风险偏好越强,借入资金越多,所选择的资产组合点越远离 CML 上的 M 点。

2. 定量分析

根据第一章给出的投资者的效用函数：

$$U = E(r) - 0.005A\sigma^2$$

式中，A 为风险厌恶水平。

求解该函数的最大化，即

$$\max U = E(r_c) - 0.005A\sigma_c^2 \tag{2-30}$$

根据 $E(r_c)$ 和 σ_c 的计算公式，从而式(2-30)成为

$$\max U = r_f + x[E(r_p) - r_f] - 0.005x^2\sigma_p^2 \cdot A \tag{2-31}$$

对 U 求一阶导数并令其等于 0，即得到风险厌恶型投资者的最优风险资产头寸 x^*：

$$x^* = \frac{E(r_p) - r_f}{0.01A\sigma_p^2} \tag{2-32}$$

式(2-32)表明，最优风险资产头寸是用方差度量的，这一最优解与风险厌恶水平 A 成反比，与风险资产提供的风险溢价成正比。由此即得到一组新的投资者无差异曲线（图 2-12）。图中，无差异曲线在纵轴的截距，即无风险资产组合的效用，它实际上即是该组合的预期收益率。

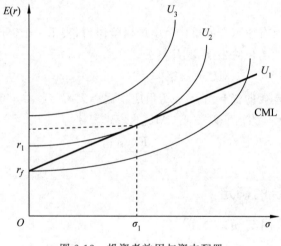

图 2-12　投资者效用与资本配置

在 CML 与投资者无差异曲线的切点处，决定了完全资产组合风险与收益的最优匹配。

案例 2-3　资本配置线、无差异曲线与最优组合

在表示可行集的资本配置线上加入投资者的效用无差异曲线，就可以得到与资本配置线相切的最高的效用无差异曲线，切点对应最优投资组合的标准差和期望收益。为了证明这一点，如表 2-7 所示，以数值案例进行演示。

表 2-7 给出了某投资者的风险敏感度 $A=4$ 的 4 条无差异曲线（效用水平分别为 0.07、0.078、0.086 53、0.094）的计算。

表 2-7 无差异曲线、资本配置线对不同 σ 的期望收益，$A=4$

σ	$U=0.07$	$U=0.078$	$U=0.08653$	$U=0.094$	资本配置线
0	0.0700	0.0780	0.0865	0.0940	0.0700
0.02	0.0708	0.0788	0.0873	0.0948	0.0773
0.04	0.0732	0.0812	0.0897	0.0972	0.0845
0.06	0.0772	0.0852	0.0937	0.1012	0.0918
0.08	0.0828	0.0908	0.0993	0.1068	0.0991
0.0902	0.0863	0.0943	0.1028	0.1103	0.1028
0.10	0.0900	0.0980	0.1065	0.1140	0.1064
0.12	0.0988	0.1068	0.1153	0.1228	0.1136
0.14	0.1092	0.1172	0.1257	0.1332	0.1209
0.18	0.1348	0.1428	0.1513	0.1588	0.1355
0.22	0.1668	0.1748	0.1833	0.1908	0.1500
0.26	0.2052	0.2132	0.2217	0.2292	0.1645
0.30	0.2500	0.2580	0.2665	0.2740	0.1791

表 2-7 中的第 2~5 列利用投资者效用曲线方程即式 (2-33) 计算出了各曲线为了得到相应的效用值对不同标准差所必需的期望收益值。

$$U = E(r) - 1/2 \times A\sigma^2 \qquad (2\text{-}33)$$

表 2-7 中的第 6 列由式 (2-34) 计算出 $E(r_c)$ 的资本配置线上各 σ 值对应的期望收益。

$$E(r_c) = r_f + [E(r_p) - r_f]\frac{\sigma_c}{\sigma_p} = 7 + [15-7]\frac{\sigma_c}{22} \qquad (2\text{-}34)$$

图 2-13 画出了 4 条无差异曲线和资本配置线，图形反映出效用函数 $U=0.08653$ 的无差异曲线与资本配置线相切；切点对应了最大的效用值的资产组合。

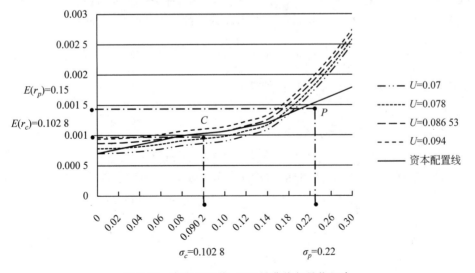

图 2-13 资本配置线、无差异曲线与最优组合

图 2-13 中切点 C 处 $E(r_c) = 10.28\%$, $\sigma_c = 9.02\%$。最优投资组合的风险-收益比例是 $y^* = 0.41$,这个数值和用式(2-35)的算术解相同。

$$y^* = \frac{E(r_p) - r_f}{A\sigma_p^2} \tag{2-35}$$

由本案例可见,y^* 的决策主要取决于风险厌恶程度。

(二)有效边界与资本配置

根据马科维茨资产组合理论,风险资产的最优组合一定位于有效边界线上。现在在有效边界图中加入资本配置线,如图 2-14 所示。由于 CAL 的斜率由风险溢价和方差决定,因此通过变动风险资产组合中各资产的权重,即可变动 CAL 的斜率,直到其斜率与有效边界线的斜率一致(即成为 CML)。如图 2-14 中的切点 P,该点处是满足有效边界要求(即在有效边界线上)的斜率最大的资本配置线,即最优风险资产组合点。

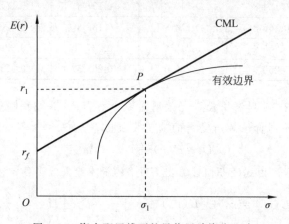

图 2-14 资本配置线下的最优风险资产组合

如果假设上述风险资产组合由股票 E 和债券 D 两种资产构成,我们的任务即是找出这两种资产的各自权重 W_D 和 W_E,以使资本配置线的斜率 S_p 最大。即

$$\max S_p = \frac{E(r_P) - r_f}{\sigma_P} \tag{2-36}$$

$$\text{s.t: } \sum X_i = 1$$

其中:

$$E(r_p) = W_D E(r_D) + W_E E(r_E) \tag{2-37}$$

$$\sigma_P^2 = W_D^2 \sigma_D^2 + W_E^2 \sigma_E^2 + 2W_D W_E \sigma_D \sigma_E \rho_{DE} \tag{2-38}$$

将式(2-37)和式(2-38)代入目标函数,并令 W_D 对 S_p 的一阶导数等于 0,即求得 W_D:

$$W_D = \frac{[E(r_D) - r_f]\sigma_E^2 - [E(r_E) - r_f]\text{cov}(r_D, r_E)}{[E(r_D) - r_f]\sigma_E^2 + [E(r_E) - r_f]\sigma_D^2 - [E(r_D) - r_f + E(r_E) - r_f]\text{cov}(r_D, r_E)}$$

则

$$W_E = 1 - W_D$$

从而资本配置线的斜率 S_p 达到最大。

（三）最优全部资产组合的确定

图 2-12 所显示的是一个投资者效用最大化的资产组合，图 2-14 所显示的则是风险资产组合的确定。将两个图合到一起，即可得到一个全部资产组合的确定，如图 2-15 所示。

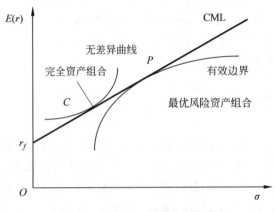

图 2-15　最优全部资产组合的确定

五、资产组合与风险分散化

第一章的研究中已指出，投资风险总体上可以划分为系统性风险和非系统性风险两种。构建一个完全的资产组合，其最大的功效就是，从理论上，它可以分散掉全部的非系统性风险，如图 2-16 所示。

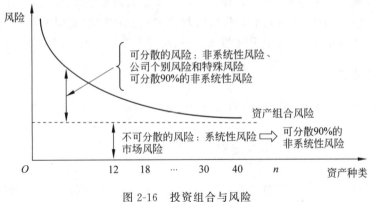

图 2-16　投资组合与风险

图 2-16 中的横轴 n 代表资产数量。由图可见，随着组合中资产数量的增加，一个资产组合所承受的非系统性风险在逐渐降低[1]，当然，其前提条件是进入组合中的资产之间的相关系数要尽可能低[2]。因此，分散投资可以消除部分风险——非系统性风险，但无法消除所有的风险——系统性风险是投资组合无能为力的。

---

[1] 其具体机制将在下一节进行分析。
[2] 根据大量的实证研究，进入组合中的资产之相关系数最大不能超过 +0.4。

第四节 指数模型

马科维茨模型说明了如何在给定的风险水平下获得最大的资产组合的收益。然而在实际应用中,马科维茨方法所受到的一个限制,是其所需要的计算量巨大。例如,如果一个投资者能够详细分析 50 只股票,这意味着他需要做如下计算。

$n=50$ 个预期收益的估计

$n=50$ 个方差估计

$(n^2-n)/2=1\,225$ 个协方差估计

共计 1 325 个估计值。

这是足以令任何个人投资者生畏的任务。而如果把 n 扩大 1 倍,成为 100 只股票,所需的估计值将几乎增加 4 倍,达到 5 150 个,这足以令任何机构投资者望而却步。如果 $n=1\,500$,即大约相当于 2010 年在我国深圳交易所上市的所有股票,就需要对近 113 万个数据进行估计,对投资决策的时效性而言,这将是一个无法完成的任务。

通过引入指数模型,简化协方差矩阵的估计,并将风险分解为系统性风险和公司特有风险。指数模型使我们了解分散化的威力和局限性,并且能够度量特定证券和组合的这些风险成分。

除了更简化,指数模型和有效边界以及组合最优化的概念也保持一致。指数模型与收益正态分布假设一样有效。因为短期收益率用正态分布是很好的近似,指数模型可以用来选择最优组合,并且和马科维茨算法几乎一样精确。

本节首先描述单因素证券市场,并由此提出证券收益的单指数模型。分析其性质后,对单指数模型进行拓展,给出它们和投资经理面临的实际问题之间的联系。最后用指数模型估计最优风险组合,这使得组合的收益率、协方差等特征的推导和解释更容易。

一、单因素模型

该模型简化了对证券风险源的描述,同时还允许使用较少的风险参数和风险溢价的相容估计集。

将证券 i 的收益率分解为期望收益率和非期望部分之和:

$$r_i = E(r_i) + e_i \tag{2-39}$$

将影响证券收益的不确定性因素分解为整个经济系统的不确定性(m)和特定公司的不确定性(e_i)。在这种情况下,为了包含两大因素导致的不确定性,将证券 i 的收益率表示为

$$r_i = E(r_i) + m + e_i \tag{2-40}$$

式中,m 为未预期到的宏观突发事件,均值为 0,其标准差为 σ_m;e_i 为特定公司的突发事件,均值为 0,其标准差为 $\sigma(e_i)$,m 和 e_i 相互独立,即

$$\sigma_i^2 = \sigma_m^2 + \sigma^2(e_i) \tag{2-41}$$

各个公司特有的事件 e_i 之间没有联系,独立的共同因素 m 与各个公司特有事件没有联系。因此,任意两种证券 i 和 j 之间的协方差为

$$\mathrm{cov}(r_i, r_j) = \mathrm{cov}(m + e_i, m + e_j) = \sigma_m^2 \tag{2-42}$$

进一步,考虑不同企业的收益对宏观经济事件有不同的敏感度,证券 i 对宏观经济事件的敏感度为 β_i,则证券 i 的宏观成分为 $\beta_i m$,得到如下的单因素模型:

$$r_i = E(r_i) + \beta_i m + e_i \quad (2\text{-}43)$$

式(2-43)表明证券 i 的系统性风险由其 β_i 系数决定。周期性公司对市场的敏感性更高,所以系统性风险就更大。证券 i 的系统性风险为 $\beta_i^2 \sigma_m^2$,总风险为

$$\sigma_i^2 = \beta_i^2 \sigma_m^2 + \sigma^2(e_i) \quad (2\text{-}44)$$

任意两证券间的协方差为

$$\text{cov}(r_i, r_j) = \text{cov}(\beta_i m, \beta_j m) = \beta_i \beta_j \sigma_m^2 \quad (2\text{-}45)$$

就系统性风险和市场暴露而言,上述公式表示公司间存在近似替代关系,β 值相等的公司其系统性风险也相同。

至此,只使用了证券收益联合正态分布的统计意义。仅证券收益的正态性就保证了组合收益的正态特征,且证券收益和共同宏观因素之间存在线性关系,这大大简化了组合分析。然而,仅从统计角度并未识别到共同宏观因素是什么,也未能确定该因素在长期投资中如何发挥作用。尽管共同因素、单个证券的方差以及证券间的协方差在长期中变化非常缓慢,还是需要一个变量来代表该共同因素。这一变量必须可以观察,易于估计其波动性和单个证券对其的敏感度。

二、单指数模型

使单指数模型具备可操作性的合理方法,是将沪深 300 这类覆盖大部分流通市值的指数的收益率视为共同宏观经济因素的一个有效代理指标。使用这种方法可以得到一个与单因素模型类似的方程,该方程被称为单指数模型,因为它使用单一市场指数作为共同因素的代理指标。

因为沪深 300 指数是一个股票组合,其价格和收益率易于观察,有足够的历史数据用来估计系统性风险。用 M 表示市场指数,其超额收益率为 $R_M = r_M - r_f$,标准差为 σ_M,将某证券 i 的超额收益率 $R_i = r_i - r_f$ 对指数的超额收益率进行回归,回归分析首先要收集配对观测样本 $R_i(t)$ 和 $R_M(t)$ 的历史数据,其中 t 代表每对样本的观测期,回归方程如下:

$$R_i(t) = \alpha_i + \beta_i R_M(t) + e_i(t) \quad (2\text{-}46)$$

该方程的截距项 α 代表了市场超额收益率为 0 时该证券的超额收益率,斜率 β_i 代表证券的 β 值,即证券对指数的敏感度。e_i 代表 t 时刻 0 均值的公司特有突发事件对证券收益的影响,称为残差。

(一)期望收益与 β 的关系

因为 $E(e_i) = 0$,式(2-46)两边取期望值,就可得单指数模型的期望收益与 β 值之间的关系,即

$$E(R_i) = \alpha_i + \beta_i E(R_M) \quad (2\text{-}47)$$

式(2-47)中的第二项 $\beta_i E(R_M)$ 称为系统风险溢价[①],α_i 代表非市场溢价。如果证券

---

① 该风险溢价因为是对所承担的系统性风险的补偿,所以理论上看(应该)为正值。

的市场定价偏低,α_i就可能会比较大,因为这样才能提供有吸引力的期望收益。如果证券的价格合理,α_i就趋向于0。分析师的任务就是找到α_i非0的股票。

用指数模型将单个证券风险分解为市场和非市场两部分,极大地简化了对所投资公司的宏观经济和证券分析工作。

(二) 单指数模型的风险和协方差

马科维茨模型所面临的问题之一是该模型的实现需要估计大量参数,而指数模型大大减少了参数估计量,式(2-46)可以得出每种证券的总风险中包含的系统和公司特有成分,以及任意两种证券的协方差。方差和协方差均由证券的β值和市场指数的特性决定。

某证券i的总风险＝系统风险＋非系统风险,即

$$\sigma_i^2 = \beta_i^2 + \sigma^2(e_i)$$

协方差＝证券β值的乘积×市场指数风险,即

$$\text{cov}(r_i, r_j) = \beta_i \beta_j \sigma_M^2$$

相关系数＝相应证券与市场指数的相关系数乘积,即

$$\text{Corr}(r_i, r_j) = \frac{\beta_i \beta_j \sigma_M^2}{\sigma_i \sigma_j} = \frac{\beta_i \sigma_M^2}{\sigma_i \sigma_M} \frac{\beta_j \sigma_M^2}{\sigma_j \sigma_M} = \text{Corr}(r_i, r_M) \times \text{Corr}(r_j, r_M) \quad (2\text{-}48)$$

(三) 单指数模型的估计

该模型需要的变量包括：n个市场外预期超额收益α_i估计；n个敏感性系数β估计；n个公司特有方差$\sigma^2(e_i)$估计；1个市场溢价估计；1个共同宏观经济因素σ_M^2估计。那么整个输入表就需要$3n+2$个估计,对于涵盖100种证券的投资组合就需要302个估计①。单指数模型的输入指标如表2-8所示。

表2-8 单指数模型的输入指标

指　标	符　号	所需估计量
1. 市场中性条件下(即超额收益率为$r_M - r_f = 0$)股票的期望收益	α_i	n个α_i
2. 受整个市场运行影响的那部分收益,其中β表示证券对市场变化的反应程度	$\beta_i(r_M - r_f)$	n个敏感系数$\beta(\beta_i)$,一个市场溢价估计$r_M - r_f$
3. 只与特殊证券相关的非预期事件所引起的收益的非预期成分	e_i	
4. 由共同宏观经济因素的不确定性引起的方差	$\beta_i^2 \sigma_M^2$	一个共同宏观因素σ_M^2
5. 公司特有因素的不确定性所引起的方差	$\sigma^2(e_i)$	n个公司特有方差$\sigma^2(e_i)$

指数模型另一个常被忽略但同样重要的优势是,指数模型的简化对证券分析专业化非常重要——如果每对证券间的协方差都需要直接计算,那么分析师就无法实现专业化。

但从指数模型假设条件得出的简化方法并不是没有成本的。指数模型的简化限制了资产收益不确定性的结构。它简单地将不确定性分为宏观和微观两类,过于简化了宏观

---

① 而不是马科维茨组合理论中的5 150个估计。

世界的不确定性,可能会遗漏一些影响股票收益的重要因素。例如,这种二分法排除了行业因素影响。

(四) 指数模型和分散化

由夏普首先建立的指数模型也提供了资产组合风险分散化的另一个视角。假定选择有 n 个证券的等权重资产组合。每个证券的超额收益率由式(2-49)给出:

$$R_i = \alpha_i + \beta_i R_M + e_i \tag{2-49}$$

股票资产组合的超额收益为

$$R_p = \alpha_p + \beta_p R_M + e_p \tag{2-50}$$

现在我们说明,随着资产组合中包括的股票数目的增多,正如图 2-16 所示,归因于非市场因素的资产组合风险将变得越来越小,这部分风险被分散掉了。但要注意,正如第三节所揭示的,无论组成资产组合的公司数目有多少,市场风险依然存在。

为了理解上述结论,注意到等权重 $\left(\text{每种资产权重}\omega_i = \dfrac{1}{n}\right)$ 资产组合的超额收益率为

$$R_p = \sum_{i=1}^{n} \omega_i R_i = \frac{1}{n}\sum_{i=1}^{n} R_i = \frac{1}{n}\sum_{i=1}^{n}(\alpha_i + \beta_i R_M + e_i)$$

$$= \frac{1}{n}\sum_{i=1}^{n}\alpha_i + \left(\frac{1}{n}\sum_{i=1}^{n}\beta_i\right)R_M + \frac{1}{n}\sum_{i=1}^{n}e_i \tag{2-51}$$

资产组合对市场的敏感度由式(2-52)给出:

$$\beta_p = \frac{1}{n}\sum_{i=1}^{n}\beta_i \tag{2-52}$$

它是单个 β_i 的平均值。同时,资产组合有一个常数(截距)的非市场收益成分:

$$\alpha_p = \frac{1}{n}\sum_{i=1}^{n}\alpha_i \tag{2-53}$$

它也是单个 α 的平均值,加上零均值变量,即

$$e_p = \frac{1}{n}\sum_{i=1}^{n}e_i \tag{2-54}$$

它是公司特有成分的平均值,因此,资产组合的方差为

$$\sigma_p^2 = \beta_p^2 \sigma_M^2 + \sigma^2(e_p) \tag{2-55}$$

定义资产组合方差的系统风险成分为依赖于市场运行的部分为 $\beta_p^2 \sigma_M^2$,它也依赖于单个证券的敏感度系数。这部分风险依赖于资产组合的 β 和 σ_M^2,不管资产组合分散化程度如何都不会改变——无论持有多少股票,它们在市场中暴露的一般风险将反映在资产组合的系统风险中。

相比较,资产组合方差的非系统成分是 $\sigma^2(e_p)$,它来源于公司特有成分 e_i。因为这些 e_i 是独立的,都具有零期望值,所以可以由平均法则得出这样的结论:随着越来越多的股票加入资产组合中,公司特有风险倾向于被消除掉,非市场风险越来越小,这些风险被认为是可分散的。为了更准确地理解这一点,考虑有公司特有成分的等权重"资产组合"的方差公式。因为 e_i 是不相关的,则

$$\sigma^2(e_p) = \sum_{i=1}^{n}\left(\frac{1}{n}\right)^2 \sigma^2(e_i) = \frac{1}{n}\bar{\sigma}^2(e) \tag{2-56}$$

式中，$\bar{\sigma}^2(e)$为公司特有方差的均值。由于这一均值独立于n，所以当n变大时$\sigma^2(e_p)$就变得很小，甚至可以忽略。

总之，随着分散化程度增加，投资组合的总方差就会接近系统风险，定义为市场因素的方差乘以投资组合敏感性系数的平方β_p^2，类似于图2-16，图2-17说明了这一现象，这里用标准差表示。

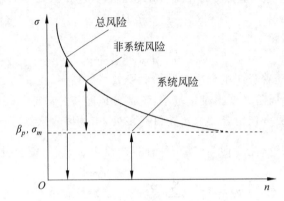

图2-17　单因素经济中β系数为β_p等权重组合方差

图2-17显示，当组合中包含越来越多的证券时，组合方差因为公司风险的分散化而下降。然而，分散化的效果是有限的，即使n很大，共同或市场因素引起的风险仍然存在，无法被分散化。

三、投资组合的构建与指数模型

这一部分，考察指数模型在组合构造中的意义。我们会看到这一模型有很多优点，不仅在参数估计方面，而且能运用在简化分析和组合分散上。

（一）α和证券分析

单指数模型最重要的优点在于，它为宏观经济分析和证券分析提供了这样一个框架：该市场驱动模型期望收益以信息对所有证券都产生影响为条件，而不是通过对特定公司的证券分析收集得到。这个市场驱动模型可以作为一个基准：单个证券的风险溢价不受证券分析的影响，而是等于$\beta_i E(r_M)$，也就是说，它的风险溢价只从这个证券跟随市场指数的趋势中获得；任何超过基准风险溢价的期望收益α都对应于证券分析中获得的非市场因素。α不只是期望收益的一个成分，它还是告知人们一个证券是否可以买入的关键变量。对投资组合管理者来说，一个证券是否具有吸引力只看它的α值。

（二）指数组合作为投资资产

单指数模型的有效边界图与本章第三节马科维茨模型非常类似。然而，指数模型能够使输入列表更加简化，而且，组合最优化显示出单指数模型的另一优势，即简单、直观地显示出最优风险投资组合。这里我们来分析指数在最优组合中的角色。

假设一只证券投资基金只投资沪深300指数中的股票。这时，沪深300指数就涵盖了宏观经济对该基金持有的大公司的股票的影响。假设该基金的投资范围只涵盖可投资空间的一部分子集(如限定于对电子行业的投资),如果组合仅限于这些可投资产品,我们就有理由怀疑这样的投资组合的分散化程度是有限的。

应对分散化不足的简单方法是直接把沪深 300 指数作为一个投资资产。从式(2-46)和式(2-47)来看,如果我们把沪深 300 指数看作市场指数,那么它的 β 值为 1,没有公司特有风险,α 值为 0,即其期望收益中不包括非市场风险溢价部分。式(2-47)显示任一证券 i 和指数的协方差为 $\beta_i \sigma_M^2$。为了区别沪深 300 指数与公司投资的 n 只股票,把沪深 300 指数当成第 $n+1$ 种资产。我们可以将沪深 300 指数看作基金经理不进行证券分析时的一种消极资产组合①。如果基金经理愿意进行证券研究,那么他可能会构建包含该指数的积极资产组合,得到更好的收益风险匹配。

(三)单指数模型的输入数据

如果上述经理打算构建一个组合,包括 n 家积极研究的公司和一个消极的组合,则输入数据如下。

(1)沪深 300 的风险溢价。

(2)沪深 300 的标准差估计值。

(3)n 套如下估计值:①β 系数的估计值;②个股残差的方差;③证券的 α 值。

(四)单指数模型的最优风险组合

$$\alpha_p = \sum_{i=1}^{n+1} w_i \alpha_i, \quad 对于指数 \alpha_{n+1} = \alpha_M = 0$$

$$\beta_p = \sum_{i=1}^{n+1} w_i \beta_i, \quad 对于指数 \beta_{n+1} = \beta_M = 1$$

$$\sigma^2(e_p) = \sum_{i=1}^{n+1} \omega_i^2 \sigma^2(e_i), \quad 对于指数 \sigma^2(e_{n+1}) = \sigma^2(e_M) = 0$$

最优权重是使得组合的夏普比率 S_p 最大化,即

$$E(R_p) = \alpha_p + E(R_M) \beta_p = \sum_{i=1}^{n+1} w_i \alpha_i + E(R_M) \sum_{i=1}^{n+1} w_i \beta_i \tag{2-57}$$

$$\sigma_p = [\beta_p^2 \sigma_M^2 + \sigma^2(e_p)]^{1/2} = \left[\sigma_M^2 \left(\sum_{i=1}^{n+1} w_i \beta_i\right)^2 + \sum_{i=1}^{n+1} \omega_i^2 \sigma^2(e_i)\right]^{1/2} \tag{2-58}$$

$$S_p = \frac{E(R_p)}{\sigma_p} \tag{2-59}$$

最优风险投资组合由两个组合构成:积极组合 A,由 n 个积极分析过的证券组成;市场指数组合,即第 $n+1$ 种资产,称为组合 M。

若积极组合的 $\beta = 1$,则其最优权重为 $\dfrac{\alpha_p}{\sigma_{e_A}^2}$,同理,指数组合的权重为 $E(R_M)/\sigma_M^2$,初始头寸为 $\omega_A^0 = \dfrac{\dfrac{\alpha_A}{\sigma_{e_A}^2}}{E(R_M)/\sigma_M^2}$。如果积极组合头寸的 β 不为 1,且当 β 值越高,积极组合与消极

---

① 组合管理从策略上可以分为积极管理和消极管理两大策略,我们将在第八章进行详细分析。

组合相关性越大,如式(2-60)所示,投资组合中积极组合的头寸越小:

$$\omega_A^* = \frac{\omega_A^0}{1+(1-\beta_A)\omega_A^0} \quad (2-60)$$

(五)信息比率

观察积极组合的最优头寸式(2-60),投资于积极组合的权重为ω_A^*,投资于指数组合的权重为$1-\omega_A^*$。可以计算其期望收益率、标准差和夏普比率。最优组合的夏普比率会超过指数组合的夏普比率S_M。它们之间的精确关系为

$$s_P^2 = S_M^2 + \left[\frac{\alpha_A}{\sigma(e_A)}\right]^2 \quad (2-61)$$

式(2-61)表明积极组合对整个风险投资组合夏普比率的贡献取决于它的α值和残差标准差的比率,这个重要的比率称为信息比率。该比率度量当积极组合权重过高或过低时,通过证券分析可以获得的额外收益与公司特有风险的比值,表明要最大化夏普比率,必须最大化积极组合的信息比率。

如果投资于每个证券的相对比例为$\frac{\alpha_i}{\sigma^2(e_i)}$,此时积极组合的信息比率将实现最大化。调整这个比率,使得所有积极组合中证券的头寸相加等于ω_A^*,即每个证券权重为

$$\omega_i^* = \omega_A^* \frac{\frac{\alpha_i}{\sigma^2(e_i)}}{\sum_{i=1}^{n}\frac{\alpha_i}{\sigma^2(e_i)}} \quad (2-62)$$

运用这组权重,可以得到每个证券对积极组合信息比率的贡献依赖于它们各自的信息比率,即

$$\left[\frac{\alpha_A}{\sigma(e_A)}\right]^2 = \sum_{i=1}^{n}\left[\frac{\alpha_i}{\sigma(e_i)}\right]^2 \quad (2-63)$$

这个模型揭示了在有效利用证券分析时信息比率的核心角色。某一证券的加入对组合的正面贡献是增加了非市场风险溢价,负面影响则是公司特有风险带来组合方差的增加。

与α不同,市场部分(系统性)的风险溢价为$\beta_i E(R_M)$,被单个证券不可分散的(市场)风险$\beta_i^2 \sigma_M^2$拖累。两者都受相同的β值的影响。这对任何证券都一样,因此要关注积极组合的整体β值,而不是单个证券的β值。

从式(2-62)可以看出,如果一个证券的α为负,则该证券在最优风险投资组合中应该为空头头寸。如果禁止卖空,一个具有负α值的证券将从最优程序中剔除,权重为0。随着α非0证券的数量增加,积极组合本身带来更好的分散化,在整个风险组合中积极组合的权重也会增加,同时,消极指数组合权重将降低。

只有当所有α值为0时,指数组合是一个有效的投资组合。除非证券分析找到α值非0的证券,否则包含该证券的积极组合将使得该组合的投资吸引力降低。当α为0时,公司特有风险无法通过非市场风险溢价得到补偿。因此,如果所有证券的α值均为0,则积极组合的最优权重为0,指数组合的权重为1。

（六）最优化过程总结

现在我们将上述最优风险组合的构造程序总结如下。

计算积极组合中每个证券的原始头寸 $\omega_i^0 = \dfrac{\alpha_i}{\sigma^2(e_i)}$；

调整原始权重，使组合权重和为1，即 $\omega_i = \dfrac{\omega_i^0}{\sum_{i=1}^{n} \omega_i^0}$；

计算积极组合的 α 值，$\alpha_A = \sum_{i=1}^{n} \omega_i \alpha_i$；

计算积极组合的残差，$\sigma^2(e_A) = \sum_{i=1}^{n} \omega_i^2 \sigma^2(e_i)$；

计算积极组合的原始头寸，$\omega_A^0 = \left[\dfrac{\dfrac{\alpha_A}{\sigma^2(e_A)}}{E(R_M)/\sigma_M^2} \right]$；

计算 β 值，$\beta_A = \sum_{i=1}^{n} \omega_i \beta_i$；

调整积极组合的原始头寸，$\omega_A^* = \dfrac{\omega_A^0}{1+(1-\beta_A)\omega_A^0}$；

此时最优风险组合的权重为 $\omega_M^* = 1 - \omega_A^*$；$\omega_M^* = \omega_A^* \omega_i$；

计算最优风险组合的风险溢价，根据指数组合的风险溢价和积极组合的 α 值，得出最优风险组合的风险溢价 $E(R_p) = (\omega_M^* + \omega_A^* \beta_A) E(R_M) + \omega_A^* \alpha_A$；

运用指数组合的方差和积极组合的残差计算最优风险组合的方差，$\sigma_p^2 = (\omega_M^* + \omega_A^*)^2 \sigma_M^2 + [\omega_A^* \sigma(e_A)]^2$。

案例 2-4 利用指数模型构建风险资产组合

我们将通过多个公司的一个小样本建立最优风险组合来展示如何使用指数模型，并与马科维茨理论建立的最优风险组合进行对比，讨论指数模型在实际操作中的应用。

这里我们以中国证券市场为例，展示指数模型的估计并对其进行投资分析解读。我们分析六大中国上市公司，即沪深300中信息技术板块的恒生电子（hs）、中天科技（zt），银行板块的交通银行（jt）、建设银行（js），钢铁板块的宝钢股份（bg）、鞍钢股份（ag）。

观察这6只股票、沪深300指数和短期国债在5年中的月收益率（即60个观察值），首先计算7个风险资产的超额收益率，然后通过恒生电子的准备过程示范整个输入过程，最后讲述如何建立最优风险组合。

一、恒生电子的证券特征线

将 $R_i(t) = \alpha_i + \beta_i R_M(t) + e_i(t)$ 运用于恒生电子就变为

$$R_{hs}(t) = \alpha_{hs} + \beta_{hs} R_{hs300}(t) + e_{hs}(t) \tag{2-64}$$

式（2-64）描述了恒生电子的超额收益率与沪深300指数投资组合的收益率表示的经济变化之间的相关性。回归估计结果描述的直线被称为恒生电子的证券特征线。

图2-18显示了恒生电子和沪深300指数60个月的超额收益率。图像显示恒生电子

的收益与指数的收益一般是同向变动,但恒生电子收益的波动幅度比指数大,这意味着其敏感度大于市场平均值,即 β 大于 1.0。

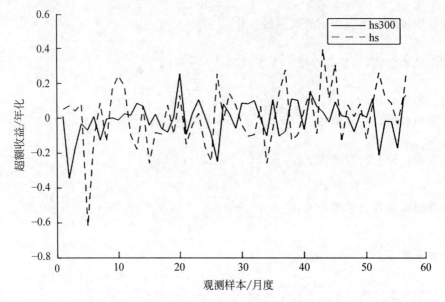

图 2-18　恒生电子和沪深 300 指数 60 个月的超额收益率

图 2-19 的散点图更清楚地描述了恒生电子和沪深 300 指数收益率之间的关系。如图所示,回归线穿过散点,每个散点和回归线的垂直距离就是每个时点恒生电子的残差 $e_{hs}(t)$。散点图显示恒生电子的月收益率波动幅度超过 40%,而沪深 300 指数的收益只在 $-35\% \sim +20\%$ 之间波动。

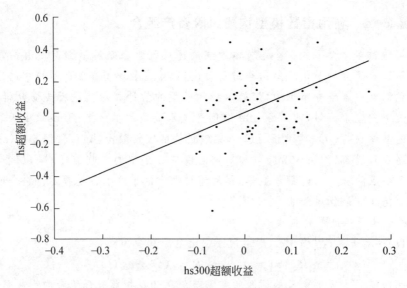

图 2-19　恒生电子和沪深 300 指数的超额收益

二、恒生电子的回归分析结果与投资分析解读

恒生电子证券特征线的回归统计如表 2-9 所示。

表 2-9　恒生电子证券特征线的回归统计

回归统计数据	
乘数 R 在此处键入公式	0.839 8
R^2	0.629 9
调整后 R^2	0.617 8
标准误差	0.329 1
观测样本	60

	df	SS	MS
方程	1	0.383 6	0.267 8
残差	58	0.278 7	0.002 6
总计	59	0.662 3	

	系数	标准误差	t 值	p 值
截距	0.024 3	0.023 7	1.025 3	0.309 1
hs300	1.267 3	0.229 7	5.517 2	0.009 7

1. 恒生电子证券特征线的解释力

由表 2-9 可见,恒生电子和沪深 300 指数的相关性很高,达到 0.839 8,说明恒生电子随着沪深 300 指数的波动而同向变动。R^2 为 0.629 9,说明沪深 300 指数的方差可以解释恒生电子 63% 左右。调整后的 R^2 稍小于原来的 R^2,修正了因使用 α 和 β 估计值而非真实值产生的偏差,当有 60 个观测样本时,这一偏差很小,为残差的平方。这个指标衡量了公司特有因素引起的股票与指数的平均关系变动,且该指标是基于样本内数据计算的。另一个更为严格的检验是分析样本各期限的收益率,并检验自变量(沪深 300 指数的收益率)的预测能力。样本外数据的回归预测与实际值之间的关系通常会大大低于样本内数据的相关性。

2. 方差分析

证券特征线的方差分析结果中(表 2-9),回归平方和(SS,0.383 6)表示因变量(恒生电子收益率)方差中被自变量(沪深 300 指数收益率)解释的那一部分,该值等于 $\beta_{hs}^2 \sigma_{hs300}^2$。表 2-9 中 MS 这一列为残差项(0.002 6),表示恒生电子收益中无法被自变量解释的部分,即独立于市场指数的那一部分,该值的平方根就是第一栏中报告的回归方程的标准误差(SE,0.329 1),这里均为年化值。

3. α 估计

t 统计量是回归参数与其标准差之比,可以用来估算不可观测的真实值可能等于

0而非估计值的概率。如果真实值等于0,那么估计值就不会远离0,因此大的t统计量意味着真实值等于0的概率很低。

假如恒生电子的非市场成分被定义为特定期内实际收益减去市场变化所引起的收益,这也被称为公司特有收益R_{fs}:

$$R_{\text{firm-specific}} = R_{\text{fs}} = R_{\text{hs}} - R_{\text{hs300}} \tag{2-65}$$

如果R_{fs}服从均值为0的正态分布,其估计值与标准误差之比就服从t分布。从t分布表中可以查到在估计值以及估计标准误差为正的条件下真实α值实际为0甚至是更低的概率,这一概率被称为显著性水平。传统的统计显著性的取舍点低于5%,这就要求t统计量的值大于2.0。表2-9的结果显示恒生电子α的t值为1.025 3,意味着该估计值并不显著。即在某一置信水平下,不能拒绝真实α值等于零的原假设,α估计的P值(0.309 1),表示如果真实α值等于0,得到0.024 3这样高的估计值的概率为0.309 1,这表明可能性不大。大量数据显示,5年内的α值不会维持不变,某一样本期的估计值与下一期的估计值之间没有实质的联系。当市场处于稳定期时,回归估计出的α值所表达的证券平均收益率不能用来预测未来公司的绩效。这就是证券分析很难的原因:过去并不一定能预测未来。

4. β估计

计算β估计值偏离假定值1的标准差的数量,很容易将该差距变大以求统计上显著:

$$\frac{\text{估计值} - \text{假定值}}{\text{标准误差}} = \frac{1.267\ 3 - 1}{0.229\ 7} = 1.16 \tag{2-66}$$

如果要在95%的显著性水平下构建一个包含不可观测的真实β值的置信区间,就应该以估计值为中心,加上或减去2倍的标准差,这样就形成了一个范围很大的区域(1.267 3−2×0.229 7,1.267 3+2×0.229 7)=(0.807 9,1.726 7)。

5. 公司特有风险

由表2-9可知,恒生电子残差的年化月度标准差为0.329 1,系统性风险的年化标准差为$\beta \times \sigma(\text{hs300}) = 1.267\ 3 \times 0.182\ 1 = 23.08\%$,注意到恒生电子的公司特有风险和系统性风险一样大,而这对于单只股票来说非常常见。

6. 相关性和协方差矩阵

图2-20描绘了选自沪深300指数各板块中一对规模相同的股票的超额收益率。可以看出信息技术板块是波动性最大的,其次是银行板块,最后是钢铁板块。

三、指数模型与马科维茨模型

我们通过沪深300指数和之前讨论风险参数的6只股票来构建最优投资组合以演示指数模型的应用。这里包含6只股票,从三个行业中选择三对公司的目的是能够产生相对高的残差相关性。这对指数模型是个严格的考验,因为当进行协方差矩阵估计时,该模型忽略残差之间的相关性。因此当进行协方差矩阵估计时,该模型忽略了残差之间的相关性。因此,比较从所有模型得到的结果和具备所有特征的马科维茨模型所得结果之间的差异,有一定的研究意义。

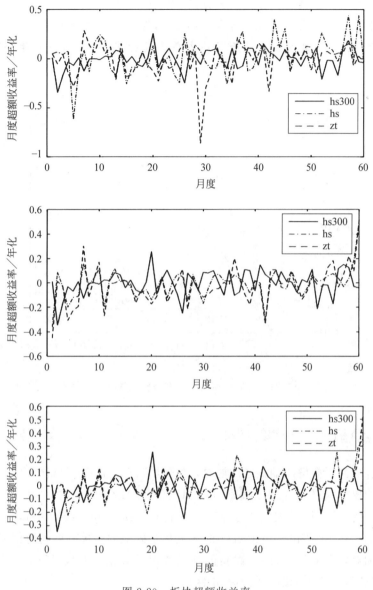

图 2-20 板块超额收益率

在实际投资过程中,每只股票的 α 值和风险溢价的估计值是投资公司最重要的关注点。但统计量只扮演了一个小角色,在这个领域,宏观分析和证券分析最重要。在允许卖空的情况下,积极组合中的头寸都相当大。组合的 α 值3.58%,比其组合中任何单个证券的 α 估计值要大很多,是一个激进组合,导致一个较大的残差平方和(0.0597,相应的残差标准差为18%)。因此,积极组合的配置权重降低了,最终找到一个适度值,再次表明在投资组合最优化过程中分散化观点是优先考虑的。

最优风险投资组合的风险溢价是7.23%,标准差是18.97%,夏普比率是0.52。指数组合的夏普比率是0.50,这个比率与最优风险投资组合的夏普比率非常接近。

指数模型得到的结论是否劣于用全协方差模型（马科维茨模型）的结果呢？图 2-21 展示了用样本数据采取两个模型得到的有效边界，发现它们之间的差别非常小。沿有效边界向上移动，要求的期望收益排除了协方差不同带来的影响，投资组合的业绩变得相似。

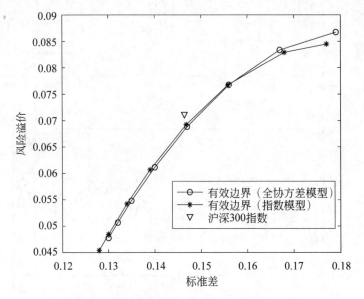

图 2-21　指数模型与全协方差模型的有效边界

本章小结

资产组合理论所要解决的核心问题是，以不同资产构建一个投资组合，提供确定组合中不同资产的权重（投资比例），达到使组合风险（方差）最小的目的。

马科维茨的投资组合理论是建立在单一期间（single time period）和终点财富的预期效用（expected utility of terminal wealth）最大化基础上的。单一期间简化了对一系列现金流的贴现和对复利的计算；终点财富的预期效用最大化的假设，既包括了财富的期望值，也考虑了获得这种预期财富的不确定性。

此外，马科维茨投资组合理论还包含下列前提：①证券市场是有效的。②投资者为理性的个体，服从不满足和风险厌恶的行为方式；且影响投资决策的变量是预期收益和风险两个因素；在同一风险水平上，投资者偏好收益较高的资产组合；在同一收益水平上，则偏好风险较小的资产组合。③投资者在单一期间内以均值与方差标准来评价资产和资产组合。④资产具有无限可分性。

风险资产的可行集和有效集，是从理论上确定投资者投资组合的一个基础性工具。风险资产的可行集是指资本市场上由风险资产可能形成的所有投资组合的总体。将所有可能投资组合的期望收益率和标准差的关系描绘在期望收益率—标准差坐标平面上，封闭曲线上及其内部区域表示可行集。当我们考虑一个由 n 项风险资产构成的投资组合时,即形成了一个伞形可行集曲线图。其边界上或边界内的每一点代表一个投资组合。整个可行集呈雨伞状,其左侧边界是一条双曲线的一部分。

根据马科维茨投资组合理论的前提条件,投资者为理性个体且服从不满足假定和回避风险,即①投资者在既定风险水平下要求最高收益率;②在既定预期收益率水平下要求最低风险。这即是有效集原则。同时满足两条有效集原则的边界,亦即资产组合的有效边界。有效边界的一个重要特性是上凸性,即随着风险增加,预期收益率增加的幅度减慢。

投资者根据个人偏好的不同选择有效边界上的某一点进行投资决策,由于有效边界上凸,而效用曲线下凸,所以两条曲线必然在某一点相切,切点代表的就是为了达到最大效用而应该选择的最优组合。不同投资者会在资产组合有效边界上选择不同的区域。风险厌恶程度较高的投资者会选择靠近端点的资产组合;风险厌恶程度较低的投资者,会选择端点右上方的资产组合。

马科维茨资产组合理论在实际应用中的一个明显缺陷是所需要的计算量巨大,因素模型基础上衍生出的指数模型很好地克服了这一缺陷,使得马科维茨资产组合理论具有了更好的理论表达和实际操作的意义。

练 习 题

一、名词解释

1. 持有期收益率
2. 几何平均持有期收益率
3. 必要收益率
4. 风险溢价
5. 非系统性风险
6. 系统性风险
7. 风险厌恶型投资者
8. 风险资产的可行集
9. 马科维茨有效集
10. 无风险资产
11. 资本配置

二、简答题

1. 简述风险与收益的最优匹配。
2. 如何判断系统性风险?
3. 风险厌恶型投资者效用曲线的特点是什么?
4. 简述有效集的原则及其图形解释。
5. 用图形表述投资者的最优选择。

6. CML 为什么是向上倾斜的？其斜率的投资学含义是什么？

三、计算题

1. 详细计算本章中各个案例和例题。
2. 以中国实际股票市场为例演示你对指数模型某一角度应用的理解。

四、论述题

1. 最优完备资产组合如何确定？
2. 资产组合是如何分散风险的？

即 测 即 练

第三章 资本资产定价模型

CAPM(资本资产定价模型)是现代金融学的基石之一,它是在马科维茨资产组合理论的基础上,通过 Sharpe 的《资本资产价格:一个市场均衡理论》、Lintner 的《在股票组合和资本预算中的风险资产估值和风险投资选择》,以及 Mossin 的《资本资产市场均衡》三篇经典论文发展起来的。

第一节　模型的含义与假设

CAPM 本质上是一个市场均衡模型,它是在资产组合理论的基础上,通过一系列特定的前提假设导出的。本节我们先来了解该模型的含义及其假设条件。

一、模型的含义

在 CAPM 中,资本资产一般被定义为任何能创造终点财富的资产。CAPM 所要解决的问题是,在资本市场中,当投资者采用马科维茨资产组合理论选择最优资产组合时,资产的均衡价格是如何在收益与风险的权衡中形成的,或者说,在市场均衡状态下,资产的价格是如何依风险而定的。

换言之,CAPM 所研究的问题就是,当所有投资者依据马氏理论选择了最优资产组合后,市场即达到一种均衡状态。那么,这种状态下资产如何定价?收益与风险的关系是资本资产定价模型的核心。

二、模型的假设

CAPM 是在如下理论假设的基础上导出的。

(1) 投资者通过预期收益与方差来描述与评价资产或资产组合,并按照马科维茨均值方差模型确定其单一期间的有效投资组合;对所有投资者而言,投资起始期间都是相同的。

(2) 投资者为理性的个体,遵循不满足和风险厌恶假定。

(3) 存在无风险利率,投资者可以按该利率进行借贷,并且对所有投资者而言,无风险利率都是相同的。

(4) 不存在任何手续费、佣金,也没有所得税及资本利得税,即市场不存在任何交易成本。

(5) 所有投资者都能同时自由迅速地得到有关信息,即资本市场是有效率的。

(6) 所有投资者关于证券的期望收益率、方差和协方差、经济局势都有一致的预期。这也是符合马科维茨模型的。依据马科维茨模型,给定一系列证券的价格和无风险利率,所有投资者对证券的预期收益率和协方差矩阵都相等,从而产生了唯一的有效边界和独一无二的最优资产组合。这一假设也被称为"同质期望"(homogeneous expectations)假设。

第二节 模型的内容

在本章第一节给定的假设条件的基础上,本节我们即导出正式的 CAPM。

一、β 系数

(一) β 系数定理

假设在资产组合中包括无风险资产,那么,当市场达到买卖交易均衡时,任意风险资产的风险溢价 $E(r_i)-r_f$ 与全市场组合的风险溢价 $E(r_M)-r_f$ 成正比,该比例系数即 β 系数,它用来测度某一资产与市场一起变动时该资产收益变动的程度。换言之,β 系数所衡量的即是市场系统性风险的大小。

上述 β 系数定理可以表示为

$$E(r_i)-r_f=\beta_i[E(r_M)-r_f] \tag{3-1}$$

式中,

$$\beta_i=\mathrm{cov}(r_i,r_M)/\sigma_M^2 \tag{3-2}$$

(二) 市场组合的 β 值

任意一个给定的投资组合的 β 值等于该组合中各证券 β 值的加权平均,对于一个市场组合而言:

$$\beta_M=1 \tag{3-3}$$

即一个市场组合的所有资产的加权平均 β 值必定为 1。这也正是如果某组合 P 的 β 值大于 1,即意味着该组合承担的系统性风险大于市场的原因所在。

(三) 组合 β 值的投资学含义

一个资产组合的 β 值是由组合中各资产的 β 值加权而来的,即

$$\beta_p=\sum_{i=1}^{n}w_i\beta_i \tag{3-4}$$

由式(3-4)可见,一个投资组合的 β 值可能大于 1 也可能等于 1 还可能小于 1。那么在实际投资管理中所构建的资产组合,其 β 值如何取值为好呢?回答这一问题,就需要考虑到市场走势以及投资者的风险承担能力。

在市场走势为牛市时,如果一个积极的组合管理者[①]希望战胜市场,就应该构建一个组合 β 值大于 1 的组合,以便组合收益向上波动的幅度大于市场,从而达到比市场升幅更大的效果;相反,在熊市时即应使得组合的 β 值小于 1 从而跌幅小于市场。

而无论对市场的判断是牛市还是熊市,这一判断都是有风险的。特别是考虑到大资金的管理者需要作出提前量的判断,所承担的判断错误的风险更大,那么选择组合 β 值时就需要进一步衡量投资者自身的风险承受能力。

综合而言,一方面,组合 β 值的大小本身没有指示性含义,需要结合市场的背景和投

---

① 即采取积极组合管理策略的投资管理人。对于积极组合管理策略我们将在下篇进行详细分析。

资者的风险承受能力;另一方面,给定投资者风险承受能力,或者说给定投资者对市场走势判断正确的条件下,对一个积极的组合管理者的投资组合动态调整水平高低的判断标准之一就是:牛市中是否使得组合 β 值升高,熊市中是否降低了组合 β 值[①]。

二、CAPM 的导出

首先,依据第一章给出的方差的计算公式,市场组合的方差可以表述为

$$\sigma_M^2 = x_1\sigma_{1M} + x_2\sigma_{2M} + \cdots + x_i\sigma_{iM} \tag{3-5}$$

式中,$x_i\sigma_{iM}$ 为投资比重为 x_i 的第 i 种成员证券对市场组合 M 的风险贡献大小的绝对衡量,而我们可以将作为投资比重为 x_i 的第 i 种证券对市场组合 M 的风险贡献大小的相对度量。

进一步,根据对风险溢价的表述,我们可以把 $[E(r_M)-r_f]$ 视为市场对市场组合 M 的风险补偿,即相当于对方差的补偿,于是单位资金规模的证券 i 的期望收益补偿存在如下关系:

$$x_i[E(r_i)-r_f] = [E(r_M)-r_f]\frac{x_i\sigma_{iM}}{\sigma_M^2} \tag{3-6}$$

于是有

$$E(r_i)-r_f = [E(r_M)-r_f] = [E(r_M)-r_f]\beta_i \tag{3-7}$$

整理式(3-7),即得到某证券 i 的预期收益率与风险之间的定价关系:

$$E(r_i) = r_f + \beta_i[E(r_M)-r_f] \tag{3-8}$$

式(3-8)即经典的 CAPM。如果是一个投资组合,则

$$E(r_p) = r_f + \beta_p[E(r_M)-r_f] \tag{3-9}$$

对 CAPM 的操作详见第七章。

三、风险和期望收益率的关系

CAPM 表达了风险和期望收益率的关系。市场组合的预期收益率为

$$E(r_M) = R_f + 市场风险溢价$$

单个证券或证券组合的预期收益率为

$$E(r_i) = r_f + \beta_i \times [E(r_M)-r_f] \tag{3-10}$$

式中,$E(r_M)-r_f$ 为市场风险溢价。

该公式适用于充分分散化的资产组合中处于均衡状态的单个证券或证券组合。

例题 3-1 组合的收益与风险

假定市场资产组合的风险溢价的期望值为 8%,标准差为 22%,如果一资产组合由 25% 的通用汽车股票($\beta=1.10$)和 75% 的福特公司股票($\beta=1.25$)组成,那么这一资产组合的风险溢价是多少?

解:$\beta_p = (0.75 \times 1.25) + (0.25 \times 1.10) = 1.2125$

因为市场风险溢价 $E(r_M)-r_f = 8\%$,故资产组合的风险溢价为

[①] 由此所引发的投资策略详见第七章。

$$E(r_p) - r_f = \beta_p [E(r_M) - r_f] = 9.7\%$$

四、证券市场线

(一) 证券市场线的含义

每种资产都有它自己的风险-收益关系。如果期望收益恰好弥补了投资者所承担的风险,那么我们就认为市场处于均衡状态。这时,不存在卖出或买进股票的动力,投资者不希望改变他的证券组合构成。

当市场处于均衡状态时,所有的资产均价如其值,市场上不存在"便宜货"。此时,由 CAPM 确定的期望收益和 β 系数之间的线性关系被称为证券市场线(security market line, SML)。也就是说,CAPM 是指均衡定价模型,而 SML 则是这一模型的最终结果,如图 3-1 所示。

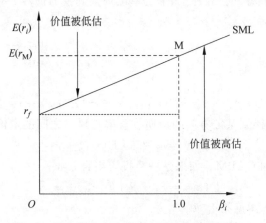

图 3-1 资本资产定价模型和证券市场线(SML)

图 3-1 中,SML 的方程表述为

$$\text{SML}: E(r_i) = r_f + [E(r_M) - r_f] \times \beta_i \tag{3-11}$$

例题 3-2 单一资产风险和期望收益率的关系

如果已知 $\beta_i = 1.5$, $r_f = 3\%$,且 $E(r_M) = 10\%$。请利用 SML 确定某单一资产 i 的期望收益率。

解:依据 SML 的公式,得到

$$E(r_i) = 3\% + 1.5 \times (10\% - 3\%) = 13.5\%$$

如图 3-2 所示。

(二) 证券市场线与资本市场线的比较

SML 与 CML 都是描述资产或资产组合的期望收益率与风险之间关系的曲线。

CML 是由所有风险资产与无风险资产构成的有效资产组合的集合,反映的是有效资产组合的期望收益率与风险程度之间的关系。CML 上的每一点都是一个有效资产组合,其中 M 是由全部风险资产构成的市场组合,线上各点是由市场组合与无风险资产构成的资产组合。SML 反映的则是单项资产或任意资产组合的期望收益与风险程度之间的

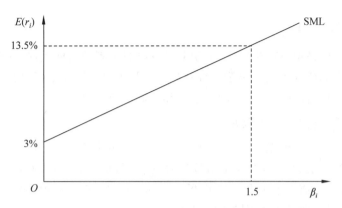

图 3-2 SML 所表示的单一资产风险和期望收益率的关系

关系。

CML 是由市场证券组合与无风险资产构成的,它所反映的是这些资产组合的期望收益与其全部风险间的依赖关系。SML 是由任意单项资产或资产组合构成的,但它只反映这些资产或资产组合的期望收益与其所含的系统风险的关系,而不是全部风险的关系。因此,它用来衡量资产或资产组合所含的系统风险的大小。

五、α 系数

当资产价格与期望收益率处于不均衡状态时,即称为资产的错误定价,这可以用 α 系数度量,其计算公式为

$$\alpha_i = E(r_i) - E'(r_i) \quad (3\text{-}12)$$

式中,$E(r_i)$ 为资产 i 的期望收益率,来自历史取样法或情境模拟法;$E'(r_i)$ 为资产 i 的均衡期望收益率,即位于 SML 上的资产 i 的期望收益率,由 SML 得出,即

$$E'(r_i) = r_j + [E(r_M) - r_j]\beta_i$$

则

$$\alpha_i = E(r_i) - [r_f + (E(r_M) - r_f)\beta_i] \quad (3\text{-}13)$$

如果某资产的 α 系数为 0,则它位于 SML 上,说明定价正确;如果某资产的 α 系数为正数,则它位于 SML 的上方,说明价值被低估;如果某资产的 α 系数为负数,则它位于 SML 的下方,说明价值被高估。

对上述证券市场线以及 α 系数的应用将在第七章进行分析。

第三节 资本资产定价模型的应用与评价

资本资产定价模型可以指导我们进行一系列投资分析和投资决策,与此同时,CAPM 也受到了来自理论上的挑战和批评。本节即对资本资产定价模型的应用进行介绍,并在对其进行实证检验的基础上,提出对该模型的理论评论。

一、CAPM 的应用

资本资产定价模型自产生以来,就引起了各类投资者的高度重视,并被广泛应用于各种投资分析报告的研制和投资决策过程,究其原因,主要是该模型可以在以下几方面帮助我们进行投资分析,提高投资决策的科学性和正确性。

(一)在证券分类中的应用

依据资本资产定价模型的 β 值定理,可以将证券分为进攻型、防守型和中性三大类。如果一只股票的 β 值大于 1,即大于市场组合的 β 值,意味着其风险大于市场风险,则为进攻型股票;如果 β 值小于 1,即小于市场组合的 β 值,意味着风险小于市场风险,则为防守型股票;如果 β 值等于 1,则为中性股票。

上述分类可以帮助我们在了解投资者风险偏好态度的基础上,更为准确地构建满足投资者效用最大化的完善的投资组合。

(二)在证券投资决策中的应用

在进行投资决策时,比如要对证券价格的高估或低估进行判断,以便决策是买入(或持有)该证券还是卖出该证券时,一个简便的方法即是将证券现行的实际市场价格与均衡的期初价格进行比较,若两者不等,则说明市场价格被误定。或通过直接比较依据 CAPM 计算得到的均衡收益率与个人预测的收益率进行决策。其中均衡的期初价格可以依据下式进行判断:

$$均衡期初价格 = E(期末价格 + 利息)/[E(r_i) + 1] \qquad (3\text{-}14)$$

(三)在证券投资积极管理中的应用

所谓积极型投资策略(active investment strategy),是指资产管理者力图预测未来的市场趋势,并据此改变组合中的投资比例,或构建新的投资组合,以试图最终战胜市场、获得超额收益的投资管理方式。

对积极的组合管理而言,可利用 CAPM 预测市场走势、计算资产值 β 值。当预测市场价格将上升时,由于预期的资本利得收益将增加,根据风险与收益相匹配的原则,可增加高 β 值资产的持有量;反之增加低 β 值资产的持有量。

积极管理的投资决策有赖于投资经理对未来一段时间大盘走势的预测,预测得是否准确可以从一个侧面反映投资经理的积极管理能力和择时能力。

案例 3-1 基金银华核心价值优选的积极组合管理

根据以上积极组合管理的含义,我们可以得到考察基金实际组合的 β 值与市场组合 β 值的关系式,即 $\beta_{PM} = \beta_P - 1$[①]。本案例我们据此公式考察我国封闭式基金"银华核心价值优选(519001)"的积极组合管理的情况。由公式的计算结果我们得到图 3-3 所示的情况。

由图 3-3 看到,基金银华核心价值优选值的几个相对高点(也即其实际组合 β 值较

---

① 该指标首见于李学峰、张茜(2006),之后经博迪等(2017)而被学术界广泛接受。

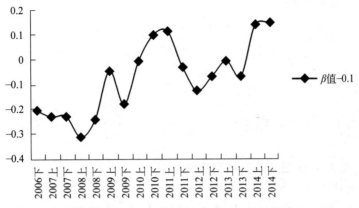

图 3-3 基金银华核心价值优选的积极组合管理的 β 值

高)分别出现在"2006 年下半年、2009 年上半年、2011 年上半年、2014 年下半年"几个时期内。

其相对低点(也即实际 β 值较低)位于"2008 年上半年、2009 年下半年、2012 年上半年和 2013 年下半年"几个时期内。

将上述情况与各时期市场的实际走势相结合,我们看到,实际 β 值高点往往出现在单边上升行情中,而低点往往出现在震荡平盘以及单边下跌的行情中。这说明该基金的积极组合管理是符合根据 CAPM 所给出的积极组合管理原则的。

(四) 在投资绩效评价中的应用

从本书下篇对投资绩效评价的研究中我们看到,其中经典的夏普指数,即是建立在 CAPM 基础上的。进一步,我们还可以利用 CAPM 及其 β 值定理,对投资经理所构建投资组合的风险与收益的匹配性进行评价,其基本原理如下。

前面的有关章节中我们已经指出,从理论上看,投资组合的 β 值等于、大于还是小于市场风险,并不能成为判断一个组合优劣的标准,或者说 β 值本身的大小无好坏之分。因为一方面理论上存在高风险应伴随高收益,即承担的风险越大,可能获得的收益越高;另一方面不同投资者(或机构)对风险的偏好不一样,或者说其投资策略不同。例如,以追求风险价值为投资策略的投资者,其投资组合理应存在较高的 β 值。也就是说,一个证券组合的 β 值应与该组合的投资策略结合在一起进行研究和评价。

从现实来看,一个投资者的投资策略,实际上即是在其投资组合构建和调整方面,规定了原则上应遵守的理论 β 值。因此,我们对投资者投资管理行为是否规范的研究,也就进一步具体到对基金投资组合的实际 β 值与其投资策略所规定的理论 β 值是否相符的考察[①]。

(五) 在公司财务中的应用

如果我们已知某资产的购买价格为 p,其未来的出售价格为 q,且 q 是一个随机变

---

① 对此的案例式分析,有兴趣的读者可参见:李学峰. 我国证券投资基金投资组合与投资策略的匹配性研究[J]. 证券市场导报,2006(4):46-51.

量,那么,该资产的预期收益率为

$$\bar{r} = \frac{\bar{q}-p}{p} = r_f + \beta(\overline{r_M} - r_f)$$

因此,

$$p = \frac{\bar{q}}{1 + r_f + \beta(\overline{r_M} - r_f)} \tag{3-15}$$

在项目决策中,若项目的投资成本小于通过 CAPM 计算得到的购买价格 p,则该项目具有可行性。

例题 3-3 以 CAPM 进行投资项目决策

某项目未来期望收益为 1 000 万元,假设该项目与市场相关性较小,即 $\beta=0.6$,如果无风险收益率为 10%,市场组合的期望收益率为 17%,则该项目最大可接受的投资成本是多少?

解:根据公式

$$p = \frac{\bar{q}}{1 + r_f + \beta(\overline{r_M} - r_f)} = \frac{1\,000}{1.1 + 0.6(0.17 - 0.10)} = 876(万元)$$

二、对 CAPM 的检验与评价

由经典 CAPM 的公式可见,资产的预期收益由无风险收益率(纵轴的截距)、市场收益率和无风险收益率的差,以及 β 值等因素共同决定。假设无风险收益率既定,则资产收益率取决于市场收益率和 β 值。

上述结论属于理论性结论,理论本身是否正确需要实证检验;而且理论能否应用于实践,也需要给予检验和证明。

(一)检验的方法

对 CAPM 进行实证检验通常分为两大类方法,即基于 CAPM 本身的检验,以及扩展性检验。其具体的检验步骤一般包括如下方面。

(1) 测算所研究的每一股票在 5 年持有期内的收益率和 β 值。其中收益率为月收益率。

(2) 将股票按 β 值由大到小排列,并构成 N 个组合。其中 N 通常取 10、12 或 20。

(3) 组合的构建应尽可能分散非系统性风险,即证券间的协方差较小。

(4) 上述步骤完成后再测算下一个 5 年持有期证券组合的收益率和 β 值。

(5) 将若干时间序列数据进行线性回归分析。

(二)检验的结果

1. 基于 CAPM 本身的检验

基于 CAPM 本身的检验即以 CAPM 为指导建立回归模型进行检验。其结果如下。

(1) 实现的收益率和用 β 值衡量的系统性风险之间存在明显的正相关关系。即正如 CAPM 所表明的,β 值是影响证券预期收益率的重要因素之一。

(2) 系统性风险和非系统性风险都与证券收益率正相关,即非系统性风险不为0。也就是说,CAPM本身所没有包括的企业微观因素(风险)也在影响证券预期收益的决定。

上述结果表明,实证检验结果没有完全支持CAPM。

2. 扩展性检验

扩展性检验即在CAPM中加入其他因素,如公司规模、股利政策等,检验这些因素对资产定价(收益率)的影响。根据经典CAPM,这些因素不应有影响,但实证检验发现了如下结果。

(1) 规模效应,也称小公司效应,即小公司的收益超过大公司的收益。

(2) 一月效应,即每年1月股票收益率远高于其他月份的股票收益率。

(3) 周末效应,即一周中周五的收益率最高。

上述结果至少表明CAPM所揭示的影响资产定价的因素不全面。

(三) 对CAPM的评价

从理论上看,CAPM本身存在着逻辑矛盾。在CAPM的分析中,形成最优风险资产组合时,投资者要买入一些资产,并卖出另外一些资产。但根据该模型的假设(见本章第一节的有关内容),由于投资者决策目标一致,持有的资产结构完全一致,而市场中交易双方都是这些投资者,这就意味着交易双方都想同时买入或同时卖出某项资产,而这样的交易显然不可能发生。

从实际中看,受中央银行货币政策影响,在投资组合持有期间内,无风险利率是不断变化的,这意味着最优投资组合的内部资产价值构成比例会发生调整,而这种调整又会遇到前面提到的无法交易这个问题。或者说,在无风险利率发生调整时,原有均衡仍将得以维持,投资者之间不会发生实质性的资产交易活动,均衡点仍然在原处,但该点已经不是最优组合点。

从成因上看,造成上述悖论的关键原因是模型假设中认为,投资者对资产特性的完全一致认同,加上模型认为投资者会追求任何最优组合,而这一最优组合又是所有投资者一致认同的。因此,所有投资者都会选择同一最优组合,即一致决策,一致作出买入某项资产或卖出某项资产的决定,由此导致无法满足资产交易所需的条件。

从后果上看,CAPM悖论造成的对投资决策的影响是,投资者无法决定是采取消极投资法还是积极投资法。CAPM意味着,投资者应采取消极投资法,即将无风险资产与某一指数基金组合,或者说,投资者采取积极投资法去试图战胜市场是徒劳的。然而,如果投资者都不去试图"战胜"市场,那么市场就是可以"战胜"的。如此,对一个具体的投资者而言,他是认为市场是可以"战胜"的,还是不可以"战胜"的呢?投资者陷入了两难境地。

问题在于,如果修改投资者预期一致性的条件,即加入现实中投资者非一致性预期的因素,则CAPM将无法满足,并进而导致无法对CAPM进行实证检验。

第四节 对CAPM的扩展

本章第三节对CAPM的实证检验表明,CAPM所揭示的影响资产定价的因素还不全面。我们这里所说的CAPM的扩展形式,主要是针对CAPM的前提假设所做的修改,加入 CAPM 所没有考虑到的因素,这样,就产生了基于经典 CAPM 的扩展形式。

一、零 β 资本资产定价模型

CAPM 的假设条件三指出,存在无风险利率,投资者可以按该利率进行借贷,并且对所有投资者而言无风险利率都是相同的。正是由这一假设,我们得到所有投资者都会选择市场资产组合作为其最优的切线资产组合。

但是,当借入受到限制时,或者当投资者无法以一个共同的无风险利率借入资金时[1],市场资产组合不再是投资者共同的理想资产组合,即不再是最小方差有效组合。此时 CAPM 所导出的预期收益-β 也就不再反映市场均衡。这样,我们通过加入限制性借款的条件,将经典 CAPM 扩展为了零 β 模型。

有效资产组合的方差-均值存在如下三个性质。

(1) 任何有效资产组合组成的资产组合仍然是有效资产组合。

(2) 有效边界上的任一资产组合在最小方差资产组合集合的下半部分(无效部分,图 3-4)均有相应的伴随性或对应性资产组合存在,由于这些伴随性资产组合与有效资产组合是不相关的,因此这些组合可视为有效资产组合中的零贝塔资产组合(zero-Beta port-folio)。

(3) 任何资产的预期收益都可由任意两个边界资产组合的预期收益的线性函数表示。

以上三个性质是资产组合零 β 资本资产定价模型建立的基础[2]。零 β 伴随性资产组合的预期收益和标准差如图 3-4 所示。

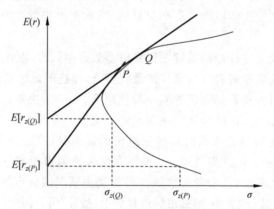

图 3-4 零 β 伴随性资产组合的预期收益和标准差

图 3-4 中,假设任意有效资产组合 P,过 P 点做有效组合边界的切线,该切线与纵轴的交点为资产组合 P 的零 β 伴随性资产组合,记为 $Z(P)$;从该交点做横轴平行线,使其

---

[1] 例如,由于投资者要支付违约溢价,从而使其借入资金的利率高于贷出资金的利率。

[2] 由这三个性质,Black 推导出了三种情况:不存在无风险资产的资产组合;以高于无风险利率 r_f 借入的资产组合;可贷出但不能借入无风险资产的资产组合。这里只介绍第三种情况。详见 BLACK F. Capital market equilibrium with restricted borrowing[J]. Journal of business, 1972, 45(3): 444-455.

与最小方差资产组合集合线相交,这一交点即是零 β 伴随性资产组合的标准差。由图 3-4 可见,不同的有效组合(如 P 和 Q),有不同的零 β 伴随性资产组合。

根据性质三,考虑有两个最小方差边界资产组合 P 和 Q,任意资产 i 的预期收益的表达式为

$$E(r_i) = E(r_Q) + [E(r_p) + E(r_Q)] \frac{\text{cov}(r_i, r_p) - \text{cov}(r_p, r_Q)}{\sigma_p^2 - \text{cov}(r_p, r_Q)} \tag{3-16}$$

根据性质二,市场资产组合 M 同样存在一个最小方差边界上的零 β 伴随性资产组合 $Z(M)$。再根据性质三和式(3-16),可用市场资产组合 M 及其 $Z(M)$ 来表示任何证券的收益。这里,由于 $\text{cov}[r_M, r_{Z(M)}] = 0$,因此有

$$E(r_i) = E(r_{Z(M)}) + E[r_M - r_{Z(M)}] \frac{\text{cov}(r_i, r_M)}{\sigma_M^2} \tag{3-17}$$

该式即是零 β 资产组合模型,其中的 $E[r_{Z(M)}]$ 取代了 r_f。

二、基于消费的资本资产定价模型

本章第一节给出的 CAPM 的假设条件一表明,投资者按照马科维茨均值方差模型确定其单一期间的有效投资组合。这意味着投资者是短视的——所有投资者只在某一个时期内计划他们的投资。

然而,实际投资中投资者更多的是进行跨期消费,甚至是考虑整个生命期内的消费计划。消费计划的可行性则取决于投资者现有财富与资产组合的预期收益。因此就需要将经典 CAPM 修改为基于消费的 CAPM。

在一个终身消费计划中,投资者必须权衡各个阶段的用于当期消费和用于支撑未来消费的储蓄与投资。当达到最优时,每增加 1 元当前消费所带来的效用值应当等于该 1 元投资带来的未来消费所产生的边际值。

假设存在风险资产,投资者希望投资部分储蓄于风险资产组合来增加期望消费。一般来说,一个单位的收入对投资者的价值在经济萧条时(从而消费机会匮乏时)要高于经济上行时(从而消费机会富裕)。因此一项资产与消费的增长有着正的协方差,那么从消费的角度来讲它的风险就会更大。换句话说,当消费处在很高的水平时,它的回报更大;当消费受抑制时,它的回报越低。因此,与消费的增长有着高协方差的资产拥有更高的均衡风险溢价。根据这一观点,我们可以将资产的风险溢价写作"消费风险"的函数:

$$E(r_i) = \beta_{iC} RP_C \tag{3-18}$$

资产组合 C 可以被称为跟踪消费的资产组合(也叫模拟消费的资产组合),即与消费增长相关性最高的资产组合。β_{iC} 表示资产 i 的超额收益 r_i 回归于模拟消费的资产组合超额收益的回归系数;RP_C 是与消费不确定性相关的风险溢价,它测度的是跟踪消费的资产组合的期望超额回报,即

$$RP_C = E(r_C) = E(r_C) - r_f \tag{3-19}$$

可以看到这一结果与普通的资本资产定价模型高度相似。在基于消费的资本资产定价模型中,跟踪消费的资产组合起到普通资本资产定价模型中市场投资组合所扮演的角色。这是由于该模型更关注消费机会的风险而不是资产组合中单位价值的风险和收益,

并且跟踪消费的资产组合的超额回报同市场投资组合 M 的超额回报起到同样的作用,两种方法都得出线性、单因素模型,差别在于模型中因素的性质不同。

但与资本资产定价模型不同的是,市场投资组合的 β 值在基于消费的资本资产定价模型中并不是不变的 1——事实证明 β 值大大超过 1。这也意味着,在市场指数风险溢价和消费资产组合风险溢价的线性关系中:

$$E(r_M) = \alpha_M + \beta_{MC} E(r_C) + \varepsilon_M \qquad (3\text{-}20)$$

其中,α_M 和 ε_M 表示与式(3-19)不符的经验偏差,β_{MC} 不一定等于 1。

我们要注意到,正如并非所有资产都具有可交易性导致资本资产定价模型在实证上存在缺陷,基于消费的资本资产定价模型也同样如此。该模型的吸引力在于它将消费对冲以及可能的投资机会的变换结合起来,即在单因素框架中的收益分布参数。但这一结合所产生的优势也要伴随着代价的付出:同金融资产相比,消费增长数据发布的频率较低(最多每月一次),并且在测度上存在较大的误差。尽管如此,实证研究表明,这一模型相比于资本产定价模型更能成功地解释资产的收益。

三、多期模型与对冲组合

默顿提出了跨期资本资产定价模型(ICAPM)。他假设所有个体都在优化自己的生命周期消费和投资计划,并且他们根据自己的财富水平和退休年龄不断地调整消费/投资决策。当资产组合收益的不确定性是唯一的风险来源并且投资机会保持不变时,也就是说,市场组合或单个证券的期望收益分布不变时,跨期资本资产定价模型与单期模型预测的期望收益-β 关系相同[①]。

但是把额外的风险来源考虑进来时,情形发生了变化。这些额外的风险分为两大类。

一类是关于描述投资机会的参数发生变化,如未来无风险利率、期望收益率或市场投资组合风险。例如,实际利率会随时间变化而变化。如果实际利率在未来一个时期下降,那么投资者的财富水平现在只能支撑一个低的实际消费水平。未来的消费计划,如退休支出,可能会受到冲击。根据一些证券的收益率随无风险利率变化而变化的程度,投资者将选择资产组合来规避风险,从而会抬高这些具有对冲功能的资产价格(并降低收益)。当其他参数值(本例中的无风险利率)发生不利方向变化时,如果投资者能找到更高收益的资产,他将会牺牲一些自己原计划的期望收益。

另一类是可以用财富购买的消费品价格。比如发生通货膨胀风险情况下,除了名义财富的期望水平和波动性外,投资者必须关注通货膨胀对其消费能力的侵蚀。因此,通货膨胀风险是一项市场上重要的风险来源,投资者可能愿意牺牲一些期望收益来购买证券,以期抵消通货膨胀对财富的影响,由此就形成了一个为了对冲通货膨胀的影响而投资于证券组合的需求。这样,可以防止通货膨胀风险的证券需求影响到资产组合的选择及其期望收益。由此可进一步得出,对冲需求可能来自消费者支出的某个子行业,比如投资者可能竞相购买能源公司股票用来规避能源价格的不确定性,这是用投资资产规避额外市场风险的通常做法。

[①] 默顿的详细论述可参见 Continuous-Time Finance. Oxford, U.K.: Basil Blackwell, 1992.

一般来说,假设定义 K 为额外市场风险,并找到与 K 相关的对冲风险资产组合。因此,默顿的跨期资本资产定价模型期望收益-β 关系等式将产生多指数形式的证券市场线:

$$E(r_i) = \beta_{im}E(r_M) + \sum_{k=1}^{k} \beta_{ik}E(r_K) \tag{3-21}$$

式中,β_{ik} 为常用的市场指数资产组合的 β,而 β_{ik} 是第 k 种对冲资产组合的 β_{ik}。不受额外市场风险因素影响的其他多因素模型详见第四章。

四、流动性 CAPM[①]

经典 CAPM 的第四个假定是市场不存在任何交易成本。换言之,所有资产都是可交易的,且所有交易都是免费的,即任何证券都具有完全的流动性(liquidity)。然而,我们从交易实际中看到,所有证券交易都有交易费用,没有什么证券具有完全的流动性。

所谓流动性,是指将资产转换为现金时,也就是将资产出售时所需的费用,以及资产出售的便捷程度。实际投资中,投资者更愿意选择那些流动性高且交易费用低的资产,由此导致了流动性高的资产预期收益也高,而流动性低的资产将低价交易,即流动性溢价(illiquidity premium)体现在资产价格中。换言之,流动性是影响资产定价的重要因素。

(一)流动性对投资者资产选择的影响

假定有大量互不相关的证券,因此充分分散化的证券组合的标准差接近于 0,此时市场资产组合的安全性也就与无风险资产基本相同;同时,由于互不相关性,任何一对证券的协方差也是 0,则任一证券对市场组合的 β 值也为 0。因此,根据经典 CAPM,所有资产的预期收益率等于无风险资产收益率。

进一步,假定上述大量互不相关的证券都可分为两种类型:可流动的股票(L 类型)和不可流动的股票(I 类型),并假定 L 类股票的流动费用为 c_L,I 类股票的流动费用为 c_I,且 $c_L < c_I$。因此对于持有 h 期的投资者而言,L 类股票的流动费用以每期(c_L/h)%的速度递减;I 类股票的流动费用高于 L 类股票,从而减少了每期的收益(c_I/h)%。这样,如果某投资者打算持有 L 类股票 h 期,则其净预期收益率为 $E(r_L) - c_L/h$。

根据经典 CAPM,均衡时所有证券的预期收益率为 r,则 L 类股票的毛预期收益率为 $r + xc_L$,I 类股票的毛预期收益率为 $r + yc_I$,其中 x 和 y 都小于 1[②]。由此,L 类股票对持有期为 h 的投资者而言,其净收益率为 $(r + xc_L) - c_L/h = r + c_L(x - 1/h)$;I 类股票的净收益率为 $r + c_I(y - 1/h)$;而无风险资产的净收益率为 r。图 3-5 显示了在投资者持有 L 类股票、I 类股票和无风险资产三种类型证券时,各证券净收益率曲线随持有期而变化的情况。

根据前面对流动费用的分析,持有期越短,两类股票的流动费用越高,从而其净收益率就越低。当持有期短到一定程度,如短于图 3-5 中的 h_{rL} 时,两类股票的收益率都低于

[①] 本部分的研究借鉴了 Bodie 等的研究和表述思路。可参阅 BODIE Z,KANE A,MARCUS A J. Investments[M]. 5th ed. New York: The McGraw-Hill Companies,2002.

[②] 否则分散化的资产组合的净收益率将高于无风险资产的净收益率。

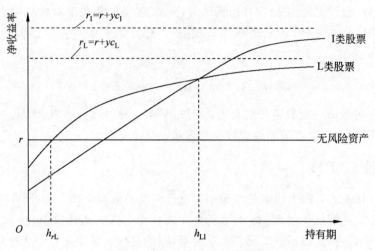

图 3-5 净收益率曲线与持有期

无风险资产,投资者将选择完全持有无风险资产;随着持有期的延长,股票的毛收益率(从而其净收益率)将超过无风险资产,其中对于流动性较好的 L 类股票而言,只要对其的持有期超过 h_{rL},其收益率就会高于 r,投资者就会选择持有 L 类股票而放弃无风险资产;随着持有期的进一步延长,如超过图 3-5 中的 h_{LI} 时,由于 $c_I > c_L$,I 类股票的净收益率大于 L 类股票[①],投资者将选择流动性较差但毛收益率较高的 I 类股票。

(二)均衡(非)流动溢价的决定

首先来看 I 类股票的非流动溢价。由图 3-5 可见,当持有期为 h_{LI} 时,I 类股票和 L 类股票的收益率从边际上是相等的,即

$$r + c_L(x - 1/h_{LI}) = r + c_I(y - 1/h_{LI}) \tag{3-22}$$

求解 y,得到

$$y = \frac{1}{h_{LI}} + \frac{c_I}{c_j}\left(x - \frac{1}{h_{LI}}\right) \tag{3-23}$$

非流动股票的预期毛收益率为

$$r_I = r + c_I y \tag{3-24}$$

将式(3-23)代入式(3-24),得

$$r_I = r + \frac{c_I}{h_{IL}} + c_L\left(x - \frac{1}{h_{LI}}\right) = r + c_L x + \frac{1}{h_{LI}}(c_I - c_L) \tag{3-25}$$

已知 $r_L = r + c_L x$,因此 I 类股票对 L 类股票的非流动溢价为

$$r_I - r_L = (c_I - c_L) \tag{3-26}$$

其次来确定 L 类股票的非流动性溢价。由图 3-5 可见,当持有期位于 h_{rL} 时点时,边际投资者投资于 L 类股票所得到的收益率与无风险资产收益率相等,即

$$r + c_L(x - 1/h_{rL}) = r \tag{3-27}$$

---

① 这里我们可以从另一个角度进行理解:对流动性高的资产来说,持有期越长,其流动性优势越不显著;而对流动性低的资产而言,持有期越长,其非流动性的劣势越不显著。

可得

$$x = \frac{1}{h_{rL}} \quad (3\text{-}28)$$

则 L 类股票的收益率为

$$r_L = r + xc_L = r + \frac{1}{h_{rL}}c_L \quad (3\text{-}29)$$

从而得到 L 类股票^①对于无风险资产^②的非流动性溢价,为

$$r_L - r = \frac{1}{h_{rL}}c_L \quad (3\text{-}30)$$

式(3-26)和式(3-29)即是(非)流动性溢价的确定公式。由这两个公式我们得到如下结论:①均衡预期收益率应足以弥补交易费用;②非流动性溢价是交易费用的非线性函数,且两者呈负相关关系;③式(3-25)显示,I 类股票的非流动溢价高于 L 类股票的非流动溢价 $1/h_{LI}$;式(3-28)则显示 L 类股票的非流动性溢价高于无风险资产的非流动性溢价 $1/h_{rL}$。

根据上述结论,再加上 $h_{LI} > h_{rL}$,我们的最终结论就是随着非流动资产不断注入投资组合,投资组合的非流动效应增加额在逐步下降。

(三) 流动性 CAPM

上述的分析和推导过程假定所有资产都是不相关的。现在引入存在系统性风险且彼此相关的资产。这里假定,对每一水平的 β 系数,在该风险等级中都存在大量证券,且这些证券都有不同的交易费用。由此,我们以上的分析就可应用于每一风险等级,其结果是将非流动溢价加到系统性风险溢价——CAPM 风险溢价之中,这样,我们即得到包括流动性效应的 CAPM:

$$E(r_i) - r_f = \beta_i [E(r_M) - r_f] + f(c_i) \quad (3\text{-}31)$$

式中,$f(c_i)$ 为在 i 证券交易费用确定的条件下,测度非流动溢价效应的交易费用的函数,并且 $f(c_i)$ 为关于 c_i 的一阶单调递增函数,其二阶导数为负。

本章小结

资本资产定价模型所要解决的问题是,在资本市场中,当投资者采用马科维茨资产组合理论选择最优资产组合时,资产的均衡价格是如何在收益与风险的权衡中形成的;或者说,在市场均衡状态下,资产的价格是如何依风险而定的。资本资产定价模型是在如下理论假设的基础上导出的。

(1) 投资者通过预期收益与方差来描述与评价资产或资产组合,并按照马柯维茨均值方差模型确定其单一期间的有效投资组合;对所有投资者而言,投资起始期间都相同。

(2) 投资者为理性的个体,遵循不满足和风险厌恶假定。

---

① 虽然该类股票可以流动,但它也存在流动性费用,因此它并不是一种完全流动的资产。换言之,该类股票也存在一定程度的非流动性。

② 如果我们以短期国库券代表无风险资产,由于短期国库券基本没有流动性费用,因此它近似于一种完全流动的资产。

(3) 存在无风险利率,投资者可以按该利率进行借贷,并且对所有投资者而言无风险利率都是相同的。

(4) 不存在任何手续费、佣金,也没有所得税及资本利得税,即市场不存在任何交易成本。

(5) 所有投资者都能同时自由迅速地得到有关信息,即资本市场是有效率的。

(6) 所有投资者关于证券的期望收益率、方差和协方差都有一致的预期。

在上述假设基础上,通过资本市场线和 β 系数定理,我们可得到经典 CAPM。所谓资本市场线,也就是投资者可能达到的最优资本配置线。它是在以预期收益和标准差为座标的图中,表示风险资产的有效率组合与一种无风险资产再组合的有效率的组合线。资本市场线上任何一点都表示风险资产和无风险资产相结合而得到的风险与期望收益的组合。对一个市场资产组合而言,资本市场线的方程为

$$E(r_p) = r_f + \frac{E(r_M) - r_f}{\sigma_M} \sigma_p \tag{3-32}$$

所谓 β 系数定理,当假设在资产组合中包括无风险资产,那么,当市场达到买卖交易均衡时,任意风险资产的风险溢价 $E(r_i) - r_f$ 与全市场组合的风险溢价 $E(r_M) - r_f$ 成正比,该比例系数即 β 系数。该定理可以表示为

$$E(r_i) - r_f = \beta_i [E(r_M) - r_f] \tag{3-33}$$

式中:

$$\beta_i = \text{cov}(r_i, r_M) / \sigma_M^2 \tag{3-34}$$

将式(3-34)的 β 系数代入式(3-32),得到

$$E(r_i) = r_f + [E(r_M) - r_f] \beta \tag{3-35}$$

该式即是 CAPM 的经典形式——期望收益-β 关系。

CAPM 认为,证券的风险溢价与 β 和市场资产组合的风险溢价是成比例的,即证券的风险溢价等于 $\beta[E(r_M - r_f)]$。由此我们即可得到证券市场线。所谓证券市场线,即预期收益-β 关系线,将这一关系表示在以预期收益和 β 值为坐标的平面上,即构成一条以 r_f 为起点的射线,该射线即为证券市场线。证券市场线与资本市场线的区别是:①CML 用于描述无风险资产与风险资产组合后的有效资产组合的风险溢价,它是资产组合标准差的函数;而 SML 描述的是任何一种资产或资产组合的收益和风险之间的关系,其测度风险的工具是 β 值,即单个资产的风险对资产组合方差的贡献度。②由对资本市场线的研究可见,只有有效组合才落在 CML 上,而非有效组合将偏离 CML;但无论是有效组合还是非有效组合,当市场均衡时,所有的证券都落在 SML 上。

在上述研究基础上,针对 CAPM 的前提假设所做的修改,以及加入 CAPM 所没有考虑到的因素。这样,就产生了基于经典 CAPM 的扩展形式。

一个扩展即零 β 资产组合模型。CAPM 的假设条件三指出,存在无风险利率,投资者可以按该利率进行借贷,并且对所有投资者而言无风险利率都是相同的。但是,当借入受到限制时,比如由于投资者要支付违约溢价,从而使其借入资金的利率高于贷出资金的利率。我们即通过加入限制性借款的条件,即将经典 CAPM 扩展为零 β 模型:

$$E(r_i) = E[r_{Z(M)}] + E[r_M - r_{Z(M)}] \frac{\text{cov}(r_i, r_M)}{\sigma_M^2} \tag{3-36}$$

式(3-36)即是零 β 资产组合模型。其中的 $E[r_{Z(M)}]$ 即最小方差边界上的零 β 伴随性资产组合的期望收益率,它取代了式(3-35)中的无风险收益率 r_f。

另外一个对经典 CAPM 的扩展形式即流动性 CAPM。经典 CAPM 的第四个假定是市场不存在任何交易成本。换言之,任何证券都具有完全的流动性。然而,从交易实际中可看到,所有证券交易都有交易费用,没有什么证券具有完全的流动性。也正因此,投资者更愿意选择那些流动性高且交易费用低的资产,由此也就导致了流动性高的资产预期收益也高,而流动性低的资产将低价交易,即非流动性溢价会体现在资产价格中。换言之,流动性是影响资产定价的重要因素。包括流动性效应的 CAPM 为

$$E(r_i) - r_f = \beta_i [E(r_M) - r_f] + f(c_i) \tag{3-37}$$

式中,$f(c_i)$ 是在 i 证券交易费用确定的条件下,测度非流动溢价效应的交易费用的函数;并且 $f(c_i)$ 是关于 c_i 的一阶单调递增函数,其二阶导数为负。

从理论上看,经典 CAPM 的应用主要体现在资产估值和资产配置两个方面。而其在实际中的应用,即是用于企业对投资项目的选择。

练 习 题

一、概念题

1. CAPM 的假设前提。
2. CML 的定义、方程、图形与特点。
3. CAPM 的方程表述及其含义。
4. SML 的含义、图形及其与 CML 的比较。

二、简答题

1. 资本资产定价模型所要解决的问题是什么?
2. 简述 β 系数定理。
3. CAPM 如何表达了风险与期望收益的关系?
4. 简述证券市场线与资本市场线的区别。
5. 什么是资产的错误定价,它是如何表达的?

三、计算分析题

1. 如果 $E(r_P) = 17\%$,$r_f = 5\%$,$E(r_M) = 15\%$,请计算该组合的 β 值。
2. 假定借款受到限制,即零 β 资本资产定价模型成立。给定市场资产组合的预期收益率是 17%,零 β 资产组合的预期收益率是 8%,那么 β 值为 0.7 的资产组合的预期收益率是多少?

即 测 即 练

因素模型与套利定价理论

第二章通过马科维茨模型，说明了如何在给定的风险水平下获得最大的资产组合的收益。然而，正如我们在第二章第四节中所提到的，在实际应用中，马科维茨方法所需要的计算量巨大，完成这些计算在很多情况下是一个无法完成的任务。

进一步，第三章里介绍了如何将风险分解为市场风险和非市场风险，然而对 CAPM 的实证检验发现，除了 β 值影响证券预期收益率以外，还有其他的市场风险因素会对预期收益率产生影响，本章将拓展新的方法来处理系统性风险的多层面特征。

因素模型的引入，一方面大大简化了计算量；另一方面则可以用来测度和管理许多经济领域的风险，如经济周期风险、利率或通货膨胀风险、能源价格风险等。通过这些模型，可以得到多因素版本的证券市场线，其风险溢价来源于多种风险因素，而每一种都有各自的风险溢价。

套利定价理论（arbitrage pricing theory，APT）是由 Stephen Ross 在 20 世纪 70 年代中期建立的。在某种意义上来说，它是一种比 CAPM 简单的定价理论。总体上我们可以说：

最优投资组合理论＋市场均衡＝CAPM

因素模型＋无套利＝APT

第一节　因　素　模　型

所谓因素模型（factor model），就是一种假设证券的回报率只与不同的因素波动（相对数）或者指标的运动有关的证券定价模型。

作为一种回报率产生过程，因素模型具有以下三个特点。

第一，因素模型中的因子应该是系统影响所有证券价格的经济因素。

第二，在构造因素模型中，我们假设两个证券的回报率相关——一起运动——仅仅是因为它们对因子运动的共同反应导致的。

第三，证券回报率中不能由因子模型解释的部分是该证券所独有的，从而与别的证券回报率的特有部分无关，也与因素的运动无关。

如果假设证券回报率满足因素模型，那么证券分析的基本目标就是，辨别这些因素以及确定证券回报率对这些因素的敏感度。依据因素的数量，该类模型可以分为单因素模型和多因素模型。

一、单因素模型

证券收益的协方差具有正的确定性，因为相同的经济因素对几乎所有的公司都会产生影响,如经济周期、利率、原材料价格等的变化。如果这些经济因素发生了非预期的变化,则整个证券市场的收益率也会随之发生非预期的变化,这即是系统性风险(宏观风险)存在的原因。

此外,股票收益的不确定性还源于股票发行公司所特有的因素,如技术发明、企业文化、品牌等。这样,证券的持有期收益应等于它的初始期望收益加上一项反映未预期到的宏观经济事件影响的随机变量(零期望值),再加上另一项反映公司特有事件的随机变量(零期望值)。用式(4-1)来表示:

$$r_i = E(r_i) + m_i + e_i \tag{4-1}$$

式中,$E(r_i)$为证券持有期期初的预期收益;m_i为证券持有期内非预期的宏观风险对证券收益的影响;e_i为非预期的公司特有事件的影响;e_i具有零期望值。注意如果在任何时期宏观经济因素都为0(如宏观经济没有很大波动),证券收益等于它期初的期望收益值$E(r_i)$加上公司特有事件引起的变动。同时假定,非系统因素e_i均不相关,且与因素m_i不相关。

进一步看,不同企业对宏观经济因素的变化具有不同的敏感性。我们记宏观因素的非预期成分为F,即宏观因素偏离其期望值的离差,证券i对该因素的敏感度为β_i,则式(4-1)变为

$$r_i = E(r_i) + \beta_i F + e_i \tag{4-2}$$

该式即是证券收益的**单因素模型**(single-factor model)。该证券(或组合)收益率的方差为

$$\sigma_i^2 = \beta_i^2 \sigma_F^2 + \sigma_{ei}^2 \tag{4-3}$$

我们称式(4-3)中的$\beta_i^2 \sigma_F^2$为因素风险;σ_{ei}^2为非因素风险。

单因素模型具有两个重要的性质。第一,单因素模型能够大大简化我们在均值-方差分析中的估计量和计算量。单因素模型所需要输入的数据量包括:

n 个预期收益率 $E(r_i)$ 的估计;

n 个敏感度协方差 β_i 的估计;

n 个公司特有方差 σ_{ei}^2 的估计;

一个宏观经济因素方差 σ_M^2 的估计;

共计 $3n+1$ 个估计值。

这样,对于50只股票的资产组合,需要计算151个估计值,而不是1 325个估计值。对于3 800只在我国深圳和上海两个交易所上市的所有股票,所需的估计值是11 401个,而不是723万个。

第二,风险的分散化。由式(4-3)可见,一个投资组合的因素风险既包括了系统性风险,即$\beta_P = \sum_{i=1}^{N} \omega_i \beta_i$,又包括了非系统性风险——$\sigma_{eP}^2 = \sum_{i=1}^{N} \omega_i^2 \sigma_{ei}^2$。根据平均法则,随着组合中证券数量$W_i$的增加,系统性风险将平均化,非系统性风险(都是相互独立的)将越来越小(具有零期望值)——这部分风险是可分散的(diversifiable)。

第四章 因素模型与套利定价理论

案例 4-1 GDP 的预期增长率对证券收益率的影响

假设有表 4-1 所示的数据。

表 4-1 单因素模型举例   %

年份	I_{GDPt}	股票 A 收益率
1	5.7	14.3
2	6.4	19.2
3	8.9	23.4
4	8.0	15.6
5	5.1	9.2
6	2.9	13.0

将表 4-1 的数据绘制到以横轴表示 GDP(国内生产总值)的超额增长率、纵轴表示股票 A 的回报率的图中,如图 4-1 所示。

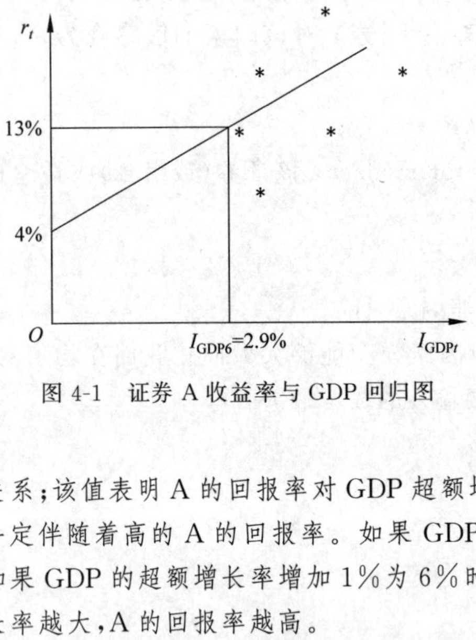

图 4-1 中的每一点都表示在给定的年份,股票 A 的回报率与 GDP 超额增长率的组合点。在图 4-1 中,零因子是 4%,这是 GDP 和预期增长率相同时,A 的回报率。通过线性回归,我们得到一条符合这些点的直线(极大似然估计)为

$$r_t = 4\% + 2I_{GDPt} + e_t$$

图 4-1 证券 A 收益率与 GDP 回归图

这即是由 GDP 增长率因素所决定的证券收益率的单因素模型。这条直线的斜率为 2,说明 A 的回报率与 GDP 超额增长率有正的关系;该值表明 A 的回报率对 GDP 超额增长率的敏感度为 2,即高的 GDP 的超额增长率一定伴随着高的 A 的回报率。如果 GDP 的超额增长率是 5%,则 A 的回报率为 14%。如果 GDP 的超额增长率增加 1% 为 6% 时,则 A 的回报率增加 2%,即为 16%。GDP 增长率越大,A 的回报率越高。

本案例中,第 6 年的 GDP 的超额增长率为 2.9%,A 的实际回报率是 13%。因此,A 的回报率的特有部分(由 e_t 给出)为 3.2%:给定 GDP 的超额增长率为 2.9%,从 A 的实际回报率 13% 中减去 A 的期望回报率 9.8%。

从案例可以看出,A 在任何一期的回报率包含了三种成分。

(1) 在任何一期都相同的部分,即零因子 α_i。

(2) 依赖于 GDP 的超额增长率,每一期都不相同的部分 βGDP。

(3) 属于特定一期的特殊部分 e_t。

二、单指数模型

单因素模型没有给出因素 F 的具体测度和明确界定。由夏普所提出的单指数模型认为[①],可以用市场指数作为一般宏观因素的有效代表,即夏普假设影响资产价格波动的主要因素是市场总体价格水平(即价格指数),并据此提出某资产收益率与市场收益率之间呈线性相关关系。这即是所谓单指数模型(single-index model),它用市场指数来代表系统性因素。

根据单因素模型[式(4-2)],实际上我们可以把证券的收益率视为由三部分构成,即①α_i,即当市场超额收益 $r_M - r_f$ 为 0 时证券 i 的期望超额收益率;②$\beta_i(r_M - r_f)$,即证券 i 收益受到整个市场因素影响的部分,其中 β_i 是市场因素对证券 i 收益的影响程度;③e_i,即证券发行公司的特有因素对证券 i 收益的影响。这样,证券持有期的超额收益为

$$r_i - r_f = \alpha_i + \beta_i(r_M - r_f) + e_i \tag{4-4}$$

如果我们以 R 代表超额收益,则式(4-4)变为

$$R_i = \alpha_i + \beta_i R_M + e_i \tag{4-5}$$

这即是单指数模型。它表明每个证券的收益受到两种风险的影响:一是系统性风险,它表现在 R_M 上;二是企业特有的风险(非系统性风险),它反映在 e_i 上。由此证券 i 收益率的方差也受到两部分的影响:一是源于宏观因素不确定性的方差,记为 $\beta_i^2 \sigma_M^2$,其中 σ_M^2 即市场超额收益 R_M 的方差;二是源于公司特有因素不确定性的方差,即 $\sigma^2(e_i)$。

因为 e_i 是公司特有的不确定性,即独立于市场的因素,所以 e_i 和 R_M 的协方差为零。从而证券 i 收益率的方差为

$$\sigma_i^2 = \beta_i^2 \sigma_M^2 + \sigma^2(e_i) \tag{4-6}$$

组合中任意两种证券 i 和 j 的相关系数则可以表达为

$$\text{cov}(r_i, r_j) = \text{cov}(\alpha_i + \beta_i R_M + e_i, \alpha_j + \beta_j R_M + e_j) \tag{4-7}$$

由于 α_i 和 α_j 是常数,因此它们与任何变量的相关系数为 0;又由于公司特有因素(e_i,e_j)与市场无关,且相互之间无关,因此两种证券之间的相关系数仅仅源于它们共同依赖的因素 R_M。也就是说,证券之间的相关系数源于每个证券都不同程度地依赖于宏观经济运行的状态,即

$$\text{cov}(r_i, r_j) = \text{cov}(\beta_i R_M, \beta_j R_M) = \beta_i \beta_j \sigma_M^2 \tag{4-8}$$

案例 4-2 以单指数模型考察中国证券投资基金的投资组合

这里应用单指数模型,研究我国大成基金管理有限公司所管理的大成价值增长证券投资基金投资组合的风险与收益。该基金的投资策略和目标是:以价值增长类股票为主构造投资组合,在有效分散投资风险的基础上,通过资产配置和投资组合的动态调整,达到超过市场的风险收益比之目标,实现资金资产的长期稳定增值。

我们选取该基金所公布的 2014 年第 1 季度报告中披露的投资组合为研究标的,报告期为 2014 年 1 月 1 日起至 2014 年 3 月 31 日。

---

① SHARPE W F."A simplified model of portfolio analysis[J]. Manaement science, 1963(1): 277-293.

首先,我们计算了基金实际组合中持有比例前十大股票的情况,见表4-2。

表4-2 报告期末按市值占基金资产净值比例大小排序的前十名股票明细

序号	股票代码	股票名称	数量/股	市值/元	市值占基金资产净值比例/%
1	601318	中国平安	9 514 967	357 382 160.52	5.54
2	600000	浦发银行	36 000 000	349 920 000.00	5.42
3	600016	民生银行	40 887 472	313 198 035.52	4.86
4	000002	万 科 A	32 184 843	260 375 379.87	4.04
5	601166	兴业银行	24 000 000	228 480 000.00	3.54
6	000333	美的集团	4 100 000	184 828 000.00	2.87
7	600518	康美药业	10 599 868	171 717 861.60	2.66
8	601668	中国建筑	56 535 291	164 517 696.81	2.55
9	000826	桑德环境	5 000 000	137 400 000.00	2.13
10	600859	王府井	7 225 218	122 900 958.18	1.91

其次,我们运用单指数模型计算基金组合中持有比例为前十大股票的风险与收益,见表4-3。研究中模型的计算周期为周;无风险收益选取2014年一年期居民储蓄定期存款利率3%(换算为周利率=0.062 5%);个股的 β 系数通过一元线性回归求得,为周 β 系数;考虑到我国股票实际上很少分配现金股利及股票股利,在不影响计算精度的前提下,为了简化计算,本案例的周收益率计算不考虑股利因素。

表4-3 大成基金所持十大股票夏普单指数模型表

股票代码	601318	600000	600016	000002	601166	000333	600518	601668	000826	600859
平均周收益率	0.022 7	0.133 6	0.216 7	0.043 5	0.125 8	0.009 3	0.164 9	0.018 3	0.315 5	−0.195 5
平均周 β	1.369 3	1.473 3	1.354 1	1.251 5	1.447 8	0.451 4	0.676 9	1.008 7	1.092 9	1.346 1

进一步,我们还可以计算该基金组合中上述10只股票所获得的实际风险和收益,然后将其与通过单指数模型计算所获得的风险与收益进行比较,以便得出更有意义的结论。有兴趣的读者可以对此进行尝试。

三、多因素模型

单因素模型将收益分解为系统和公司特有两个层面是很有说服力的,但将系统性风险限定为由单因素造成的就不那么有说服力了。第三章我们在对经典CAPM进行实证检验中也指出,CAPM所揭示的影响资产定价的因素并不全面。考虑到影响市场收益的系统性或宏观因素,其又有很多的风险来源,如经济周期、利率和通货膨胀等。如果能找到系统性风险的明确表达,我们就可以发现不同的股票对不同的风险来源的敏感性差异,即 β 值的差异,这使得单因素模型存在进一步改进的空间。我们不难看出,包含多个因素的多因素模型(multifactor models)能更好地解释证券收益。除用于建立均衡证券定价模型之外,多因素模型还可以应用于风险管理。这一模型创造了一种简化衡量宏观经济风险的方法,并构造投资组合来规避这些风险。

(一) 双因素模型

假设经济周期的不确定性和利率的变动是宏观经济风险的来源,前者我们用未预期到的 GDP 增长率来测度,后者用 IR 表示。任意股票的收益都受到宏观风险及其公司自身的风险所影响。

对上述情况,可以把单因素模型扩展成为一个双因素模型,即

$$R_i = \alpha + \beta_{\text{GDP}} \text{GDP}_t + \beta_{\text{IR}} \text{IR}_t + e_t \tag{4-9}$$

式(4-9)的两个宏观经济因素构成了经济中的系统因素。正如在单因素模型中,所有的宏观经济因素的期望值都为 0:这代表这些变量的变化没有被预期到。式(4-9)中每个因素的系数度量了股票收益对该因素的敏感程度。对于大部分公司来说利率上升是坏消息,因此通常利率的 β 值为负。与前面一样,e_i 表示公司特定因素的影响。

考虑两家公司,一家是公用事业公司,一家是航空公司。由于公用事业公司的收益受到政府管制,一般它对 GDP 的敏感性较弱,即有一个"低 GDPβ 值";但可能对利率的敏感度较高,即有一个"负的高利率β 值"。相反,航空公司的业绩对经济活动非常敏感,而对利率的敏感度较低,即它有一个"高 GDPβ 值"和"负的低 IRβ 值"。很明显,这种情况下,单因素模型很难对风险因素进行精确处理,而多因素模型即可精确描述不同宏观风险对不同证券的影响。这即是多因素模型优于单指数模型的原因所在。

在应用多因素模型时,一个重要的工作是对因素的选择与确定。也就是说,在众多的宏观经济因素中,应选择哪些因素作为对证券收益产生影响的宏观风险?一般而言,对因素的选择应遵循两个原则,其一是仅考虑与证券收益直接有关的宏观因素;其二是选择那些投资者最关心的因素。

案例 4-3 利用多因素模型进行风险评估

假设我们运用式(4-9)的双因素模型对某航空公司进行评估,得到如下结果:

$$R = 0.133 + 1.2(\text{GDP}) - 0.3(\text{IR}) + e$$

这告诉我们根据现有的信息,该航空公司的期望收益率为 13.3%,但在当前预期的基础上 GDP 每增加一个百分点,该航空公司股票的收益率平均增加 1.2%,而对非预期的利率增加一个百分点,其股票收益下降 0.3%。

(二) 多因素模型

当风险对期望收益有影响时,这一风险即是"可定价"的。单因素模型认为,只有市场因素可定价。默顿(Robert C.Merton,1973)则推导出了多因素的 CAPM,并证明,其他风险来源因素也可定价,这些因素包括劳动收入、重要消费品价格(如能源价格)等。也就是说,对其他风险来源可否定价的研究,构成了多因素模型的理论基础。

多因素模型的一般形式为

$$r_i = a_i + \beta_{i1} F_{1t} + \beta_{i2} F_{2t} + \cdots + \beta_{ik} F_{kt} + e_{it} \tag{4-10}$$

其中，$i=1,2,\cdots,n;j=1,2,\cdots,m$；且有 $E(e_i)=0$；$\mathrm{cov}(e_i,F_j)=0$；$\mathrm{cov}(e_i,e_j)=0$，$i\neq j$。

第二节 套利定价理论

在一个均衡的资本市场中，所有的资产将遵循"一价法则"，即同一个资产即便在不同的市场上也只有一个均衡价格。当"一价法则"被违反时，即出现套利（arbitrage）机会。套利定价理论即通过对套利条件和行为的研究，揭示出套利定价模型及其对市场均衡的影响。套利定价理论本质上是一个多因素定价模型。

一、有关套利的概念

所谓套利，即无风险套利，即对同一个金融产品进行使净投资为零且能赚取正值收益的投资方式或行为。套利与风险套利是对应的概念。

套利通常有两种类型：一种是空间套利，另一种是时间套利。前者是指同一资产在同一时间不同市场具有不同的收益率时，投资者利用这一状态所进行的套利投资行为。比如投资者在相对高价的市场卖出资产，而在相对低价的市场买入资产。在高价市场出售资产所得资金用于在低价市场购买资产，利用这种高低价市场的价格联系，获取套利，这即是空间套利。

时间套利是指同一资产在不同时间具有不同的收益率时，投资者利用此状态所进行的套利投资行为。

比如投资者在当前购买（或卖出）一种资产，同时承诺在将来某个时间卖出（或买进）该项资产。它是在两个不同的时间同时进行的买卖一种资产的行为。

套利机会的大量和持续性出现，意味着市场处于非均衡状态，此时投资者的套利行为将最终消除套利机会，使市场恢复均衡。这一状态下的市场称为无套利均衡，它是指即使很少的投资者能发现套利机会，并动用大笔资金获利，也能通过价格变动很快恢复均衡的结果。

套利定价理论中"无风险套利"行为的特点如下。

（1）总投资为零。

（2）不承担风险，一种情况是风险因素相抵消，如不同的市场中买卖同一不同定价的证券；另一种情况是在确凿的市场参数条件下，虽然标的并非完全相关，但确凿的市场参数预期使得投资行为是近似无风险的，如案例 4-1 和案例 4-2。

（3）套利主体不确定，不一定为所有投资者。动作"剧烈"，少数投资者发现套利机会，作出巨大的头寸。

（4）瞬时性。

二、套利定价理论的假设和主要观点

（一）假设

（1）市场是完全竞争的、无摩擦的。——保证套利的可实施性。

(2) 投资者是非满足的：当投资者具有套利机会时，他们会构造套利证券组合来增加自己的财富。——进行套利的主观性。

(3) 所有投资者有相同的预期：任何证券 i 的回报率满足多因素模型[式(4-10)]。——预期不同属风险套利。

(4) 市场上的证券的种类远远大于因子的数目 k。——保证有足够多的证券来分散掉不同的风险。

(二) 主要观点

(1) 套利行为是利用同一资产的不同价格赚取无风险利润的行为；在一个高度竞争的、流动性强的市场中，套利行为将导致差价的消失，最终使市场趋于均衡。

(2) APT 理论认为，套利行为是市场效率（市场均衡）的决定因素之一。如果市场未达到均衡，市场上即存在套利机会，投资者即会利用差价买入或卖出，直至套利机会消失，市场恢复或达到均衡。

(3) 套利机会主要表现为差价的存在，因此凡是影响价格的因素都会影响套利机会是否存在。

(4) 根据无套利均衡原则，在因素模型下，具有相同因素敏感性的资产（组合）应提供相同的期望收益率。

三、构造有效套利组合需满足的条件

一个有效的套利组合必须同时满足如下三个条件。

(1) 应是一个不需要投资者增加额外资金的组合。以 Δx_i 表示投资者对证券 i 的持有量的改变量，则该条件要求：

$$\Delta x_1 + \Delta x_2 + \cdots + \Delta x_n = 0 \tag{4-11}$$

即组合中各证券之间的持有量具有替代性（有增加即有减少），但组合中所有证券持有量的总体变化为0（增减抵消）。这一条件表明投资者一方面要大量购入头寸，另一方面还要大量卖出头寸；而且买卖行为是同时进行的。

(2) 该组合对任何因素都没有敏感性，即组合不存在额外风险。即

$$\beta_{pj} = 0 \tag{4-12}$$

这正是无风险套利的原因。

(3) 组合的预期收益必须为正，即

$$x_1 E(r_1) + x_2 E(r_2) + \cdots + x_n E(r_n) > 0 \tag{4-13}$$

否则构建组合无意义。

可见，有效的套利组合是有吸引力的：不需要额外资金、无额外风险、收益为正。

案例 4-4 套利投资组合的构造

假设有如表4-4所示参数。

表 4-4　有 关 参 数

股票	当前价格/元	预期收益率/%	标准差/%
A	10	25.0	29.58
B	10	20.0	33.91
C	10	32.5	48.15
D	10	22.25	8.58

投资者不同情况下的预计收益率如表 4-5 所示。

表 4-5　投资者不同情况下的预期收益率

不同情况	高实际利率		低实际利率	
	高通货膨胀率	低通货膨胀率	高通货膨胀率	低通货膨胀率
概率	0.25	0.25	0.25	0.25
股票 A	−20	20	40	60
股票 B	0	70	30	−20
股票 C	90	−20	−10	70
股票 D	15	23	15	36

将表 4-5 中不同概率下的预计收益率代入期望收益率计算公式,并依据相关系数计算公式,即得到如表 4-6 所示的结果。

表 4-6　计 算 结 果

现行价/元	期望收益率	标准差	相关系数			
			A	B	C	D
10	25	29.58	1.00	−0.15	−0.29	0.68
10	20	33.91	−0.15	1.00	−0.87	−0.38
10	32.5	48.15	−0.29	−0.87	1.00	0.22
10	22.25	8.58	0.68	−0.38	0.22	1.00

从表 4-6 股票 A 的相关系数可观察到,股票 A 与 B 和 C 之间存在着负相关性,可望通过组合来降低风险。

将股票 A、B、C 按等比例方式构造一投资组合,可分别计算出每种经济状态下该组合的收益,从而可计算出该组合的收益率和标准差。

同理,可以计算出这一组合与股票 D 之间的相关系数。以上计算结果如表 4-7 所示。

表 4-7 计 算 结 果

计算内容	预期收益率/%	标准差/%	相关性
由 A、B 和 C 组成的资产组合	25.83	6.40	0.94
股票 D	22.25	8.58	

将表 4-7 的结果绘制为图 4-2,可直观比较这一组合与股票 D 的风险与收益。

据此,可做如下套利操作。

卖空三股股票 D 购买 1 份由 A、B 和 C 组成的资产组合 P。由此得到的回报:多头组合 P 的回报率高于空头股票 D 的回报率。

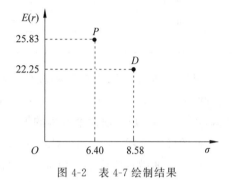

图 4-2 表 4-7 绘制结果

四、套利定价模型

套利定价模型也可以分为单因素套利定价模型和多因素套利定价模型。

(一) 单因素套利定价模型

假设只有单个系统性因素影响证券的收益,即考察一个单因素的情况。在这一模型中,证券收益的不确定性来自两个方面:系统性因素和公司特有的因素。如果我们用 F 代表系统性因素的影响,β_i 表示公司 i 对该因素的敏感性,ε_i 表示公司 i 特定因素的扰动,则该单因素模型可以表述为

$$r_i = E(r_i) + \beta_i F + \varepsilon_i \tag{4-14}$$

式中,所有非系统性收益 ε_i 之间均相互独立,同时与 F 相互独立。

例题 4-1 投资组合的收益

假设一个充分分散化的投资组合 A,其 $\beta_A=1$,预期收益为 10%,则该投资组合的收益为

$$E(r_A) + \beta_A F = 10\% + 1 \times F$$

如果宏观因素发生积极的变化,即 F 为正值,投资组合的收益将超过预期收益;相反,如果 F 为负值,则收益将低于平均值。

进一步,假设存在另一投资组合 B,其预期收益为 8%,$\beta_B=1$。那么,组合 A 和组合 B 如果同时存在,将导致套利机会的出现。以数字为例表述即是,如果我们做 100 万元的组合 B 的空头,同时买入 100 万元组合 A,即实施一项净投资为零的策略,我们将获利 2 万元。即

$$\underbrace{[(0.1+1 \times F) \times 100]}_{\text{资产组合 A 做多头}} - \underbrace{[(0.8+1 \times F) \times 100]}_{\text{资产组合 B 做空头}} = 2(\text{万元})$$

即我们获得了净收益 2 万元的无风险利润。这种情况下,投资者的套利行为必将使利差消失。

(二) 双因素套利定价模型:一个案例

假如市场上存在四种股票,每个投资者都认为它们满足因素模型,且具有表 4-8 所示

第四章 因素模型与套利定价理论

的期望回报率和敏感度。

表 4-8 四种股票的期望回报率和敏感度

I	$\overline{r_i}/\%$	β_{i1}	β_{i2}
股票 1	15	0.9	2.0
股票 2	21	3.0	1.5
股票 3	12	1.8	0.7
股票 4	8	2.0	3.2

假设某投资者投资在每种股票上的财富为 5 000 元，投资者现在总的投资财富为 20 000 元。首先，看看这个证券市场是否存在套利证券组合。显然，一个套利证券组合 $(\omega_1,\omega_2,\omega_3,\omega_4)$ 是下面四个方程的解：

初始成本为零：$\omega_1+\omega_2+\omega_3+\omega_4=0$

对因子的敏感度为零：$0.9\omega_1+3.0\omega_2+1.8\omega_3+2\omega_4=0$

$$2\omega_1+1.5\omega_2+0.7\omega_3+3.2\omega_4=0$$

期望回报率为正：$0.15\omega_1+0.21\omega_2+0.12\omega_3+0.08\omega_4>0$

满足这四个条件的解有无穷多个。例如，$(0.1,0.088,-0.108,-0.08)$ 就是一个套利证券组合。这时候，投资者如何调整自己的初始财富 20 000 元？

答案是，因为 $(0.1,0.088,-0.108,-0.08)$ 是一个套利证券组合，所以，每个投资者都会利用它。从而，每个投资者都会购买股票 1 和股票 2，而卖空股票 3 和股票 4。由于每个投资者都采用这样的策略，必将影响证券的价格，相应地，也将影响证券的回报率。

特别地，购买压力的增加，股票 1 和股票 2 的价格将上升，而这又导致股票 1 和股票 2 的回报率下降。相反，销售压力的增加，股票 3 和股票 4 的价格将下降，这又使得股票 3 和股票 4 的回报率上升。

这种价格和回报率的调整过程一直持续到所有的套利机会消失为止。此时，股票市场处于均衡状态。在这时的股票市场里，不需要成本、没有因子风险的股票组合，其期望回报率必为零。

这样，无套利时，四种股票的期望回报率和因子敏感度 β_{i1} 与 β_{i2}，对任意组合 $(\omega_1,\omega_2,\omega_3,\omega_4)$，如果

$$\omega_1+\omega_2+\omega_3+\omega_4=0$$
$$b_{11}\omega_1+b_{21}\omega_2+b_{31}\omega_3+b_{41}\omega_4=0$$
$$b_{12}\omega_1+b_{22}\omega_2+b_{32}\omega_3+b_{42}\omega_4=0$$

则必有

$$\overline{r}_1\omega_1+\overline{r}_2\omega_2+\overline{r}_3\omega_3+\overline{r}_4\omega_4=0$$

根据 Farkas 引理，必存在常数 λ_0、λ_1、λ_2，使得下面的式子成立：

$$E(r_i)=\lambda_0+\lambda_1\beta_{i1}+\lambda_2\beta_{i2} \tag{4-15}$$

该式即双因素套利定价模型。

五、对套利定价理论的进一步研究

(一) 因素的识别与估计

套利定价理论对系统风险进行了细分,而且又能够测量每项资产对各种系统因素的敏感系数,因而可以使得投资组合的选择更准确,对实际的组合策略更具有指导意义。要利用 APT 来定价,首先必须辨别市场中重要的因素的类别,并对因素进行估计。

1. 因素的识别

直观上来说,因为股票的价格应视为将来红利的贴现值,而将来的红利与总的经济状况如 GDP 增长率或工业生产的增长率有关;贴现率则与通货膨胀率和利率有关,所以,重要的因子应具有以下特征。

(1) 它们应该包含表明总的经济行为的指标。

(2) 它们应该包含通货膨胀。

(3) 它们应该包含某种利率。

一般而言,在学术研究和实际分析中,我们会确定 3～5 个因素。例如,根据特定的研究,可以设定 GDP 增长率、长短期利率差、石油价格变化率、国防开支增长率等。

上述因素的识别,其理论基础与指导思想来源于宏观经济学、微观经济学、产业组织、基本分析。

2. 因素模型的估计

主要应用如下方法进行估计。

(1) 时间序列方法(time-series approaches),这是最直观的方法。该方法假设投资者事先知道影响证券回报率的因素,其中准确度量因素值是关键。

(2) 横截面方法(cross-sectional approaches),即先估计敏感度,再估计因素的值。应用时要注意计量经济学上与时间序列方法的区别。

(3) 因子分析方法(factor-analytic approaches)。当我们既不知道因素的值,也不知道对因素的敏感度的情况下,适用该方法。

(二) 因素模型与 CAPM 的区别

单因素模型可以表述为

$$E(r_i) = \alpha + \beta_i F$$

CAPM 则表述为

$$E(r_i) = r_f + \beta_i(r_M - r_f)$$

两者在理论上的区别在于:其一,因子模型不是均衡模型,而 CAPM 为均衡模型;其二,在 CAPM 中,β 值相同的证券回报率相同,但在因子模型中,β 值相同的证券回报率不一定相同;其三,两者的出发点不同,因素模型假设证券的回报率只与不同的因素波动或指标的运动有关,而 CAPM 依据风险资产的风险溢价与全市场组合的风险溢价间的关系确定。

本章小结

股票收益的不确定性大体上源于两方面,一个是系统性风险(宏观风险),另一个是股票发行公司所特有的因素。由此可得到证券收益的单因素模型,$E(r_i)$ 是证券持有期期初的预期收益，m_i 是证券持有期内非预期的宏观风险对证券收益的影响，e_i 是非预期的公司特有事件的影响。e_i 具有零期望值，则证券的持有期收益为

$$r_i = E(r_i) + m_i + e_i$$

记宏观因素的非预期成分为 F，证券 i 对该因素的敏感度为 β_i，则该证券（或组合）收益率的方差为

$$\sigma_i^2 = \beta_i^2 \sigma_F^2 + \sigma_{ei}^2$$

单因素模型不仅能够大大简化在均值-方差分析中的估计量和计算量，而且有利于风险的分散化。但是，它没有给出因素 F 的具体测度和明确界定。单指数模型用市场指数来代表系统性因素的方法解决了上述问题，其具体形式为

$$R_i = \alpha_i + \beta_i R_M + e_i$$

式中，R 为超额收益（$R_i = r_i - r_f$，$R_M = r_M - r_f$）；β_i 为市场因素对证券 i 收益的影响程度；e_i 为证券发行公司的特有因素对证券 i 收益的影响。

则证券 i 收益率的方差为

$$\sigma_i^2 = \beta_i^2 \sigma_M^2 + \sigma_{ei}^2$$

证券之间的相关系数为

$$\mathrm{cov}(R_i, R_j) = \mathrm{cov}(\beta_i R_M, \beta_j R_M) = \beta_i \beta_j \sigma_M^2$$

单因素模型将收益分解为系统的和公司特有的两部分，而宏观因素本身又受到多种因素的影响，因此需要构建多因素模型。多因素模型认为，不仅市场因素可定价，其他风险来源因素也可定价，这些因素包括劳动收入、重要消费品价格（如能源价格）等。其一般形式为

$$r_i = a_i + \beta_{i1} F_{1t} + \beta_{i2} F_{2t} + \cdots + \beta_{ik} F_{kt} + e_{it}$$

在多因素定价模型的基础上，形成了通过对套利条件和行为的研究以揭示套利定价模型及其对市场均衡的影响的套利定价理论。

所谓套利，即无风险套利，即对同一个金融产品进行使净投资为零且能赚取正值收益的投资方式或行为。通常包括空间套利和时间套利两种类型，前者是指同一资产在同一时间不同市场具有不同的收益率时，投资者利用这一状态所进行的套利投资行为；后者是指同一资产在不同时间具有不同的收益率时，投资者利用此状态所进行的套利投资行为。

一个有效的套利组合应是不需要额外资金的、无额外风险的且收益为正的，因此需要满足以下条件。

（1）不需要投资者增加额外资金。以 Δx_i 表示投资者对证券 i 的持有量的改变量，则该条件要求：

$$\sum_{i=1}^{n} \Delta x_i = 0$$

（2）该组合对任何因素都没有敏感性，即组合不存在额外风险。即

$$\beta_{pj} = 0$$

（3）组合的预期收益必须为正，即

$$\sum_{i=1}^{n} x_i E(r_i) > 0$$

套利定价理论中"无风险套利"行为有以下特点：总投资为零；不承担风险；套利主体不确定；瞬时性。

套利定价理论有四个假设条件,分别是:市场完全竞争、无摩擦;投资者是非满足的;所有投资者有相同的预期;市场上的证券的种类远远大于因子的数目k。

套利定价理论的主要观点是:在一个高度竞争的、流动性强的市场中,套利行为将导致差价的消失,最终使市场趋于均衡,因此,套利行为是市场效率(市场均衡)的决定因素之一;凡是影响价格的因素都会影响套利机会是否存在;根据无套利均衡原则,在因素模型下,具有相同因素敏感性的资产(组合)应提供相同的期望收益率。

单因素套利定价模型将证券收益的不确定性假定为来自系统性因素和公司特有的因素两个方面,该模型可以表述为

$$r_i = E(r_i) + \beta_i F + \varepsilon_i$$

考虑到多种因素对于套利行为的影响,定义多因素套利定价模型:

$$E(r_i) = \lambda_0 + \sum_{k=1}^{n} \lambda_k \beta_{ik}$$

总之,套利定价模型与资本资产定价模型均是关于证券均衡价格的模型,但是,前者建立在更少更合理的假设之上,并且大大简化了投资者的计算量。套利定价模型以回报率形成的多指数模型为基础,认为具有相同因素敏感性的证券或组合必然要求有相同的预期回报率,否则,就会出现套利机会。投资者将建立套利组合,利用这些套利机会,最终导致套利机会消失,市场达到均衡,资产的均衡预期回报率是其因素敏感性的线性函数。

练 习 题

一、概念题

1. 套利
2. 空间套利
3. 时间套利
4. 因素模型

二、简答题

1. 简述因素模型的特点。
2. 简述单因素模型的性质。
3. 简述一个有效的套利组合必须同时满足的条件。
4. 简述因素模型与CAPM的区别。
5. 因素模型和套利定价模型中的β值有什么区别或联系吗?

即 测 即 练

第五章 市场有效性假说

有效市场假设(effective market hypothesis)既是现代微观金融学的又一理论支柱，又是判断资本市场效率的理论依据，并决定着实际投资中的投资策略。什么样的市场才是有效的？市场有效性程度的划分及其相应特征是什么？这就是有效市场假说要回答的核心问题。

第一节 有效市场理论

在运转良好的金融市场中，价格反映了所有相关信息，这样的市场就被称为有效市场或效率市场(efficient market)。效率市场理论(EMT)认为，如果市场是有效的，证券价格即反映了所有相关信息，或者说，证券的真实价值即是其现行的市场价格。

一、股票价格的随机游走与市场有效性

20世纪50年代以前，经济学家们一直认为：股票价格是由其"内在价值"决定的，是可以预测的；股价的波动应该是有规律的，即股票价格应围绕其内在价值做有规律的波动。然而1953年英国著名统计学家肯德尔(Maurice Kendall)从对股价波动的统计中发现：股票价格变动没有任何模式可循，就像"醉汉走步一样"，昨天的价格与今天的价格无关，今天的价格与明天的价格无关，股市运动每天都是新的内容，即股票价格完全是随机游走的。

如何解释这一现象呢？有效市场理论提供了答案。市场价格的随机波动反映的正是一个功能良好、理性的有效市场，即价格已经反映了已知信息，而股价取决于相关信息。首先，股价由供求决定，供求是通过买卖来实现的，投资者买卖股票受其心理预期的影响，而心理预期是投资者在收集、处理相关信息的基础上形成的。其次，随机的"新信息"导致了股价的随机游走。在一定时点上，股价反映了"旧"的相关信息，而下一时点的股价取决于"新"的相关信息。因为"新"信息的出现是随机而不可预测的，所以股价随机游走。

股票价格的随机游走并不是说市场是非理性的，而恰恰表明这是理性投资者争相寻求新信息，以使自己在别的投资者获得这种信息之前买卖股票而获得利润的结果。产生股票价格随机游走的根本原因即在于投资者理性的存在。由于投资者是理性的，任何能够用来对股票价格做预测的信息必定被投资者获得并反映在股票的价格中；而由于价格是公开可知的，这意味着已经反映价格的所谓"新信息"已经可知，则"新信息"就成为旧信息。此时，如果用已反映价格的信息去预测未来，等价于以旧信息作为决策依据，这种决策就是无效的——未来价格的变化什么结果可能都有，即价格是随机游走的。

案例 5-1 收购消息公布对股票价格的影响

如图 5-1 所示,某一收购消息公布前,股票价格是随机游走的,而在收购消息公布之后,股票价格在新状态运行。

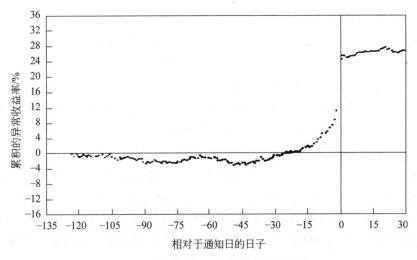

图 5-1 收购消息公布对股票价格的影响

二、有效证券市场的含义及其必备条件

有效资本市场理论认为,在一个有效的资本市场上,资本品的全部信息都能迅速、完整和准确地被投资者得到,从而投资者可根据这些信息准确判断出该资本品的价值,进而以符合价值的价格购买该资本品。

(一)有效证券市场的含义

根据有效资本市场理论,在一个有效的证券市场上,证券价格曲线上任一点的价格均真实、准确地反映了该证券及其发行人在该时点的全部信息;同时如果证券市场是有效的,则任何一个在该市场上交易的证券的实际价格,都应全面反映该证券的价值。

如果一个证券市场满足上述条件,则该证券市场即是有效的。所谓有效,是指价格对信息的反映具有高效率,这种高效率不仅指价格对信息反映的速度,还包括价格对信息反映的充分性和准确性。

(二)有效证券市场需具备的条件

根据上述有效证券市场的含义,一个有效的证券市场需要同时具备以下四个条件。

(1)信息公开的有效性,即证券的全部信息都能真实、及时地在市场上得到公开。
(2)信息获得的有效性,即所有公开有效的信息都能被投资者全面、准确地获得。
(3)信息判断的有效性,即所有投资者都能根据所得到的有效信息作出一致的价值判断。
(4)投资行为的有效性,即所有投资者都能够根据获得的信息作出准确、及时的行动。

三、有效市场的分类

根据以上有效市场需要具备的条件,总体而言可以将市场有效的程度分为三类,即强有效市场、半强有效市场和弱有效市场。

(一)强有效市场

如果在一个市场中,信息完全公开、信息完全传递、信息被投资者完全解读,且无任何信息及依据此信息采取行动的时滞,也即有效市场的四个条件同时具备,这样的市场即是强有效市场。在强有效市场中,股票价格可充分反映一切信息,包括内幕信息、公开信息,以及股票交易的历史信息。强有效市场理论(strong form of EMT)认为,在这样一个市场中,无论对什么信息进行分析,都无法获得超额利润。

(二)半强有效市场

如果一个市场中信息不完全公开,但只要是公开的信息就能够完全传递、被投资者完全解读,且不存在信息时滞。也就是说,有效市场的后三个条件都具备,但信息公开的有效性不具备,即存在着内幕信息。这样的资本市场即属于半强有效市场(semi-strong form of EM)。在半强有效市场中,股票价格中所反映的信息仅包括公开信息和历史交易信息。

(三)弱有效市场

如果一个证券市场中存在信息不完全公开和信息不完全解读,前者比如只公开历史信息,但对现在和未来的信息没有公开,即存在强烈的内幕信息;后者如机构投资者对信息的解读能力和水平大于个人投资者,或者掌握内幕信息者的信息能力大于只掌握公开信息者的信息能力。也就是说,不满足有效市场第一个条件和第三个条件,这一市场即属于弱有效市场(weak form of EM)。在弱有效市场中,股票价格所反映的信息仅包括历史交易信息。

四、有效市场模型

市场有效性理论给出了不同市场有效性的定性分类。要使市场有效性理论可进行定量检验,就必须明确刻画出价格序列的形成过程,预期收益模型可较好地做到这一点。Fama 给出预期收益模型的一般形式为

$$E(P_{j,t+1} \mid \Phi_t) = [1 + E(R_{j,t+1} \mid \Phi_t)]P_{j,t} \tag{5-1}$$

式中,$P_{j,t+1}$ 为证券 j 在 $t+1$ 时刻的价格;$P_{j,t}$ 为证券 j 在 t 时刻的价格;$R_{j,t+1}$ 为证券 j 在 $t+1$ 时刻的收益率,$R_{j,t+1} = (P_{j,t+1} - P_{j,t})/P_{j,t}$;$\Phi_t$ 为 t 时刻股票价格中所反映的信息;$E(R_{j,t+1} \mid \Phi_t)$ 和 $E(P_{j,t+1} \mid \Phi_t)$ 均为条件期望。式(5-1)可用于描述任何程度有效市场的价格形成过程,区别在于信息集 Φ_t 的范围是不同的:弱有效市场的信息集 Φ_t 仅包含历史价格信息;半强有效市场的信息集 Φ_t 包含历史信息和市场中全部的公开信息;强有效市场中的信息集 Φ_t 包含全部的公开信息和内幕信息。

如果市场是有效的,即 Φ_t 包含全部的公开和非公开信息时,投资者将不可能获得超额期望收益,超额期望收益为零,即

$$E(R_{j,t+1} \mid \Phi_t) = 0 \tag{5-2}$$

由式(5-1)和式(5-2)可得

$$E(P_{j,t+1} \mid \Phi_t) = P_{j,t} \tag{5-3}$$

即利用当前全部信息 Φ_t 估计证券未来价格 $P_{j,t+1}$ 的期望值,其结果只能是当前价格。

阅读资料5-1　市场是有效的吗?

有效市场假说并没有引起专业投资组合管理者过多的兴趣,一个重要的原因是,在有效市场中寻找被低估的证券只是在浪费资源——没有人能用什么方法战胜一个有效的市场。但在现实市场中我们又经常听到有基金经理获取了超额收益,或者有专业的分析师预测得非常准确,难道市场真的是无效的吗?要确切地回答这一问题就需要本章第二节严谨的实证检验。而在此之前我们先要考虑到这样三个问题:规模问题、选择性偏见问题以及幸运事件问题。

规模问题　假设某投资经理负责管理100亿元的投资组合,他每年可以获得0.1%的投资增长,即 $0.001 \times 100 = 1$ 亿元的年收益。这个1亿元的收益额当然不少,但问题是我们无法评价他是否战胜了市场或者说该投资经理是否是聪明、有能力的,因为0.1个百分点的贡献将被市场年度波动性所掩盖。比如就美国这样一个相对成熟、稳定的市场,充分分散的标准普尔500指数的年标准差已在20%左右。相对于这些波动而言,业绩的小幅度提升是很难被察觉的。

选择性偏见问题　假定你发现了一个确实能赚钱的投资计划。你有两种选择:要么在证券报刊上发表你的看法提高自己的声誉,要么保留这个秘密以赚取一大笔钱。一般的投资者都会选择后者,这给我们带来了一个猜测:是不是只有当投资者发现一个投资方案不能获取异常收益时才会将其公之于众?因此我们看到,很多反对市场有效的人认为,很多技术分析方法不能赚钱不是因为市场有效,而是那些能战胜市场的方法没有被公之于众。这就是选择性偏见中的一个问题,即我们能够观察到的结果已经被预先选出来支持市场失效的观点。换言之,我们无法公平地评价投资组合的管理者提出的成功的股市策略的真实能力。

幸运事件问题　现实中我们经常可以听到某个投资者或者某个基金管理公司及其基金经理取得了战胜市场的完美的投资业绩。这些投资者的优秀记录显然是对有效市场假说的驳斥。

然而,这一结论并不明显。作为投资游戏的一个类比,考虑这样一个游戏:一枚均匀的硬币投掷50次,看谁抛出的正面最多。显然,对于每个人来说期望的结果是50%正面和50%反面。如果10 000人参加这项比赛,出现这样一个结果就并不奇怪:最少一个人抛出75%概率的正面。实际上,初级统计学的知识告诉我们能抛出75%以上正面的参赛者的期望人数是2。那么,我们能说这两个人具有抛硬币的独家诀窍,并因此就授予他们"世界抛硬币大赛冠军"的称号吗?很明显,他们只不过是在事件发生的当天运气较好而已。

有效市场显然与上述的抛硬币游戏类似:在任何股票在全部信息给定的基础上是公

平定价的假设下,对某一股票下注只不过是一个投币游戏而已——赌输和赌赢的可能是相等的。但从统计学的角度来看,如果有很多投资者或基金经理利用各种方案来进行公平的赌注,一些投资者将会很幸运并赢得赌注。特别是我们还要看到,这些因为运气而成为市场传奇人物的投资者或者基金经理,他们的背后却站着无数的败给了市场的大赢家。再结合上面的选择性偏见问题,我们看到这个市场历来就是充满了"正能量"——盛传赢家,使得我们并没有听说什么传奇式的著名大输家的名字,而赢家的名字将被财经媒体追捧并成为资本市场的明星。

实际上这里还有一个选择性偏差需要避免:面对上述情况,怀疑者将其称运气,而成功者将其称为技巧。这就需要我们去考察:之前一段时期的赢家,之后是否还能保持住这种地位呢?这实际上涉及投资绩效的持续性问题。这方面的众多研究成果(比如Shape,1966;Hendricks,Patel 和 Zeckhauser,1993;Brown 和 Goetzmann,1995;Jeffrey 和 Paul,2006;李学峰和李依静,2019 等)都得到投资绩效的不可持续或者仅仅短期内持续而长期是不可持续的结论。

第二节　市场有效性理论的实证研究

市场有效性理论给出了不同市场有效性的定性分类。本节即研究这一定性理论如何对现实中的市场运行进行有效性方面的评估。

一、实证研究方法

以 Fama 给出的市场有效性模型为基础,在对该模型的实证检验中,存在如下四种方法。

(一)随机游走模型

根据方程(5-1),随机游走模型假定价格序列的改变量相互独立,且具有相同的分布,其分布可以表示为

$$f(P_{j,t+1} \mid \Phi_t) = f(P_{j,t+1}) \tag{5-4}$$

即 j 证券 $t+1$ 时期的价格,在给定的信息集下,只与其 $t+1$ 时期的价格相关;或者说,与 t 期价格的相关系数为 0。

根据上述假设,随机游走模型一般表述为

$$P_t = P_{t-1} + \varepsilon_t \tag{5-5}$$

根据方程(5-5),如果实证检验证明 t 期的价格与 $t-1$ 期的价格之间的相关系数为 0,则说明市场是有效的,或者至少是半强有效的。

(二)游程检验

在股票市场的实际运行中,t 期的价格明显是在 $t-1$ 期价格的基础上形成的,从而式(5-5)存在序列相关性,这就使得该模型中价格之间的相关系数很难为 0,进而使得对市场有效性的检验失灵。对此,经济学家们提出了游程检验的方法,以克服随机游走模型的上述缺陷。

所谓游程,是指股价连续地上升或下降的过程,每一次这样的过程称为一个游程。该模型的构造过程是:在随机游走假设下,当样本容量很大时,总游程 Q 服从正态分布;再构造统计量 Z,使得

$$Z = \frac{Q - E(Q)}{\sigma_Q} \tag{5-6}$$

式中,$E(Q)$ 为总游程的期望值;σ_Q 为总游程的标准差。$E(Q)$ 的计算公式为

$$E(Q) = \frac{N + 2N_1 N_2}{N} \tag{5-7}$$

式中,N 为股价变动的总天数;N_1 为股价上升的天数;N_2 为股价下降的天数。σ_Q 的计算公式为

$$\sigma_Q = \sqrt{\frac{2N_1 N_2 (2N_1 N_2 - N)}{N^2 (N - 1)}} \tag{5-8}$$

如果 Z 服从标准的正态分布,则市场是(弱)有效的;如果实证检验的 Z 大于临界值,则市场不具有弱有效性。

(三)方差比检验模型

上述的随机游走模型和游程模型都假定方差是不变的,但在现实中,金融资产收益的方差并非如此,特别是在短期内更可能出现大幅变动,这就有可能使上述模型的检验失效。

针对上述问题,Lo 和 MacKinglay 提出了方差比检验方法[①]。该方法认为,如果时间序列呈随机游走,则股票在两个时期的连续复合收益 $r_t(2)$ 的方差与时期1连续复合收益 $r_t(1)$ 的方差之比为2,即 q 期的方差是1期的 q 倍,有

$$\frac{\text{var}[r_t(q)]}{\text{var}[r_t(1)]} = q \tag{5-9}$$

由此,方差比检验模型为

$$VR = \frac{\text{var}[r_t(q)]}{q \times \text{var}[r_t(1)]} \tag{5-10}$$

当 VR 接近于1时,即可认为市场已达到弱有效;否则不具有有效性。

(四)渐进有效性检验

以上检验方法是在研究成熟的股票市场中得出的。但对于新兴的或转轨中的股票市场来说,市场早期的无效会对整个时期的检验产生影响;由于基期的强烈影响,会错误地推断整个市场是无效的。正如 Cornelius 指出[②],在新兴股市中,市场参与各方的行为并不符合有效市场假说的范式,按有效市场理论,新兴股市的无效是必然的,因而需要新的检验方法。

---

① 对该方法的详细证明和表述,可参见 CAMPBELL J Y LO A W, MACKINLAY A C, The econometrics of financial markets[M]. Prtnceton: Princeton University Press, 1997.

② CORNELIUS P K A note on the information efficiency of emerging stock markets[J]. Weltwirtschaftliches Archiv, 1994, 24: 820-828.

在上述背景下，Emerson 等人提出了渐进有效性检验方法[①]，即

$$r_t = \beta_{0,t} + \sum_{i=1}^{p} \beta_{i,t} r_{t-i} + e_t \tag{5-11}$$

$$\beta_{i,t} = \beta_{i,t-1} + u_{i,t}, u_{i,t} \sim N(0, \sigma^2) \tag{5-12}$$

式中，序列$\{r_t\}$为市场指数的收益率序列；序列$\{\beta_{i,t}\}$为状态变量，通过考察其变化情况，可以观察市场有效性的动态演进。如$\{\beta_{i,t}\}$随时间变化逐渐向 0 收敛，即可认为市场在趋向有效，否则说明市场的有效性在降低。

渐进有效性检验不是将市场有效性视为一成不变的，而是设法发现其动态的演进规律，这正是该方法的独特性。

二、对市场有效性的分类研究

由本章第一节的研究可见，市场有效性理论将市场有效的程度分为三类，即弱有效市场、半强有效市场和强有效市场。那么，更进一步的实证研究即是针对这三类市场有效程度所进行的分类实证研究。

（一）对弱有效市场的实证检验

检验一个市场是否是弱式有效，有两种主要的实证方法。

一是研究技术分析方法能否产生额外的收益。在弱有效市场中，技术分析方法是无效的——不能为投资者带来额外利润[②]。那么，在技术分析的规则下，如果实证研究证明了这一额外利润的存在，即可判断该市场不是弱有效的。

这里所谓的额外利润，也即非正常收益率(abnormal rates of return)[③]，它是指在给定风险水平下，投资者所获得的超过预期收益率以上的收益。我们可以通过 CAPM、单指数模型或套利定价理论来确定正常收益率。根据 CAPM，证券（或组合）i 的预期收益率为

$$E(r_i) = r_f + [E(r_M - r_f)]\beta \tag{5-13}$$

式中，$E(r_i)$为所谓正常收益率。这样，非正常收益率 AR_i 即可定义为

$$AR_i = r_i - E(r_i) = r_i - \{r_f + [E(r_M - r_f)]\beta\} \tag{5-14}$$

式中，r_i 为证券（或组合）i 已实现的或实际的收益率。式(5-14)表明，非正常收益率＝实际收益率－正常收益率。实证研究中一般用累加非正常收益率(cumulative abnormal rate of return, CAR_i)表述，其公式为

$$CAR_i = \sum_{i=1}^{m} AR_{i,t} \tag{5-15}$$

式中，m 为时间，一般以天为单位。如果累加非正常收益率为较大的正值，即可认为技术

---

① EMERSON R, HALL S G, ZALEWSKA-MITURA A. Evolving Market efficiency with an Application to some Bulgarian Shares[J]. Economics of planning, 1997, 30: 75-90.

② 详见本章下一节。

③ 从理论上说在一个有效市场中，投资者仅能获得正常收益，而任何相反的证据都是违背有效市场的非正常现象。

分析可产生额外收益,因此市场不具有弱有效。

二是对历史数据进行统计分析。比如用自相关(auto correlation)或序列相关(serial correlation)方法检验过去的收益是否对未来收益有预测力。如果过去的价格变动与目前的价格变动是高度相关的(无论正负),那么就可用过去的收益去预测未来的收益,从而技术分析方法是有效的,即市场是无效的。

表 5-1 是美国股票市场弱有效性的实证检验。由表 5-1 可见,在 20 世纪 80 年代之前,美国的股票市场是弱有效的,而进入 20 世纪 80 年代以后,美国股市已脱离了弱有效市场。

表 5-1 美国股票市场弱有效性的实证检验

作 者	Fama	Solink	Merton	Keim	Lehmann
年 份	1965	1973	1980	1983	1990
是否弱有效	是	是	否	否	否

此外我们还需要注意的是,经验考察中要区分短期与长期的不同。至今为止的有关研究,短期内不能得到反驳市场弱有效的明确证据(代表性的研究如 Conrad 和 Kaul,1988,以及 Lo 和 Mackinlay,1988),长期的考察结果则存在争论,并引发了行为金融学的阐释(详见第六章的内容)。

(二)对半强有效市场的实证检验

在半强有效市场中,由于存在信息的不完全公开,那么通过基本面分析的方法,利用已公开的投资者众所周知的信息是无法获得额外利润的。因此,如果实证检验能够证实基本面分析方法可带来非正常利润,则半强有效市场即是不成立的。

具体来看,对半强有效市场的研究,即是研究公司特有的信息对股票价格的影响。一般我们可通过揭示公司所公布的每股盈余(EPS)对其股价的影响进行研究。这里关键在于区别实际盈余与期望盈余之间的关系,其公式为

$$Sue = [EPS - E(EPS)]/SEE \tag{5-16}$$

式中,Sue 为标准化未预期到的盈余;$E(EPS)$ 为每股盈余的历史均值;SEE 为估计的标准差。根据式(5-16)解出 Sue 后,再研究未预期到的盈余是否影响股票价格。如果 Sue 能够产生非正常利润 CAR,则市场违背了半强有效——基本分析能够获得非正常收益[①]。

(三)对强有效市场的实证检验

在一个强有效市场中,无论对什么信息进行分析,都无法获得超额利润。因为在这样一个市场中,有效市场的四个条件同时具备,不存在任何内幕信息。

这样,如果实证研究发现内幕交易者(insiders)可以获得高额利润,则强有效市场即不成立。表 5-2 是对美国股票市场是否强有效的代表性研究,这些研究基本证实了即便

---

① 目前很多研究发现一些简单的且容易获得的指标,如股票盈率或市场资本化比率似乎能够预测异常风险调整收益,这类发现很难符合有效市场假说,因此经常被称为有效市场异象,对这一问题将在第六章详细研究。

是美国这样的发达资本市场,也没有达到强有效状态[1]。

表 5-2 对美国股票市场是否强有效的代表性研究

作　者	年　份	研究内容	是否强有效
Scholes	1972	内幕交易者	否
Jaffe	1974	内幕交易者	否
Seyhun	1986	内幕交易者	否
Liu,Smith and Syed	1990	内幕交易者	否

资料来源:LEVY H. 投资学导论[M].北京:北京大学出版社,2004.

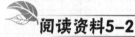 中国股票市场的渐进有效性[2]

资本市场对外开放是一国金融发展与金融深化的重要内容之一。20世纪90年代以来,随着经济全球化的加速和贸易自由化的深入发展,大部分国家都在持续推动着本国资本市场的对外开放。就我国来看,自1990年以来,一直在循序渐进地推进着资本市场的对外开放。但问题是,资本市场的对外开放是否越高越好呢?又如何来衡量开放的程度及其成本呢?特别是我国这样新兴加转轨的资本市场,其当前对外开放程度怎样?对资本市场本身的运行又产生了怎样的影响?李学峰和文茜(2012)的研究一方面通过网络分析法(analytic network process,ANP)构建出更为综合的资本市场开放度衡量体系,另一方面借助 Hall 等(1997)的技术突破从动态角度考察市场的渐进有效性。该研究发现,就市场有效性而言,资本市场开放程度并非越高越有利。发达国家资本市场对外开放并不能对市场有效性产生显著影响,新兴市场国家过早过快地提高当前对外开放水平反倒有损于国内市场有效性。

有效资本市场理论认为,在一个有效的资本市场上,资本品的全部信息都能迅速、完整和准确地被投资者得到,投资者可根据这些信息准确判断出该资本品的价值,进而以符合价值的价格购买该资本品。

有效市场理论的基础在于股票价格的随机游走。所谓股票价格的随机游走,是指股票价格的变化是随机的且不可预测的。它是股票价格变动的本质特征。股票价格的随机游走反映了只有新信息会引起价格变化。所谓新信息,即它是随机的、无法预测的,也就是说,只有无法预测的信息才是新信息。"市场有效"的本质即是信息有效,即股票价格已经充分地、有效地、立即地消化了所有可以得到的信息。

---

[1] 由于市场有效性问题近年来已不是学术热点,或者说,学术界目前基本上公认了现实市场的非有效性,所以近年来对美国市场有效性问题的研究文献已不多见。

[2] 本阅读资料详见李学峰,文茜.资本市场对外开放提升了市场有效性吗?——一个国际比较[J].国际金融研究,2012(10).

一个有效的证券市场需要同时具备四个条件：①信息公开的有效性，即证券的全部信息都能真实、及时地在市场上得到公开；②信息获得的有效性，即所有信息都能被投资者准确获得。③信息判断的有效性，即所有投资者都能根据得到的信息作出一致的价值判断。④投资行为的有效性，即所有投资者都能够根据获得的信息作出准确、及时的行动。

如果有效市场的四个条件同时具备，这样的市场即是强有效市场。强有效市场理论认为，在这样一个市场中，无论对什么信息进行分析，都无法获得超额利润。此时即技术分析方法将失效；而且，用基本分析法也"挖掘"不到任何内幕信息，即基本分析方法也将失效。投资者的最佳策略是进行消极的组合管理。

如果有效市场的后三个条件都具备，但信息公开的有效性不具备，即存在着内幕信息，这样的资本市场即属于半强有效市场。半强有效市场中，技术分析也不会产生额外收益。但通过基本分析的方法，有可能"挖掘"到内幕信息、发现定价"错误"的证券，因此基本分析方法有其被应用的合理性。同时，进行资产组合管理将同样产生效益。

如果一个证券市场中存在信息不完全公开和信息不完全解读，即不满足有效市场的第一个条件和第三个条件，这一市场即属于弱有效市场。这种情况下，市场处于非均衡状态，任何定价分析和组合分析都无法获得均衡价格与最优组合位置，投资者只能依据股价的历史走势去"猜测"未来，即技术分析是适用的；而且，由于存在投资者对信息解读能力的差异，此时应用基本分析方法将可能缩小投资者之间的信息不完全。同时，投资者可通过积极型投资策略去捕捉市场机会、获取超额利润。

有效市场假说的模型化表述为

$$E(P_{j,t+1}\mid\Phi_t)=[1+E(R_{j,t+1}\mid\Phi_t)]P_{j,t} \quad (5\text{-}17)$$

如果市场是有效的，则投资者利用已知的信息集 Φ_t，将不可能获得超额期望收益，超额期望收益为零，即

$$E(R_{j,t+1}\mid\Phi_t)=0 \quad (5\text{-}18)$$

由式(5-17)和式(5-18)可得

$$E(P_{j,t+1}\mid\Phi_t)=P_{j,t} \quad (5\text{-}19)$$

即利用历史信息 Φ_t 估计证券未来价格 P_{t+1} 的期望值，其结果只能是当前价格——当前价格已经包含所有的历史信息。

检验一个市场是否是弱式有效，有两种主要的实证方法。

其一是研究技术分析方法能否产生额外的收益。即通过 CAPM 确定正常收益率，从而非正常收益率 AR_i 即可定义为

$$AR_i=r_i-E(r_i) \quad (5\text{-}20)$$

实证研究中一般用累加非正常收益 CAR_i 表述，如果累加非正常收益率为较大的正值，即可认为技术分析可产生额外收益，因此市场仅具有弱有效。

其二是对历史数据进行统计分析，检验过去的收益是否对未来收益有预测力。如果过去的价格变动与目前的价格变动是高度相关的（无论正负），那么就可用过去的收益去预测未来的收益，从而技术分析方法是有效的，即市场是无效（弱有效）的。

对半强有效市场的研究，即是研究公司特有的信息对股票价格的影响。一般我们可

通过揭示公司所公布的每股盈余（EPS）对其股价的影响进行研究。如果未预期到盈余能够产生非正常利润 CAR,则市场是半强有效的——基本分析能够获得非正常收益。

如果实证研究发现内幕交易者可以获得高额利润,则强有效市场即不成立。至今为止大量的实证研究没有发现哪个市场达到了强有效状态。

此外,有关对市场有效性理论的实证检验,还发现了大量市场异常（anomalies）现象的存在。典型的发现如公司异常、季节异常、事件异常和会计异常等。这些异常现象不仅引发了对有效市场理论的重大争论和冲击,而且导致了行为金融学的产生和发展。

练 习 题

一、简答题

1. 有效资本市场应具备的条件有哪些？
2. 强有效市场、半强有效市场和弱有效市场各自的条件特征是什么？
3. 简述市场有效性理论的模型化表述。
4. 简述不同有效市场下的投资策略。

二、论述题

请以有效市场假说分析中国资本市场的有效性。

即测即练

第六章 行为金融理论

对市场有效性理论的实证检验,发现了大量市场异常现象(market anomalies)的存在。这些异常现象包括如下方面[①]。

(1) 公司异常(firm anomaly)。公司异常是指由公司本身或投资者对公司的认同程度所导致的非正常收益的出现。如研究(Benz,1981)所揭示的规模效应(size effect),即将公司按规模分成五组,发现最小规模组的平均年收益率比那些最大规模组的公司要高19.8%,而且无论是在风险调整之前还是调整之后,小规模组的公司股票的收益率都比大规模组的收益率高。换言之,对小公司的投资收益大于对大公司的投资收益。一般也将这一现象称为小公司效应(small-firm effect)。

(2) 季节异常(seasonal anomaly)。季节异常是指由于时间因素所导致的非正常收益的出现。如据 Morgan Stanley 公司(1990)的研究,1月全球指数的月平均收益率为2.35%,明显高于其他月份的平均收益率,这即是所谓1月效应;再如大量研究所发现的周末效应,即证券价格在周末(一般是每周五)趋于上升,而在周一则趋于下降的情况。

(3) 事件异常(event anomaly)。事件异常是指由某种容易辨明的事件所引起的证券价格的上升。如当公司宣布由场外交易市场(OTC)转入挂牌交易后,该公司股票价格将上升;再如当某股票被很多分析师推荐后,该股票价格将上升。

(4) 会计异常(accounting anomaly)。会计异常是指在会计信息公布后所引起的股票价格的变动。如前面所讨论的实际每股盈余高于市场预期时,股票价格将上升;再如投资低市盈率的股票往往能获得更高的收益。

上述异常现象不仅存在于弱有效市场,而且在半强有效市场也经常出现,特别是它们的出现或存在往往是持续性或反复性的,这不仅引发了对有效市场理论的重大争论和冲击,而且导致了行为金融学的产生和发展。

第一节 对市场异象的解释与分歧

正如前文所指出的,越来越多的研究发现了大量市场异象的存在,这是否意味着整个市场是无效的? 或者还存在其他解释? 对于这一问题,经典金融学家与行为金融学家产生了深刻的分歧。

---

① 除了下面列示的这些"异象"外,大量的实证研究和经验观察表明股票市场存在收益异常现象(如股票溢价之谜、股利之谜等),这些现象无法用主流金融学及其资产定价理论给予圆满的解释。此外,Fisher 和 Statman(1999)发现共同基金常为一些投资者设计了较高股票比例的投资组合,而对另一些投资者却设计了较高债券比例的投资组合,这也是传统的资产组合理论无法解释的,因为两基金分离定理证明所有有效组合都能够表示为一个股票与债券具有固定比例的风险组合和不同数量的无风险证券(国库券)的组合,该组合处在均值方差有效前沿上。

一、风险溢价之争

市盈率、小公司、账面-市值比效应是最令人迷惑的现象。以账面-市值比为例,图 6-1 显示,账面-市值比最高的 10 家公司平均月收益率为 16.87%,而账面-市值化最低的 10 家公司平均月收益率为 10.92%。收益对账面-市值比如此强的依赖性与 β 值无关,这意味着要么是高账面-市值比公司定价相对较低,要么是账面-市值比充当着衡量影响均衡期望收益的风险因素的代理变量。

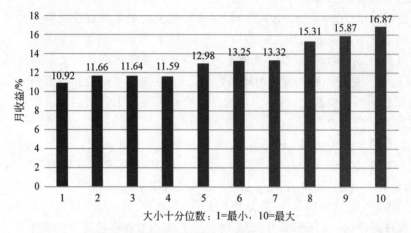

图 6-1 作为账面-市值比函数的平均收益率,1926—2011 年

对此,Fama 和 French(1993)认为这些效应可以解释为风险溢价的典型表现。利用他们发明的三因素模型[①],Fama 和 French 发现拥有高账面-市值比或公司规模的"β"值(也称因子载荷)的股票平均收益率较高,并将这样的收益解释为与因素相关的高风险溢价的证据。尽管公司规模和账间-市值比显然不是风险因素,但是它们可以作为更基本的风险代理变量。Fama 和 French 认为这种收益模式与有效市场中的一致——在有效市场中收益与风险也是一致的。

Lakonishok、Shleifer 和 Vishny(1986)则提出了相反的解释。他们认为这些现象正是市场非理性的证据,特别是表明股票分析师在预测股票前景中出现了系统错误的证据:分析师把历史业绩向未来延伸得太远了,因此过高定价的公司近期表现良好,而被低估的公司近期表现较差。当这两种极端被"更正"时,低期望增长的公司将比高期望增长的公司表现良好。

二、数据挖掘之谜

很多经典金融学家怀疑各种异象是真实存在于金融市场中还是人为的数据挖掘的结果呢?毕竟,如果反复地在计算机上运行过去收益的数据库并从多个角度检验股票的收益,在预期收益时总能出现一些指标。

---

① 这一模型在解释证券收益上比单因素的资本资产定价模型更有解释力。详见 FAMA E F,FRENCH K R. Common risk factors in the returns on stocks and bonds[J]. Journal of financial economics,1993,33(1):3-56.

这里特别需要我们注意的是，一些异常在学术文献中公布后并没有太长的持续力。例如，小公司效应在20世纪80年代初被公布后，在接下来的几年里消失了；账面-市值策略在20世纪90年代初同样引起关注，但在后面几年中就失去效应了。

然而，即使认可了数据挖掘的能力及其存在，很多异象也确实存在难以解释的谜团。现实市场中有价值的股票通常被定义为低市盈率、高账面-市值比，或相对于历史水平相对压低的价格，这是用有效市场的逻辑所无法解释的。特别是，说明数据挖掘问题的一个方法就是找出一组尚未被研究的数据，并检查其中的那些关系在这些新数据中是否存在。这些研究表明在世界其他证券市场确实存在规模、动量、账面-市值比效应。尽管这些现象被当作系统风险溢价的证据，但问题是在经典金融学的范畴内无法充分理解这些风险的含义及其性质。

三、异象的持续性

前文指出的那些违背有效市场的现象之所以被称为异象，其重要原因就在于对这些现象无法给出完美的经典金融学逻辑的解释。

比如账面-市值比效应，可以假设这样一个故事：金融学家们通过实证研究发现市场中存在这样的情况：具有高账面-市值比的公司其收益率往往较高或者说存在着超额收益。这样的研究结果公开发表后，市场中的投资者即会逐渐了解到该效应的存在，那么投资者的选择即是把更多的高账面-市值比公司的股票纳入其投资组合中。如此，随着高账面-市值比公司股票需求的增加，这些公司的股票价格将上升，其收益率即会下降并最终使得超额收益消失，市场（这些公司的股票）重新恢复均衡，市场有效性被证实。

这方面的一个代表性研究是 MrLean 和 Pontiff（2016）作出的，他们总结了学术研究中超过80个与超额收益有关的特征，并以美国市场为基础，发现与异象有关的因子的收益率预测力在原始研究的样本区间之外衰减了26%，在与该异象有关的论文发表后额外衰减了32%。也就是说，由于统计偏误①的消失和学术论文发表的影响，基于异象研究的投资策略收益衰减明显，但套利机会仍在一定程度上存在，并没有完全消失。

📖 案例 6-1 中国股市中异象是否持续②

我国资本市场的定价效率在多年的发展历程中有没有发生变化呢？特别是相关学术研究成果对市场定价效率有何影响呢？为了回答上述问题，我们选取了31个异象因子，计算投资组合收益率序列，采用不同的资产定价模型予以调整，在此基础上对调整后的序列分别做趋势回归分析和 QLR 结构突变点检验，考察每一个异象因子收益率随时间的变化趋势，寻找在变化过程中是否存在收益率水平和变化速率发生明显变化的时点。然后将其与相关论文发表时间进行对比分析，考察学术研究对因子收益率的变化过程有无影响。最后以所有显著存在的异象因子收益率为基础计算出一个百分数平均数序列，作

---

① Schwert（2002）发现，一些研究人员为了发表不同寻常而又引人注目的学术研究成果，挑战现有的理论发现，可能会夸大样本的显著性。例如不寻常的特定样本会引起研究人员的注意从而产生样本选择偏差，误认为一个随机过程并不是随机的，这种行为被称为"统计偏误"，是数据挖掘的一个表现。

② 本案例取自李学峰，赵子夔.市场异象、学术研究与定价效率[R]，2019.

为对错误定价水平的测度,来考察中国资本市场的定价效率从中国资本市场建立以来的变化过程。

通过上述过程我们发现:有73.8%的异象因子收益率存在突变点,且在突变点之后出现了迅速或缓慢衰减;在中国资本市场建立前即被外国学者发现的因子,在中国资本市场建立后不久,收益率全部显著下降;一些投资者能够在相关论文发表之前,通过参照一些财务或基本面指标进行选股,有时可以发现套利机会,而套利交易行为会释放信息,这些信息的传播会使更多的投资者参与到套利活动中,使得相关资产和因子的收益率衰减,市场的定价效率会在这一过程中自发提高;学术研究成果的发表作为套利机会发现和披露的重要信息源,能够为投资者的套利交易行为提供信息,从而在一定程度上对因子收益率衰减、市场定价效率提高的过程起到了催化作用,加速市场资产定价效率提高的过程。平均来说,因子收益率开始发生显著衰减的突变时点大多集中于相关论文发表后的1~5年;我国资本市场的定价效率在1993年6月之前较低,在1993年之后明显提高。但在一些市场风险较大、行情不好的环境下,定价效率有时会明显回落,这也说明了维护市场稳定运行的价值。

四、小结

总之,对于至今为止所发现的大量的市场异象,经典金融学的解释可用一句话概括:可能是风险溢价。而行为金融学的观点是:投资者处理信息存在系统性的非理性,预测经常是有偏差的;套利手段受到限制,套利机会不存在并不说明市场是有效的。因此,市场可能是长期无效的。

进一步,市场有效性的成立依赖如下三个假设:投资者是理性的,因此能理性评估证券价格;即使有些投资者是非理性的,但由于他们的交易是随机的,所以能抵消彼此对价格的影响;若部分投资者有相同的非理性行为,市场仍可利用"套利"机制使价格恢复理性。

行为金融学则针锋相对地提出:投资人具有非理性行为,表现在:人在不确定条件下的决策过程中并不是完全理性的,会受到过度自信、代表性偏差、框架依赖、锚定和调整、损失规避等信念[1]的影响,出现系统性认知偏差;而且投资人的非理性行为并非随机发生的,因此无法对冲彼此的非理性行为对价格的影响;特别是现实市场中套利会受一些条件限制,比如广泛存在的市场分割(market segmentation)导致套利不可行,使其不能发挥预期效果。

第二节　行为金融学及其基本理论

行为金融学是行为经济学(behavioral economics)的一个分支,可以看作金融学和心理学相结合而产生的交叉学科,它是在对现代金融理论(尤其是对EMH和CAPM)的挑战和质疑下产生的,并由此形成了其基本理论框架。

---

[1] 对这些信念或行为偏差将在本章第三节详细考察。

一、行为金融学的产生与发展

以有效市场假说和理性人假设为前提的现代金融理论其对投资者行为的界定是在标准的新古典理论的基础上进行的,即认为(或假定)投资者是理性的、其投资决策是厌恶风险的等。也正因此,它对金融市场的大量"异象"无法给出圆满的解释,表明了标准金融学理论的局限性。

对行为金融学的产生和发展有突出贡献的研究主要有:1951年俄勒冈大学的O. K. Burrel教授所写的文章《投资战略的实验方法的可能性研究》(*Possibility of an Experimental Approach to Investment Strategies*)将行为心理学结合在经济学中,被认为是行为金融学产生的标志;1972年俄勒冈大学的Paul Slovic教授和Bauman教授所写的《人类决策的心理学研究》(*psychological study of human judgement*)为投资决策的行为分析作出了开创性的贡献;Kahneman和Tversky(1979)则通过实验对比发现,大多数投资者并非标准金融投资者而是行为投资者,他们的行为并不总是理性的,也并不总是风险回避的。

正是由于标准投资理论所存在的理论缺陷,以及包括上述学者在内的众多金融学家的共同努力,以更为接近真实市场行为为理论特色的行为金融学(behavioral finance)在20世纪90年代后得到了迅猛的发展。

Kahneman和Tversky于1979年发表文章《前景理论:风险状态下的决策分析》,该研究成果首次提出了"前景理论"(prospect theory,PT),被认为是行为金融学正式产生的标志。

之后的两大学术事件,一个是1999年,《金融分析家》杂志在该年度的最后一期出版了行为金融理论专刊。另一个是2001年,由Hersh Shefrin任主编的三卷本《行为金融学》论文集出版。这两大学术事件推进了行为金融学逐渐进入主流经济学家的视野。

而使行为金融学成为全球学术界和实务界研究与关注焦点的事件,无疑是2002年前景理论的创始人Kahneman教授被授予诺贝尔经济学奖。

二、行为金融学的基本理论

行为金融学是行为经济学在金融领域的应用与延伸,其研究的重点是人们在投资过程中的认知、感情、态度等心理特征,以及由此而引起的市场非有效性。也就是说,行为金融学研究的出发点是人们的心理特征,中间环节是由心理特征所决定和引发的投资者行为,落脚点则是由投资者行为所导致的市场的非有效。

(一)行为金融学的基本框架

根据行为金融学的有关研究(图6-2),金融投资过程首先是一个心理过程,它包括投资者对市场的认知过程、受环境影响的情绪过程,以及投资者的意志过程;这些心理过程决定了投资者的行为选择,如过度自信、损失厌恶及羊群效应等;投资者的行为特征则导致了投资决策的制定,而投资决策偏差进一步导致了资产定价偏差。上述过程又会形成一个反馈机制,即资产定价偏差会产生一种锁定效应,它反过来会影响投资者对资产价值的判断,并进一步影响投资者的心理过程,产生认知偏差和情绪偏差等。

图 6-2　投资者的心理、行为过程及其对资产定价的影响

基于上述的研究框架，行为金融学主要提出了两种理论观点，即 BSV(Barberis, Shlefer and Vishny,1998)理论和 DHS(Daniel, Hirsheifer and Subramanyam,1998)理论。

BSV 理论认为收益是随机变动的，但一般投资者错误地认为收益变化有两种范式。范式 A 认为，收益变化是均值回归的，股价波动对收益变化的影响只是一种暂时的现象，不需要根据收益变化充分调整自身的行为，这就是说当投资者奉行这种范式时，对股票本来收益状况的预期反应不足，而当后来的实际收益状况与先前的预期不符时，才进行调整，使股价变动对于收益变化的反应滞后；范式 B 认为，收益变化是趋势性的，股价变化对收益的影响是同方向的、连续的，这就是说当投资者奉行这种范式时，就会错误地将这种趋势扩大，从而导致股价变动对于收益变化的反应过度。

DHS 理论将投资者分为两类：一类是有信息者，另一类是无信息者。无信息者其投资行为不会受到判断偏差的影响，而有信息者其投资行为容易受到判断偏差的影响。DHS 模型中将有信息者的判断偏差又分为两类：一类是"过度自信"，另一类是有偏差的"自我归因"(self-contribution)。过度自信使投资者夸大自己对股票价值判断的准确性；有偏差的自我归因则使投资者低估公共信息对股票价值的影响。这就是说当投资者奉行这种模型时，会产生个人掌握的信息与公共信息的背离，这种背离导致股票回报的短期连续性和长期支持性。

(二) 行为金融学的理论基础：前景理论

很多学者研究风险以及不确定性条件下的决策，提出的模型非常多，其中最常用的被接受的理性选择模型是 Von Neumann 和 Morgenstern 于 1953 年发展的财富预期效用理论。该理论提供了数学化的公理，是一个标准化的模型，解决了当人们面对风险选择时应该怎样行动的问题，应用起来比较方便。但是在最近的几十年，该理论遇到了很多问题，它不能解释众多的异象，它的几个基础性的公理被实验数据所违背，这些问题也刺激了其他的一些试图解释风险或者不确定性条件下个人行为的理论的发展。前景理论就是其中比较优秀的一个。前景理论认为人们通常不是从财富的角度考虑问题，而是从输赢的角度考虑，关心收益和损失的多少。

1. 前景理论的内涵

前景理论认为，与预期效用理论相反，大多数投资者的行为并不总是理性的，其效用不是单纯财富的函数，他们也并不总是风险规避的。标准金融投资者的效用决定于财富或消费的绝对水平，而行为金融投资者的效用则是一条中间有一个拐点的 S 形曲线。前景理论的效用函数如图 6-3 所示。

图 6-3　前景理论的效用函数

价值函数定义在相对目前财富状态的变化上,以现状为原点,纵坐标右侧是收益区,左侧是损失区。投资者对于损失表现出风险厌恶特征,而对于收益则表现出风险喜好特征。这意味着当投资者处于盈利状态时,投资者是风险回避者;当投资者处于亏损状态时,投资者是风险偏好者。而且,价值函数呈不对称性,投资者由于亏损导致的感觉上的不快乐程度大于相同数量的盈利所带来的快乐程度,因此投资者对损失更为敏感。

2. 前景理论对处置效应的解释

迄今为止,越来越多的证据表明在不同国家或地区的资本市场上,投资者基本都存在处置效应(disposition effect)的现象(Shefrin and Statman,1985;Odean,1998;Brown,Chappel,Rosa and Walter,2006;李学峰,何林泽和沈宁,2010 等),即当投资者的投资组合中既有盈利股票又有亏损股票时,投资者倾向于卖出盈利股票,而将亏损股票保留在投资组合中,回避实现损失[①]。这又进一步引起了学者们对处置效应产生原因的解释和分析,目前已产生的理论解释有前景理论、均值反转(mean reversion)预期理论[②]、准神奇式思考(quasi-magical thinking)[③]和自我辩解(self-justification)[④]等。

由于前景理论拥有比较完善的理论基础和实证依据,而且一些学者也证实了前景理论可以解释处置效应的存在(Barberis and Xiong,2009),因此来自 Kahneman 和 Tversky(1979)开创性提出的前景理论成为目前的主流解释。这一解释的基本逻辑是:

假定投资者以价格 P_0 购买股票 X,一段时间之后股票价格变为 P_1,即投资者财富变化了 $\Delta P_0 = P_1 - P_0$(这里假设投资者持有股票份额为 1)。之后,该股票价格上涨 P_u 的概率为 π,下跌 P_d 的概率为 $(1-\pi)$。若投资者卖出股票,其就以概率 1 收入 ΔP_0;若继续持有该股票,其可能以概率 π 获得 $\Delta P_0 + P_u$,也可能以概率 $(1-\pi)$ 获得 $\Delta P_0 - P_d$。那么,如果 $\Delta P_0 > 0$,即该股票盈利时,投资者继续持有盈利股票的效用要小于卖出盈利股票的效用:$\Pi(\pi) v(\Delta P_0 + P_u) + \Pi(1-\pi) v(\Delta P_0 - P_d) < v(\Delta P_0)$[⑤];如果 $\Delta P_0 < 0$,即该股票亏损时,投资者继续持有亏损股票的效用大于卖出亏损股票的效用:$\Pi(\pi) v(\Delta P_0 + P_u) + \Pi(1-\pi) v(\Delta P_0 - P_d) > v(\Delta P_0)$。类似地,考虑投资者同时持有两个股票,其中一只股票价格上涨,另一只股票价格下跌。如果投资者面临着流动性需求,在没有关于两只股票任何新信息的情况下会倾向于卖出上涨的股票,即投资者通过继续持有亏损股票来赌股价会在未来回升,从而规避损失的实现。

---

① 下一节我们还将对处置效应做进一步的分析。

② 根据这一理论,投资者之所以会持有亏损的股票,卖出盈利的股票,是因为他们相信,亏损的股票未来会反弹,而上涨的股票未来会下跌。但正如 Andreassen(1988)的研究发现的,处置效应关注的是以前价格的波动而不是持平,因此不能满足均值反转预期理论假设投资者对价格的期望是回归的要求。

③ Shiller(1999)将 Shafir 和 Tversky(1992)提出的"准神奇式思考"引入对处置效应的解释中,指出人们存在一种心理,即觉得某程度上保留损失的东西可以扭转他们已经损失的事实。因此,投资者会继续持有亏损的股票。但是当股票已明显被高估时,投资者对股票的需求可能也有准神奇式的思考,即认为如果自己继续持有,股票会继续上涨,这又与对处置效应的解释产生了矛盾。

④ 即当面对认知失调(cognitive dissonance),或与其信念不符的情况时,人们趋向于为自己的行为辩解或否认其行为所带来的消极后果。这种由认知失调产生的不适应会导致一种合理化最初投资行为的心理,诸如"我的投资最终会获得回报"或"损失只是暂时的"等。因此投资者在面临损失时会继续持有股票,进而产生处置效应。但从理论上看,上述解释存在一个主要的问题,即持有亏损股票这一行为在多大程度上来自我辩解仍是个未知数。

⑤ 不等式右边 $\Pi(1)=1$,故省略。

三、小结

前景理论与传统金融学中的预期效用理论的不同之处主要可以归结为三点。

(1) 确定性效应。这是指投资者在预测未来事件发生的概率时,存在低估某些可能发生的情况在未来发生的概率,而不会低估未来发生的确定性事件的概率。在确定性效应存在的情况下,当投资者同时面对确定性事件和可能性事件时,投资者倾向于对确定性事件赋予更高的权重,从而使投资者的风险偏好呈现为风险规避。由于确定性效应的存在,投资者对确定性事件与不确定性事件赋予的权重并不相同,这与传统金融学预期效用论中,投资者对于不同情况下发生的事件均等看待是完全不同的。

(2) 反射效应。这是指当投资者相对于参考点处于盈利状态和处于亏损状态时,投资者的风险偏好会发生变化,并呈现非对称性。当投资者所持资产的价格高于内心参考价格时,投资者是风险厌恶者,倾向于及早地卖出该项资产而不是继续持有该项资产;当投资者持有资产的价格低于内心的参考价格时,投资者是风险爱好者,倾向于继续持有该项资产而不是及早地卖出该项资产。Kahneman 和 Tversky(1979)通过设计不同发生概率的赌局实验,将大学生和大学教授作为该实验的实验体,发现在赌局中面对不同情况时,投资者的风险偏好程度在不同的情况下并不是保持一致的,这一结论与传统金融学预期效用理论假设投资者在面对不同情况时风险偏好始终保持一致是相违背的。

(3) 分离效应。这是指投资者在作出投资决策前倾向于先获取关于资产的所有信息,即使取得的相关信息对于投资者作出投资决策并不能起到多大程度的作用。Kahneman 和 Tversky(1979)的研究表明:即使未来事件给投资者带来的效用并不会改变,投资者会仅仅因为在作出决策前所获取的信息即实验中描述方法的不同,导致作出完全相反的选择,这表明投资者做出投资决策并不仅仅取决于效用的变化,还会受到其他因素的影响。这种现象显然违背了预期效用理论中投资者在作出投资决策时仅依据最后状态为投资者带来的效用出发的假设。

总之,前景理论主要说明:①投资者不是根据最终的财富水平来评估收益结果,而是根据基于投资者内心设定的参考点的收益与损失状况,并且参考点通常以购买价格作为参考依据;②当投资者处于参考点两侧时,投资者对于同等幅度盈利的敏感性要弱于同等幅度损失的敏感性,投资者的价值函数是以参考点为中心向收益和损失两个方向偏离的反射状曲线,呈 S 形。

阅读资料6-1   什么导致了处置效应[①]

从前景理论的角度解释处置效应的产生原因表面上看似乎很令人信服,但也正因此而使人们长期以来忽视了一个重要问题:前景理论导致处置效应的作用机理到底是什么?进一步,虽然大量的研究已经证明机构投资者也存在处置效应(Locke and Mann,

---

① 本阅读资料取自李学峰,李佳明,苏晨. 什么导致了处置效应——基于不同市场环境的模拟研究与经验检验[J]. 世界经济,2011(12).

1999;Shapira and Venezia,2001),但是,也有很多研究表明机构投资者是不存在处置效应的(O'Connell and Teo,2004;赵彦志和王庆石,2005),甚至有研究表明机构投资者实际上采取的是反处置效应行为(李学峰,段会亮,申挚,2013;王立民,翟胜男,王烨,2014)[①]。如果考虑到这些研究所用的方法和样本基本一致但时期不同,这是否意味着同一个投资者其处置效应行为是断续性存在的?如果是,其原因又是什么?Barberis和Xiong(2009)首次对这些问题进行了研究并给出了理论解释。

Barberis和Xiong(2009)第一次基于前景理论本身,对导致处置效应的机制和原因给出了一个正式的解释,并对迄今为止"经验研究"中处置效应存在与否的争论给出了统一的理论解释。但他们的研究中存在两个重要的不足[②]:其一是将股票收益大于无风险收益的概率 π 设定为恒定的 0.5,即市场走势上升和下跌的概率各 50%,仅通过改变上升和下降比例(R_u、R_d)的大小来改变投资者的预期收益 μ;其二是仅仅基于模拟实验得出了导致处置效应的条件,而没有结合市场的实际情况进行必要的经验检验,从而也就无法确定这一模拟结论在现实市场中是否具有说服力和适用性。

我们通过改变股票收益率大于无风险收益率的概率,研究了市场环境因素对处置效应的影响,发现市场环境因素作为投资者决策过程中的一个外生变量亦会对决策结果产生影响,最终使处置效应出现断续性,即在牛市中不会出现处置效应,在熊市中则可能出现处置效应。进一步,我们还以我国开放式基金为对象对模拟结果进行了验证,得到了支持性结论。

第三节 投资者的行为偏差

早在 18 世纪英国南海泡沫事件中,艾萨克·牛顿就评论道:"我能计算出天体运行,但人们的疯狂实在难以估料。"

EMH 严重依赖于理性投资者假定。理性被定义为根据所有可以获得的信息估价证券,并据此而定价的能力;特别是投资者是回避风险型的——如果投资者准备接受更大的风险,他们就必须得到更高收益率的补偿。

但事实证明,当牵涉亏损时,人们更倾向于追求风险;他们更倾向于赌一把,因为赌博有可能把他们的亏损降到最低限度。换言之,在真实市场中,真实的投资者往往会出现各种行为偏差。行为金融学的研究表明,投资者的行为偏差主要表现为代表性偏差(representative heuristic)、过度自信(overconfidence)、过度反应与反应不足(overreaction, underreaction)、羊群行为(herd behavior)、处置效应(dispositon effect)等方面。

[①] 反处置效应反映了投资者在作出投资决策时,同样受到了与得失相关的不合理情绪的影响,其行为具有以下特点:①投资者更加看重的是财富的相对变化量而不是财富的绝对值;②投资者面临条件相当的损失前景时倾向于接受确定性亏损,而面临条件相当的盈利前景时倾向于冒险赌博;③盈利带来的快乐大于等量损失带来的痛苦。详见李学峰,段会亮,申挚. 处置效应与反处置效应对基金投资绩效的影响[J]. 证券市场导报,2013(11).

[②] 对这两个不足的详细讨论参见李学峰,李佳明,苏晨(2011)的文章。2015 年夏本文作者李学峰与 Xiong 教授就此问题当面进行了详细的讨论,确认了我们所指出的上述不足是真实存在的。

一、代表性偏差

代表性法则指人们在不确定性的情形下,会抓住问题的某个特征直接推断结果,而不考虑这种特征出现的真实概率以及与特征有关的其他原因。在很多情况下,代表性法则是一种非常有效的方法,能帮助人们迅速地抓住问题的本质推断出结果,但有时也会造成严重的偏差,特别是会忽视事件的基本要素(base rate neglect),即无条件概率和样本大小。Rabin 称这种用小样本特征反映母体特征的信念为"小数定律"。

正由于在金融市场上投资者的决策受到代表性启发式的影响,De Bondt 和 Thaler (1985)指出投资者在进行概率修正时常倾向于反应过度,对近期的信息赋予过大的权重而对整体的基率数据赋予较低的权重,其对获利数据的过度反应会推动股票价格偏离基本面价值。由此推论,在前段时期表现不佳的股票很可能比表现出色的股票更具投资价值。

概率论中有个"大数定律",但研究发现,人们往往信奉"小数定律",即不管样本容量多小,人们总认为它能反映总体。比如前五次抛出的硬币都是正面时,大多数人就会认为第六次抛出的硬币更可能是反面,因为人们认为"正正正正正反"比"正正正正正正"更具有一般性。一些投资者老抱着一些深度套牢的股票不放,就是自认为已经两年没涨了,现在该轮到它了吧。投资者这种股价会"自我矫正"的错误观念,无疑是"把牢底坐穿"的一个很重要的原因。

与自我矫正观念相反的是,投资者还很容易忽略事件会有向平均数回归的倾向。比如,两只都缺乏题材的股票 A 和 B,股票 A 持续上涨,股票 B 则按兵不动,此时有些投资者往往认为股票 A 会继续上涨,于是跟进,结果却往往吃了大亏。

投资者在挑选分析师时也同样存在非回归现象。比如有两位股评家 A 和 B,股评家 A 可能连续两次预测准确,而股评家 B 两次都预测错误,这时投资者往往就会认为 A 比 B 要好,于是往往听从股评家 A 的意见。事实上,也许股评家 B 要比股评家 A 好,只不过是股评家 B 这两次太不走运罢了。

代表性偏差是投资者非理性心理的反应,主要包括启发式偏差(heuristics bias)和框架依赖(framing dependence)。其中,框架依赖是指个体在面临不确定性选择时的决策制定受到其作为参考的框架(frame)的影响,不同的框架会导致不同的结果。

"启发式偏差"是指投资者往往依据"经验法则"来进行投资决策,依赖"启发法"作出的投资决策带有不确定性,只能说可能是正确的结论,但如果所遗漏的因素和现象很重要,那么信息的缺损就会导致产生判断与估计上的严重偏差[1]。其中锚定和调整偏差(anchoring heuristics bias)是一种重要的启发式偏差[2],是指人们在形成某一判断和估计时,经常先始于某初始值或基准值(可能是任意的),目标价值是以此为基础结合其他信息

---

[1] 中国的开放式基金在投资心理上具有锚定启发式偏差,并且此种投资心理会对当期市场走势产生显著的正向影响,而对未来市场走势产生显著的负向影响。开放式基金的这种非理性投资心理所引致的投资行为产生的短期影响大于其在中长期产生的影响。详见李学峰,于翠珍,茅勇峰. 我国开放式基金启发式偏差行为及其对市场影响分析[J]. 财贸研究,2008(4).

[2] 启发式偏差具体包括易获得性偏差、代表性偏差与锚定和调整偏差。

进行上下调整而得出,即人们趋向于把对将来的估计和过去已有的估计相联系,然后相对此值再作出"调整"。

要研究和衡量现实市场中投资者是否具有启发式偏差,主要是分析投资者对未来的预期是否由历史投资收益率所决定。因此,首先需要选择合适的指标反映投资者对未来市场走势的预期。从本书之前一直强调的风险与收益相匹配的角度而言[①],如果预期未来市场上升,那么投资者可以提高整个投资组合的风险,即增加风险资产的持有比例,以便从市场上升中获得更高的收益;相反,如果预期未来市场下跌,那么投资者可以降低整个投资组合的风险,即减少风险资产的持有比例,以降低由于市场下跌所造成的损失。因此投资组合中风险资产持有比例的变动可以明确地反映投资者对市场未来走势的预期。由此我们以增加持股比例[②]的投资者数量占所有投资者总数的比例作为衡量投资者的看涨情绪指标(S),以此来衡量投资者对未来市场走势的预期,并进一步计算看涨情绪变动指标(DS),以衡量投资者整体对未来市场走势心理预期的变动。检验模型如下:

$$DS_t = \alpha_0 + \alpha_1 \times R_{m,t-1} + \varepsilon_t \tag{6-1}$$

$$DS_t = \alpha_0 + \alpha_1 \times R_{m,t} + \varepsilon_t \tag{6-2}$$

式中,DS_t 为 t 期投资者看涨情绪的变化,$DS_t = S_t - S_{t-1}$;S_t 为 t 期增加持股比例的投资者数量占所有投资者总数的比例,即投资者看涨情绪指标;$R_{m,t-1}$、$R_{m,t}$ 分别为 $t-1$ 期和 t 期的市场走势,即投资者可能参照的市场收益率;α_0、α_1 为回归系数;ε_t 为残差项。如果回归参数 α_1 具有显著性,则表明市场历史(当期)表现与投资者心理预期变动之间存在相关关系,投资者心理预期变动依赖于市场历史(当期)表现,即表明投资者具有锚定启发式偏差,投资者对未来市场走势的预期是一种非理性预期;并可以进一步利用 α_1 来量化市场历史(当期)表现对投资者心理预期变动的影响。在 α_1 通过显著性检验的情况下,如果 α_1 为正,表明投资者具有基于收益率惯性的启发式偏差;如果 α_1 为负,则表明投资者具有基于收益率反转的启发式偏差。

案例 6-2 卡纳曼试验

背景1:约翰,男,45岁,已婚,有子女;他比较保守、谨慎并且富有进取心;他对社会和政治问题不敢兴趣,闲暇时间多用于业余爱好,比如做木匠活和猜数字谜语。约翰更有可能从事哪种职业?

	工程师	律师
样本1	30%	70%
样本2	70%	30%

即使在强调了样本概率的情况下,多数人还是根据描述性的语言选择工程师,而忽略了先验概率的影响。

背景2:琳达,31岁,单身,性格外向,哲学毕业。在学校其间关心歧视和社会公平问

[①] 经典投资理论的基础概念之一即是风险与收益的最优匹配。对此的详细研究可参见李学峰,张茜(2006)。
[②] 从理论上来看,一般将投资组合中的股票视为风险资产的代表。持股比例=投资者所投资股票市值/投资组合总市值。

题,参加过反核武器抗议示威活动。那么,她可能是个什么样的人?

　　　　　选项一　　　　银行职员和女权主义者
　　　　　选项二　　　　银行职员

多数人选择选项一,因为人们认为该描述更符合琳达的特性。但是选项一出现的概率要比选项二出现的概率小得多,即人们忽视了事件发生的真实概率。

二、过度自信

(一) 过度自信的内涵

大量的认知心理学的文献认为,人是过度自信的,尤其对其自身知识的准确性过度自信。人们系统性地低估某类信息并高估其他信息。Gervaris 和 Odean(2001)将过度自信定义为,认为自己知识的准确性比事实中的程度更高的一种信念,即对自己的信息赋予的权重大于事实上的权重。

人类倾向于从无序中看出规律,尤其是从一大堆随机的经济数据中,推出所谓的规律。Amos Tversky 提供了大量的统计数据,来说明许多事件的发生完全是由于运气和偶然因素的结果,而人类有一种表征直觉推理(representative heuristic)特点,即从一些数据的表面特征,直觉推断出其内在的规律性,从而产生认知和判断上的偏差(biases of cognition and judgment)。投资者的归因偏好也加重了这种认知偏差,即将偶然的成功归因于自己操作的技巧,将失败的投资操作归因于外界无法控制的因素,从而产生了所谓过度自信的心理现象。

过度自信是指人们对自己的判断能力过于自信。投资者趋向于认为别人的投资决策都是非理性的,而自己的决定是理性的,是在优势的信息基础上进行操作的,但事实并非如此。Kahneman 认为,过度自信来源于投资者对概率事件的错误估计,人们对于小概率事件发生的可能性产生过高的估计,认为其总是可能发生的,这也是各种博彩行为的心理依据;而对于中等偏高程度的概率性事件,易产生过低的估计;但对于 90% 以上的概率性事件,则认为肯定会发生。这是过度自信产生的一个主要原因。此外,参加投资活动会让投资者产生一种控制错觉(illusion of control),即人们在知觉上将社会世界扭曲成一个比真实世界更有次序、有组织、可预测、可控制的世界,从而令投资者有系统地高估自己对事件的控制程度,而低估外界不可控因素对事件发展所造成的影响,最终导致过度自信。总之,过度自信产生的原因包括表征直觉推理、对概率事件的错误估计、控制错觉。

在传统的金融理论中都假设行为人是风险规避的,但现实中人往往是风险中性甚至是风险寻求的。早在 1948 年,Friedman 和 Savage 就发现,尽管赢得彩票的概率只有数百万分之一,但还是有很多人去买彩票,这种购买彩票的行为就表现为风险寻求。风险寻求的原因很可能是过度自信。

(二) 过度自信对交易的影响

当投资者过度自信时,市场中的交易量会增大。在无噪声的完全理性预期的市场中,如果不考虑流动性需求,交易量应该是零。如果理性是共识,当一个投资者买进股票时,另外的投资者卖出股票,买进者会考虑是否存在卖出者知道而买进者不知道的信息,这时就不会有交易产生。

而现实中金融市场的交易量是非常大的。1997 年,Dow 和 Gorton 发现,全球外汇的日交易量大约是年度世界贸易总额和投资流动总额之和的 1/4。

1998 年纽约证券交易所的周转率超过 75%。1996 年上海证券交易所的换手率是 591%,深圳证券交易所的换手率是 902%。

由于没有模型来说明在理性市场中交易量应该是多少,所以很难证明什么样的交易量是过多的。1998 年,Odean 分析了投资者的买卖行为,发现在考虑了流动性需求、风险管理和税收影响后,投资者买进的股票表现差于卖出的股票,这些投资者交易过多。由于交易成本的原因,过多的交易损害了其收益,其解释是投资者是过度自信的,过度评价了其私人信息的准确性并错误地解释了这些信号,才导致了差的决策。Odean 观察了 166 个投资俱乐部 6 年的交易,发现每年的平均周转量是 65%,年净收益是 14.1%,而作为基准的标准普尔 500 指数收益是 18%。

(三)过度自信的衡量

至今为止,理论上对于过度自信的衡量,或者说如何判断投资者是否存在过度自信的具体检验方法,是存在分歧的。根据上文所述,过度自信会导致过度交易。因此,大量文献选用具有交易特征的换手率对过度自信进行衡量或作为投资者过度自信的代理变量[1]:投资者存在过度自信时,换手率也相应增加。换手率具体表示为

$$\mathrm{TO}_{i,t} = \frac{1}{2}\left(\sum_{k=1}^{N_{i,t}} w_{i,t}^k \frac{B_{i,t}^k}{H_{i,t}^k} + \sum_{k=1}^{N_{i,t}} w_{i,t}^k \frac{S_{i,t}^k}{H_{i,t}^k}\right) \tag{6-3}$$

式中,$\mathrm{TO}_{i,t}$ 为 t 期投资者 i 的换手率;$w_{i,t}^k$ 为投资者 i 在 t 期持有股票 k 的市值占投资者 i 持有的总市值之比;$B_{i,t}^k$ 和 $S_{i,t}^k$ 分别为投资者 i 在 t 期买入和卖出股票 k 的数量;$H_{i,t}^k$ 为投资者在 t 期持有股票 k 的数量;$N_{i,t}$ 为投资者 i 在 t 期买入或卖出不同股票的个数。

三、羊群行为

羊群行为,也叫从众行为,最开始是生物学用于研究动物群聚特征,后来被用于分析人类行为,表示人们采用同样的思维活动、进行类似的行为,在心理上依赖于大多数人的行为,以减少损失、获得尽可能多的收益。"跟风""随大流"更能通俗地描述羊群行为。进一步延伸至金融市场上,则指在信息不确定的情况下,投资者行为相互影响,个体行为更容易受到群体行为倾向的左右,个人私人信息和分析可能被投资者群体"共有信念"所取代,结果可能导致金融市场系统性风险增加,市场不稳定性增强。

投资者采取相同的投资决策并不一定是羊群行为,羊群行为的关键是其他投资者的行为影响了该投资者的投资决策,并对他的决策结果造成影响。羊群行为的特征如下。

(1) 路径依赖。羊群行为的产生不仅取决于投资者对信息的评价,而且取决于投资者的交易顺序。

---

[1] 对中国市场的实证研究发现,过度自信对基金业绩产生负向影响;我国基金团队模式的过度自信偏差比单经理模式更高,且在投资业绩方面相比于单经理模式效率相对也更低。详见李学峰,朱虹. 基金管理的团队模式优于单经理模式吗?[J]. 证券市场导报,2018(4).

(2) 随机性。由于数名投资者投资行为的一致,羊群行为产生的概率非常大。

(3) 脆弱性。羊群行为发生后,投资者的私人信息就不再真实地反映在公众信息集中,因此,该公众信息集提供给投资者的信息并不是充分、准确的信息,从而羊群行为面对较小的冲击就会崩溃。

对于羊群行为,需要区分虚假羊群行为(spurious herding)与故意羊群行为(intentional herding)。前者是指投资者在面临相似的决策问题和信息集时采取相似的决策;后者是指投资者观察并模仿他人的交易行为,重在投资者之间的相互影响。换言之,虚假羊群行为并不是真正的羊群行为。例如,利率提高,投资者预期股票市场价格下降,会减少投资组合中股票的比重。投资者这一行为并不是真正的从众,而是针对利率变化共同作出的调整。我们来看这样一个例子。

有一国内投资者 D 先生和国外投资者 F 先生,由于资本项目可兑换的限制和规定,D 先生只能投资于国内股票市场 S_d 和国内债券市场 B_d,F 先生不仅可以投资于 S_d 和 B_d,还可以投资于国外股票市场 S_f 和国外债券市场 B_f。

如果国外市场利率上升或出现公司盈利的悲观预期,那么 F 先生将减少 S_f 和 B_f 的投资,并增加 S_d 和 B_d 在投资组合中的权重。这样来看,F 先生在购进资产的行为上表现出对 D 先生的从众行为。但是,这其实是 F 先生个体的决定,而不是仿效。类似地,如果没有资本可兑换的限制,D 先生也可能表现出对 F 先生的从众,但这实际上是基于共同信息源、结合个体风险收益而作出的自主决定,表现为虚假的羊群行为。

理论上讲,羊群行为产生的原因包括如下方面。

(1) 理性缺陷。在经济主体拥有有限理性的情况下,投资者会在不同时点采用相似的模式进行投资,这种模式可称为大众模式。

(2) 信息不完全。在信息不完全的不确定的市场中,投资者无法观察到别人的私人信息,但却可以从别人的买卖行为中推测其拥有的私人信息,并结合自己的信息进行买卖操作,这样就产生了羊群行为。

(3) 委托—代理关系。基金经理的报酬往往与某一基准挂钩,在这种情况下,基金经理往往会推断、模仿别的基金经理的买卖行为,以免自身业绩落后于同行或指数或行业的平均水平。

📖 案例 6-3 中国市场上 QFII 与开放式基金的羊群行为[①]

根据 LSV 模型(Lakonishok, Shleifer 和 Vishny, 1992),计算时期 t 内股票 i 的羊群行为度 $HM_{i,t}$ 的公式如下:

$$HM_{i,t} = | P_{i,t} - E(P_{i,t}) | - AF_{i,t} \qquad (6-4)$$

式中 $P_{i,t} = B_{i,t}/(B_{i,t} + S_{i,t})$,其中 $B_{i,t}$ 表示在时期 t 内买入股票 i 的机构投资者家数,$S_{i,t}$ 表示在时期 t 内卖出股票 i 的机构投资者家数,$P_{i,t}$ 即表示在时期 t 内买入股票 i 的机构投资者占买卖股票 i 的所有机构投资者的比例;$E(P_{i,t})$ 为 $P_{i,t}$ 的期望值,可以用

[①] 本案例取自李学峰,符琳杰,苏伟. QFII 与国内开放式证券投资基金的羊群行为比较研究[J]. 世界经济与政治论坛,2008(4).

$\overline{p_t}$ 替代，$\overline{p_t} = \dfrac{\sum\limits_i B_{i,t}}{\sum\limits_i (B_{i,t} + S_{i,t})}$，即表示所有股票的 $P_{i,t}$ 在给定时期 t 的算术平均值；调整因子 $\mathrm{AF}_{i,t} = E[|P_{i,t} - E(P_{i,t})|]$，它是在没有羊群行为存在的零假设条件下的 $|P_{i,t} - E(P_{i,t})|$ 的期望值，可以利用如下公式计算[①]：

$$\mathrm{AF} = |P_{i,t} - E(P_{i,t})| \times C_{n_{i,t}}^k \overline{P_t}^k (1 - \overline{P_t})^{n_{i,t}-k} \tag{6-5}$$

再根据 Wermers(1999) 因对 LSV 进行改进而设计的组合变化测度 (portfolio-change measure, PCM) 指标中的 $\mathrm{BHM}_{i,t}$ 和 $\mathrm{SHM}_{i,t}$ 两个指标，分别计算买方羊群行为度和卖方羊群行为度，研究机构投资者买和卖两个方向的羊群行为是否一致。其中：

$$\mathrm{BHM}_{i,t} = \mathrm{HM}_{i,t} \mid P_{i,t} > E[P_{i,t}] = \mathrm{HM}_{i,t} \mid P_{i,t} < \overline{P_t} \tag{6-6}$$

$$\mathrm{SHM}_{i,t} = \mathrm{HM}_{i,t} \mid P_{i,t} < E[P_{i,t}] = \mathrm{HM}_{i,t} \mid P_{i,t} < \overline{P_t} \tag{6-7}$$

即 $\mathrm{BHM}_{i,t}$ 计算的是在 t 时期买入股票的比例 ($p_{i,t}$) 大于其平均值 ($\overline{P_t}$) 的股票，表示股票 i 在 t 时期的买方羊群行为度；$\mathrm{SHM}_{i,t}$ 计算的是在 t 时期买入股票的比例 ($p_{i,t}$) 小于其平均值 ($\overline{P_t}$) 的股票，表示股票 i 在 t 时期的卖方羊群行为度。

再次，引入指标 $\overline{\mathrm{HM}_t}$，$\overline{\mathrm{BHM}_t}$，$\overline{\mathrm{SHM}_t}$，计算 t 时期机构投资者的羊群行为度，以进一步观察羊群行为在时间上的动态变化趋势。这里，$\overline{\mathrm{HM}_t} = \dfrac{\sum\limits_i \mathrm{HM}_{i,t}}{n}$，$\overline{\mathrm{BHM}_t} = \dfrac{\sum\limits_i \mathrm{BHM}_{i,t}}{n_B}$，$\overline{\mathrm{SHM}_t} = \dfrac{\sum\limits_i \mathrm{SHM}_{i,t}}{n_S}$。其中 n 表示在时期 t 投资者参与买卖的股票只数，n_B 表示 t 时期满足条件 $P_{i,t} > \overline{P_t}$ 的股票只数，n_S 表示 t 时期满足条件 $P_{i,t} < \overline{P_t}$ 的股票只数。

由上述方法，我们即得到两类机构投资者的 $\overline{\mathrm{HM}_t}$，$\overline{\mathrm{BHM}_t}$，$\overline{\mathrm{SHM}_t}$，分别见图 6-4、图 6-5、图 6-6。由图 6-4 可见，QFII 的羊群行为度在大多数时期均大于开放式基金；但在第 8 个和第 12 个研究子时期二者的羊群行为度数值基本重合于一点，虽然二者的总体羊群行为一直处于波动的状态，但从其总体的发展趋势来看，二者的羊群行为都表现出一个轻微上扬的趋势。说明随着时间的推移，两者的总体羊群行为度出现了明显趋同的趋势。

由图 6-5 我们看到，总体而言开放式基金的买方羊群行为度比 QFII 的买方羊群行为度高；开放式基金的买方羊群行为度从第一个研究周期至最后一个研究周期，发展非常的规律，呈现出一种慢慢上扬的趋势，而 QFII 则出现较大的波动性；QFII 只有在第 7 个子研究时期与开放式基金的羊群行为度最为接近，在其他的研究周期则与开放式基金差异明显，而且随时间的推移这一差异并没有缩小的趋势。

由图 6-6 可见，首先，虽然随着时间的推移，QFII 的卖方羊群行为度呈明显的下降趋势，但还是大大高于开放式基金的卖方羊群行为度。其次，这两类机构的卖方羊群行为度随时间的推移都在下降和趋同，QFII 与开放式基金的卖方羊群行为度之间的差异呈缩小

[①] 该式的导出可参见 LAKONISHOK J, SHLEIFER A, VISHNY R W. The impact of institutional trading on stock prices [J]. Journal of financial economics, 1992, 32: 23-44.

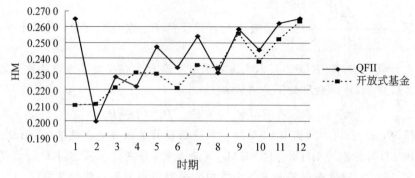

图 6-4　QFII 与国内开放式证券投资基金总体羊群行为度 $\overline{HM}_t$ 对比

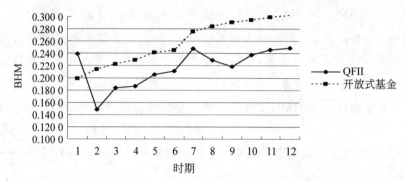

图 6-5　QFII 与国内开放式证券投资基金买方羊群行为度 $\overline{BHM}_t$ 对比

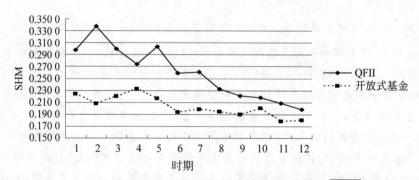

图 6-6　QFII 与国内开放式证券投资基金卖方羊群行为度 $\overline{SHM}_t$ 对比

的趋势。

四、处置效应

所谓处置效应,是指投资人在处置股票时,倾向于卖出赚钱的股票,继续持有赔钱的股票,也就是所谓的"出盈保亏"效应。这意味着当投资者处于盈利状态时是风险回避者,而处于亏损状态时是风险偏好者。

假如投资者甲持有某只股票,买入价为每股 10 元,投资者乙持有同一只股票,买入价为每股20元。该股昨日收盘价为每股16元，今天跌到每股15元。请问：甲、乙两位投资者，谁的感觉更差？多数人会同意乙比甲的感觉更差。这是因为，投资者甲可能会将股价下跌看作收益的减少，而投资者乙会将股价下跌看作亏损的扩大。由于价值函数曲线对于亏损比收益更为陡峭，因此，每股1元的差异，对乙比对甲更为重要。

再假如有一位投资者，由于需要现金他必须卖出所持有两种股票中的一种。其中，一只股票账面盈利，另一只股票账面亏损（盈利和亏损均相对于买入价格而言），该投资者会卖出哪只股票？1998年，美国行为金融学家奥登（Odean）在研究了10 000个个人投资者的交易记录后发现，投资者更可能卖出那只上涨的股票，当股票价格高于买入价（参考点）（即主观上处于盈利）时，投资者是风险厌恶者，希望锁定收益；而当股票价格低于买入价（即主观上处于亏损）时，投资者就会转变为风险喜好者，不愿意认识到自己的亏损，进而拒绝实现亏损。当投资者的投资组合中既有盈利股票又有亏损股票时，投资者倾向于较早卖出盈利股票，而将亏损股票保留在投资组合中，回避实现损失，这就是所谓的"处置效应"。

奥登的结论与我们通常所了解的情况是吻合的，我们周围的投资者大都如此。国内研究者对中国股市"处置效应"的研究结果表明：中国的投资者更加倾向于卖出盈利股票，继续持有亏损股票，而且这种倾向比国外投资者更为严重。特别是无论在个人投资者抑或机构投资者中均存在着处置效应[1]。处置效应的基本结论是投资者更愿意卖出盈利股票，继续持有亏损股票。这种持有亏损股票而过早卖出盈利股票的"售盈持亏"的心态在国内和国外投资者中同样存在，反映了人类的天性。处置效应的极端情况就像我们通常所说的"虱多不痒，债多不愁"，甚至"死猪不怕开水烫"。而针对处置效应的一项有力措施就是：止住亏损，让盈利充分增长。

处置效应的基本结论是投资者更愿意卖出盈利股票和继续持有亏损股票。与此相关的两个推论是：第一，卖出盈利股票的比率超过卖出亏损股票的比率；第二，持有亏损股票的时间长于持有盈利股票的时间。

案例6-4 投资者的处置效应

假设有如下两种情况（表6-1、表6-2）。

表6-1 盈利情况下的选择

选择	内容	概率/%	期望值/元
A	得到1 000元	100	1 000
B	得到2 000元	50	1 000
	得到0元	50	

---

[1] 对中国市场上机构投资者处置效应的一个代表性研究是李学峰、沈宁、何林泽（2011）作出的。他们通过进一步优化"买卖周期时间"统计量，研究了我国2005—2008年间开放式基金和QFII处置效应的存在性与差异性，发现我国的开放式基金存在着明显的处置效应，而QFII并不存在。

表 6-2 亏损情况下的选择

选择	内容	概率/%	期望值/元
A	损失 1 000 元	100	-1 000
B	损失 0 元	50	-1 000
	损失 2 000 元	50	

表 6-1 的情况下，大部分人会选择 A；而在表 6-2 的情况下，大部分人会选择 B。表 6-1 中，即面对盈利时，人们是风险厌恶的；而当情况变为表 6-2，即面对亏损时，人们又变成风险偏好的了。

而实际上，表 6-1 和表 6-2 情况是一样的，可以将后者考虑成在前者做选择前先损失了 2 000 元的情况。

结论：人们通常不是从财富的角度考虑问题，而是从输赢的角度考虑，关心收益和损失的多少。

本章小结

行为金融学是行为经济学在金融领域的应用与延伸，其研究的重点是人们在投资过程中认知、感情、态度等心理特征，以及由此而引起的市场非有效性。也就是说，行为金融学研究的出发点是人们的心理特征，中间环节是由心理特征所决定和引发的投资者行为，落脚点则是由投资者行为所导致的市场的非有效。

行为金融学的研究表明，投资者的行为偏差主要表现为代表性偏差（representative heuristic）、过度自信（overconfidence）、过度反应与反应不足（overreaction，underreaction）、羊群行为、处置效应（dispositon effect）等方面。

其中代表性偏差是投资者非理性心理的反应，主要包括启发式偏差（heuristics bias）和框架依赖（framing dependence）。其中，框架依赖是指个体在面临不确定性选择下的决策制定受到其作为参考的框架（frame）的影响，不同的框架会导致不同的结果；启发式偏差是指投资者往往依据"经验法则"来进行投资决策，依赖"启发法"做出的投资决策带有不确定性，只能说可能是正确的结论，但如果所遗漏的因素和现象很重要，那么信息的缺损就会导致产生判断与估计上的严重偏差。

Gervaris、Heaton 和 Odean 将过度自信定义为，认为自己知识的准确性比事实中的程度更高的一种信念，即对自己的信息赋予的权重大于事实上的权重。过度自信产生的原因包括：表征直觉推理、对概率事件的错误估计、控制错觉。

羊群行为，也叫从众行为，最开始是生物学用于研究动物群聚特征，后来被用于分析人类行为，表示人们采用同样的思维活动、进行类似的行为，在心理上依赖于大多数人的行为，以减少损失、获得尽可能多的收益。羊群行为的特征：①路径依赖。②随机性。③脆弱性。

所谓处置效应（disposition effect），是指投资人在处置股票时，倾向卖出赚钱的股票，继续持有赔钱的股票，也就是所谓的"出赢保亏"效应。这意味着当投资者处于盈利状态时是风险回避者,而处于亏损状态时是风险偏好者。处置效应的基本结论是投资者更愿意卖出盈利股票和继续持有亏损股票。与此相关的两个推论是:

第一,卖出盈利股票的比率超过卖出亏损股票的比率;

第二,持有亏损股票的时间长于持有盈利股票的时间。

投资者的行为偏差会对市场运行和自身投资绩效产生根本性影响,理解和把握这些影响,对制定正确的投资管理方略、改善行为选择的合理性,并最终提升投资管理的能力和水平,都具有重要意义。

行为金融学与投资学密切相关的即在于行为资产组合理论(behavioral portfolio theory)和行为资产定价模型(BAPM),以及对投资者行为偏差的研究所揭示的其对市场运行和投资绩效的影响。

EMH 严重依赖于理性投资者假定。理性被定义为根据所有可以获得的信息估价证券,并据此而定价的能力;特别是投资者是回避风险型的——如果投资者准备接受更大的风险,他们就必须得到更高收益率的补偿。但事实证明,当牵涉到亏损时,人们更倾向于追求风险;他们更倾向于赌一把,因为赌博有可能把他们的亏损减少到最低限度。换言之,在真实市场中,真实的投资者往往会出现各种行为偏差,并由此而产生了一系列的影响与后果。

练 习 题

1. 前景理论的理论思想是什么?
2. 投资者的行为偏差主要有哪些?
3. 羊群行为的分析原因有哪些?
4. 用行为金融学的有关理论解释我国市场上的一些异象。

即 测 即 练

下 篇

投资组合管理

  所谓投资组合管理,主要涉及对包括资产组合理论、资本资产定价模型、套利定价理论、有效市场理论、行为金融理论等投资理论在内的实际应用与操作,还包括实际投资中投资组合的构建与动态调整,以及最终对投资组合绩效的评价。此外,作为一个完整的组合管理肯定会涉及债券组合,而随着市场的发展以及机构投资者专业水准的提升和对风险对冲需要的日益迫切,对期货、期权投资策略的把握也成为投资管理中的必备能力。

  本篇就从如下几章内容研究投资组合的管理问题:第七章投资理论的应用,第八章投资组合的构建与调整,第九章资产配置管理,第十章投资绩效评价,第十一章债券投资组合管理,以及第十二章期货与期权投资。

第七章

投资理论的应用

本章在上篇对有关投资理论研究的基础上,进一步研究和分析资产组合理论、资本资产定价模型、套利定价理论,以及有效市场与行为金融理论在投资管理中的实际应用。

第一节 资产组合理论的应用

资产组合理论是微观金融学的理论支柱之一,在投资学理论体系中处于核心地位,是不断生发出理论创新的源泉和基础,也是实际投资管理要遵循的重要依据和方法。下面分别从资产数量的确定、组合模型分析、具体问题求解三个部分来展示资产组合理论的应用。

一、资产数量的确定

构建一个投资组合,首先应作出的决定是购买多少种股票。从减少风险的角度出发,总的来说,证券组合中证券的数量越多,投资者所冒的风险也就越小。也就是说,一般情况下,证券组合中证券的数量越多,组合的方差就越小。

然而,随着证券组合中证券数量的增加,组合方差的边际递减率却相应减小。这意味着,分散化投资相对较少的证券就可获得较大的收益。表7-1说明随着证券组合中股票数量的增加,组合方差递减的情况。

表 7-1 股票数量增加时证券组合方差的变化(所有股票相互独立)

组合中股票的数量	组合的方差 $\sigma_p^2(\sigma_0^2=100)$	组合方差的边际递减
1	100	—
2	100/2=50	50
3	100/3=33$\frac{1}{3}$	16$\frac{2}{3}$
4	100/4=25	8$\frac{1}{3}$
5	100/5=20	5
⋮	⋮	⋮
10	100/10=10	1.11
20	100/20=5	0.263
50	100/50=2	0.041
100	100/100=1	0.010

在表 7-1 中,假设各种股票零相关,并假定所有股票的方差 $\sigma_0^2=100$。由表中情况可见,当 $n=1$ 时,$\sigma_p^2=100$;当 $n=2$ 时,方差为 $\sigma_0^2/2=50$,递减了 50%。股票数量从 2 增加到 3 时,方差从 100/2 变到 100/3,仅递减了 16%。股票数量从 3 增加到 4 时,方差减少了 8%。股票数量从 4 增加到 5 时,方差减少 5%。股票数量从 1 增加到 2 方差的递减量是股票数量从 4 增加到 5 方差递减量的 10 倍。证券组合中股票数量增加,而组合方差的递减率减小。从而我们可以得出结论,分散化投资减少的股票就可获得较大的收益。

进一步的研究已经证明,当股票相关且相关系数并不等于 1 或 -1 时(在现实的股票市场上,大多数股票的相关系数都在 0.3~0.7 之间),投资者分散化投资 12~18 种股票,就可分散风险,获得约为全部可得收益的 90%。这一发现对股票投资者相当重要,特别是对小投资者尤为重要。该发现对机构投资者的启示则在于,关注和处理好其重仓持有的股票,可以起到事半功倍的效果。

当然,对于机构投资者而言,其天然的优势即在于规模,包括信息规模和资金规模。为了充分发挥其规模优势,在机构投资者的投资组合中,就需要持有更多数量的资产。对此,Statman(1987)的研究发现,一个充分分散化的股票投资组合必须包括 30~40 只股票。此外还需要考虑的一个因素是,Campbell 等(2001)发现股票市场非系统风险增加时,充分分散投资组合所需股票数目也大大增加。

二、组合模型分析

在现实市场中,投资者在投资时,面临的一个最主要问题是如何将多种不同的证券进行合理的组合,即资金要如何分配到各只证券上。假定一个投资者选择将资金投资到无风险资产(国库券)和风险资产,本节以市场上的开放式基金作为风险资产,探讨如何寻找最优风险资产组合中各只基金的投资比例。

可采用历史收益率的平均值当作单只基金的期望收益率,计算公式为

$$E(r_i) = \frac{1}{n}\sum_{t=1}^{n} r_{1t} \tag{7-1}$$

$$r_{1t} = \ln\left(\frac{P_{1t}}{P_{1,t-1}}\right) \tag{7-2}$$

式中,P_{1t} 为第 1 只基金在 t 周末的净值;r_{1t} 为在 $t-1$ 周末买入该基金,在 t 周末卖出此基金的收益率。

$$\sigma_1^2 = \frac{1}{n-1}\sum_{t=1}^{n}[r_{1t}-E(r_1)]^2 \tag{7-3}$$

式(7-3)表示第 1 只基金方差的历史估计,在 Excel 中可以很容易地计算出来。

假设投资于 n 只基金,那么基金组合的预期收益为

$$E(r_p) = \sum_{i=1}^{n} x_i E(r_i) \tag{7-4}$$

基金组合的方差为

$$\sigma_p^2 = D(r) = \sum_{i=1}^{n}\sum_{j=1}^{n} x_i x_j \sigma_{ij} \tag{7-5}$$

将资金投资于国库券和多只基金组成的风险资产组合,可以得到一条资本配置线,我们让资本配置线变动,最终使它的斜率与投资机会集合的斜率一样,这将获得有最高的、可行的报酬与波动性比率的资本配置线。求解的模型如下:

$$\max S_p = \frac{E_R - r_f}{\sigma_p} \tag{7-6}$$

$$\text{s.t.} \sum_{i=1}^{n} x_i = 1$$

$$x_i \geqslant 0, \quad i = 1, 2, \cdots, n$$

$$x_i \leqslant c$$

S_p 表示报酬与波动性比率,将求得值最大的点,最优风险资产组合就是这个点。x_i 表示投资于每只基金的资金比例,由于在我国一般不卖空,因此限制各个比例大于等于 0。C 表示每只基金的投资比例上限,这个没有确定的值,根据投资者的风险偏好、投资的管理费用等具体设定。在具体求解时,采用 Excel 的规划求解方法,下面将举一个实例。

三、具体问题的求解

假定现有 10 只基金可供投资,其中有股票型基金 7 只、债券型基金 3 只。股票型基金分别是华夏大盘精选(以下简称"华夏大盘")、富国天益价值(富国天益)、华安 A 股、荷银精选、华宝兴业宝康消费品(宝康消费)、华安创新、博时精选。债券型基金分别是华宝兴业宝康债券(宝康债券)、大成债券 AB(大成债券)、国泰金龙债券(国泰债券)。那么应该如何将一笔资金分配到不同的各只基金上去呢?

首先从现有的数据库中(如 Wind 数据库)查询到各只基金的周历史净值,然后根据式(7-1)在 Excel 中用 ln 函数计算出各只基金的周收益率。再根据式(7-1)利用 average 函数计算出各只基金的期望收益率。在 Excel 中利用 covar 函数求出这 10 只基金的方差-协方差矩阵。

现在面临一个资产配置的问题,即将多少资金分配于股票型基金,将多少资金分配于债券型基金。考虑到现实情况,分三种情况来说明:①75%的股票型基金和 25%的债券型基金组合,名为激进组合;②50%的股票型基金与 50%的债券型基金组合,名为平衡组合;③25%的股票型基金和 75%的债券型基金组合,名为防御组合。

以激进组合为例,最后得到的求解模型为

$$\max S_p = \frac{E_R - r_f}{\sigma_p}$$

$$\text{s.t.} \sum_{i=1}^{n} x_i = 1$$

$$x_i \geqslant 0, \quad i = 1, 2, \cdots, 10$$

$$\sum_{i=1}^{7} x_i = 0.75, \quad \sum_{i=8}^{10} x_i = 0.25$$

$$x_i \leqslant 0.11, \quad i = 1, 2, \cdots, 7$$

$$x_j \leqslant 0.1, \quad j=8,9,10$$

最后两个限制条件是对单只基金投资比例上限的规定,具体上限的设定要依据可选择基金的数量(因为数量的多少会显著地影响管理费)、投资者的偏好等具体设定。平衡组合和防御组合的限制条件只需要根据投资要求做调整即可,在此不具体列出。

通过 Excel 的规划求解,可以求得激进组合、平衡组合和防御组合中各只基金的投资比例,如表 7-2～表 7-4 所示。

表 7-2 激进组合中各只基金的投资比例

华夏大盘	富国天益	华安 A 股	荷银精选	宝康消费
0.11	0.11	0.11	0.09	0.11
华安创新	博时精选	宝康债券	大成债券	国泰债券
0.11	0.11	0.1	0.1	0.05

表 7-3 平衡组合中各只基金的投资比例

华夏大盘	富国天益	华安 A 股	荷银精选	宝康消费
0.1	0.1	0.1	0	0.11
华安创新	博时精选	宝康债券	大成债券	国泰债券
0.008 3	0.091 7	0.17	0.17	0.16

表 7-4 防御组合中各只基金的投资比例

华夏大盘	富国天益	华安 A 股	荷银精选	宝康消费
0.1	0.088 3	0.061 7	0	0
华安创新	博时精选	宝康债券	大成债券	国泰债券
0	0	0.3	0.3	0.15

要考察新的投资组合在期望收益和标准差上的表现,首先要确定一个考察时期。选择 2007 年 4 月到 2008 年 3 月为总的考察期,其间经历了牛市和熊市两个时期,能够较好地反映出不同时期投资组合的表现。以月为考察子时期,计算出不同投资组合在每月的周期望收益率和标准差并排列,收益率较高的排名靠前,标准差较小的排名靠前,这 3 只投资组合在收益率和标准差上的排名变化如图 7-1、图 7-2 所示。

以 2007 年 10 月作为牛市和熊市的分界线,从图 7-1 和图 7-2 可以得出以下结论。

(1) 股票型基金的收益在牛市期要优于债券型基金,因此,以股票基金为主的激进型组合,在 2007 年 10 月以前的收益排名表现较好。股票型基金和债券型基金权重相同的平衡型组合次之,以债券型基金为主的防御型组合在收益上表现较差。

在熊市期,股票型基金在收益率上的表现要劣于债券型基金,防御型组合在收益率上的表现最优,平衡型次之,激进型最差。

(2) 在标准差上,基金经过组合后,收益率的波动性都得到了有效的降低。股票的波

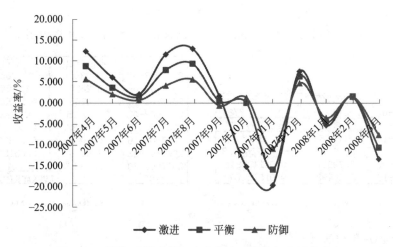

图 7-1 不同权重资产的组合在各个时期期望收益的表现

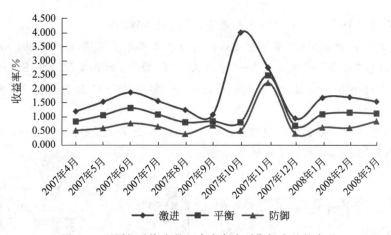

图 7-2 不同权重资产的组合在各个时期标准差的表现

动性大于债券,因此以投资股票为主的股票型基金收益率的标准差大于债券型基金。从图 7-2 可以看出,以债券型基金为主的防御型组合,标准差排名最好,且一直比较稳定,平衡型次之,激进型最差。

(3) 投资者在投资的时候,要根据自己的风险偏好和市场的状况,灵活地调整自己组合中不同种类资产的权重,才能得到收益和风险的最佳匹配。

案例 7-1 Excel 求解过程演示

在刚刚进行的具体问题求解中,我们通过资产组合最优化理论对基金组合的具体问题进行了求解,下面说明如何通过 Excel 来具体实现这个过程。

样本还是选择上面的 10 只基金,股票型基金 7 只,债券型基金 3 只。

1. 基金周收益率及期望收益率

基金的周收益率计算公式为正文中的式(7-1),过程如图 7-3 所示。对每只基金采用

第七章 投资理论的应用

类似的算法，就计算出了历史期各只基金的周对数收益率。

期望收益率根据式(7-1)，采用 Excel 中的 average 函数计算，过程如图 7-4 所示。

	单位净值	收益率
2007-02-02	3.0863	-0.036527786
2007-02-09	3.2625	=ln(B278/B277)
2007-02-16	3.6365	0.108527908
2007-03-02	3.56715	-0.019254723
2007-03-09	3.79337	0.061487848
2007-03-16	3.86498	0.018701701

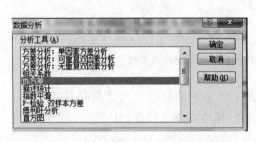

图 7-3　基金周对数收益率的 Excel 实现

	单位净值	收益率
2007-02-02	3.0863	-0.036527786
2007-02-09	3.2625	0.05552081
2007-02-16	3.6365	0.108527908
2007-03-02	3.56715	-0.019254723
2007-03-09	3.79337	0.061487848
2007-03-16	3.86498	0.018701701
2007-03-23	4.0696	0.051588207
2007-03-30	4.09916	0.00723736
均值		=AVERAGE(C151:C28

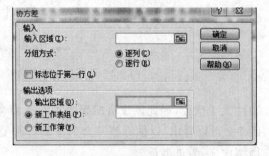

图 7-4　基金期望收益率的 Excel 实现

2. 协方差矩阵的实现

根据式(7-5) $\sigma_p^2 = \boldsymbol{D}(R) = \sum_{i=1}^{n}\sum_{j=1}^{n} x_i x_j \sigma_{ij}$，如果将各个资产组合的行向量看为矢量 $\boldsymbol{W}$，用 $\boldsymbol{D}$ 表示这些资产收益率的协方差矩阵，那么 $\sigma_p^2 = \boldsymbol{WDW}^{\mathrm{T}}$。

协方差矩阵 $\boldsymbol{D}$ 的求解，需要通过 Excel 的分析工具库来实现，在 Excel 2003 中，加载宏的过程是单击“工具”→“加载宏”→“分析工具库”命令，加载实现。在 Excel 2007 中，则通过左上角的 office 按钮，选择 Excel 选项→“加载宏”→“分析工具库”命令，加载实现。

加载后，通过数据分析中的协方差来进行计算，如图 7-5 所示。

单击“确定”按钮，得到图 7-6 所示的过程。

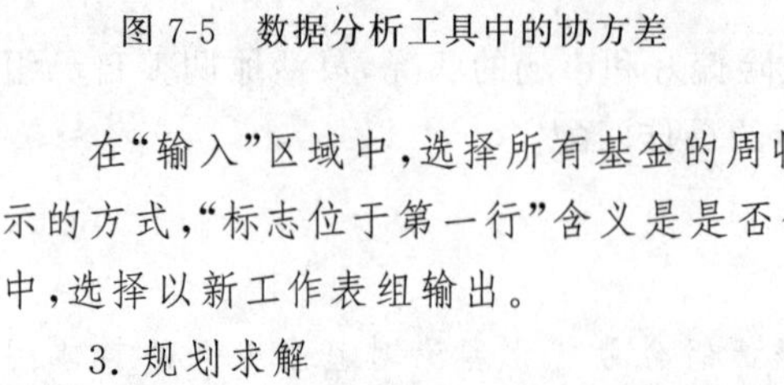

图 7-5　数据分析工具中的协方差

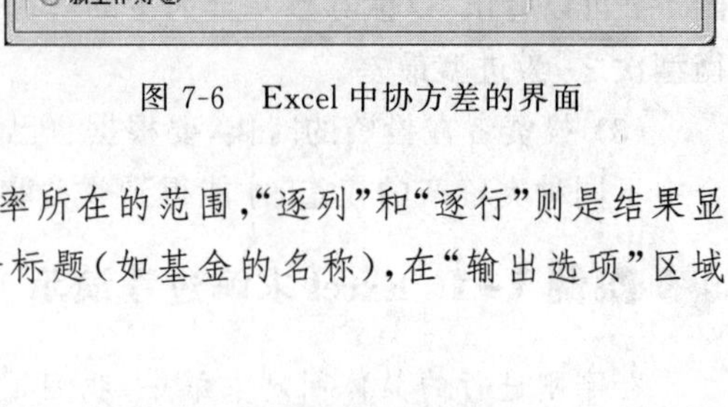

图 7-6　Excel 中协方差的界面

在“输入”区域中，选择所有基金的周收益率所在的范围，“逐列”和“逐行”则是结果显示的方式，“标志位于第一行”含义是是否包含标题（如基金的名称），在“输出选项”区域中，选择以新工作表组输出。

3. 规划求解

规划求解的实现，首先要加载规划求解，这个过程也是在加载宏中实现。

目标函数是 $\max S_p = \dfrac{E_R - r_f}{\sigma_p}$，这里的 r_f 选择从研究期开始的定期存款的月利率，取均值并周化得到周无风险利率。E_R 的实现，需要有各个基金的权重，这正是要求得的

最优组合。具体过程如下。

(1) 设定约束条件,假设约束条件如下:

$$\text{s.t.} \quad \sum_{i=1}^{n} x_i = 1$$

$$x_i \geqslant 0, \quad i = 1, 2, \cdots, 10$$

$$\sum_{i=1}^{7} x_i = 0.75, \quad \sum_{i=8}^{10} x_i = 0.25$$

$$x_i \leqslant 0.11, \quad i = 1, 2, \cdots, 7$$

$$x_j \leqslant 0.1, \quad j = 8, 9, 10$$

(2) 在 Excel 中实现目标函数的表达,具体过程如表 7-5 所示。

表 7-5 基金组合规划求解的初始设定

基 金	权 重	目 标 函 数	期望收益率
华夏大盘精选	1	5.244 608 664	0.010 607 384
国泰金龙债券 A	0		标准差
华安创新	0		0.000 931 252
华安 MSCI 中国 A 股	0		无风险利率
博时精选	0		0.005 723 334
大成债券 AB	0	10 只基金权重和	1
富国天益价值	0	前 7 只基金的权重和	1
泰达荷银行业精选	0	后 3 只基金的权重和	0
华宝兴业消费品	0		
华宝兴业宝康债券	0		

如表 7-5 所示,"权重"一列,可以随意设定几个数,最简单的,设定一只基金为 1,其余为 0;期望收益率则是各只基金的权重与其对应的期望收益率的加权和;标准差内的公式是=MMULT(MMULT(A203:J203,C140:L149),B187:B196)。MMULT 函数在 Excel 中的作用是两个矩阵的乘积,A203:J203 是权重的那一列所在区域,C140:L149 则是一个 10×10 的协方差矩阵,B187:B196 是权重所在列的逆向量。权重和的计算公式都是 sum(对应的区域)。目标函数如表 7-6 所示。

表 7-6 目标函数

目 标 函 数	期望收益率	目 标 函 数	期望收益率
=(D187−D191)/D189	0.010 607 384	10 只基金权重和	0.005 723 334
	标准差	前 7 只基金的权重和	1
	0.000 931 252	后 3 只基金的权重和	1
	无风险利率		

(3) 进行规划求解。

进行了上述的设定后,进行最后一步的规划求解,进行设定后的原始图像如表 7-7 所示。

表 7-7 原始数据的设定

基 金	权 重	目标函数	期望收益率
华夏大盘精选	1	5.244 608 664	0.010 607 384
国泰金龙债券 A	0		标准差
华安创新	0		0.000 931 252
华安 MSCI 中国 A 股	0		无风险利率
博时精选	0		0.005 723 334
大成债券 AB	0	10 只基金权重和	1
富国天益价值	0	前 7 只基金的权重和	1
泰达荷银行业精选	0	后 3 只基金的权重和	0
华宝兴业消费品	0		
华宝兴业宝康债券	0		

单击"规划求解"按钮,出现如图 7-7 所示的界面。

图 7-7 规划求解设定参数

根据目标函数及约束条件进行设定,结果如图 7-8 所示。

单击"求解"按钮,即可得到如表 7-8 所示的结果。

表 7-8 本案例规划求解结果

基 金	权 重	目标函数	期望收益率
华夏大盘精选	0.11	5.244 608 664	0.010 607 384
国泰金龙债券 A	0.11		标准差
华安创新	0.11		0.000 931 252

续表

基　金	权　重	目标函数	期望收益率
华安 MSCI 中国 A 股	0.11		无风险利率
博时精选	0.11		0.005 723 334
大成债券 AB	0.090 001	10 只基金权重和	1
富国天益价值	0.11	前 7 只基金的权重和	1
泰达荷银行业精选	0.1	后 3 只基金的权重和	0
华宝兴业消费品	0.1		
华宝兴业宝康债券	0.05		

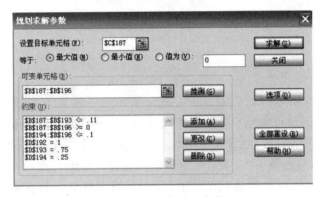

图 7-8　本案例设定条件

第二节　资本资产定价模型的应用

资本资产定价模型可以帮助我们进行投资决策分析，以及实施积极的组合管理。

一、投资决策分析

假设对 A、B 和 C 3 只股票进行定价分析，其中 $E(r_A)=0.15$，$\beta_A=2$；残差的方差 $\sigma_{\varepsilon A}^2=0.1$；需确定其方差 σ_A^2；$\sigma_B^2=0.062\,5$，$\beta_B=0.75$，$\sigma_{\varepsilon B}^2=0.04$，需确定其预期收益 $E(r_B)$；$E(r_C)=0.09$，$\beta_C=0.5$，$\sigma_{\varepsilon C}^2=0.17$，需确定其方差 σ_C^2。可以用 CAPM 求出各未知数，并进行投资决策分析。

首先，利用 CAPM 模型进行相关计算。根据以上条件，由股票 A 和股票 C 得到方程组：

$$\begin{cases} 0.15 = r_f + [E(r_M) - r_f] \times 2 \\ 0.09 = r_f + [E(r_M) - r_f] \times 0.5 \end{cases}$$

解方程组，得

$$r_f = 0.07$$

$$E(r_M) = 0.11$$

将上述结果代入 CAPM,求解 $E(r_B)$,有

$$E(r_B) = 0.07 + (0.11 - 0.07) \times 0.75 = 0.1$$

由于

$$\sigma_A^2 = \beta_A^2 \sigma_M^2 + \sigma_{\epsilon A}^2 \tag{7-7}$$

因此先求 σ_M^2:

$$\sigma_M^2 = \sigma_B^2 - \sigma_{\epsilon B}^2)/\beta_B^2 = (0.0625 - 0.04)/0.75^2 = 0.04$$

将此结果代入式(7-7)得

$$\sigma_A^2 = 2^2 \times 0.04 + 0.1 = 0.26$$

再求解 σ_C^2,有

$$\sigma_C^2 = \beta_C^2 \sigma_M^2 + \sigma_{\epsilon C}^2 = 0.18$$

由上述计算,得如下综合结果:

$$E(r_A) = 0.15 \quad \sigma_A^2 = 0.26 \quad \beta_A = 2$$
$$E(r_B) = 0.1 \quad \sigma_B^2 = 0.0625 \quad \beta_B = 0.75$$
$$E(r_C) = 0.09 \quad \sigma_C^2 = 0.18 \quad \beta_C = 0.5$$

其次,进行投资决策分析。先分析上述结果的第一列和第二列。可见,$E(r_C) < E(r_B)$,而 $\sigma_C^2 > \sigma_B^2$,因而可剔除股票 C。对股票 A 和股票 B 而言,则体现了高风险高收益、低风险低收益,是符合收益-方差定理的。但这里要考虑两个操作问题:其一,如果对于 A 和 B 两只股票只选择一个,就需要通过计算变异系数进行资产选择。对股票 A 的方差开方后得 0.5099,则股票 A 的 CV 比为 3.399;再对股票 B 的方差开方后得 0.25,则其 CV 比为 2.5。可见股票 B 更符合"好"股票的标准:获取单位收益所承担的风险更低。其二,如果是打算用这两只股票构建一个投资组合,就需要考虑这两只股票之间的相关系数。

再来考虑收益-风险矩阵的最后一列。暂不考虑变异系数的话,股票 A 和股票 B 是无差异的,但在操作中我们要考虑两个因素:第一,投资者的风险偏好。如果投资者是风险厌恶者,则应选择股票 B,因为它的 β 值小于 1;而如果投资者是风险爱好者,即应选择股票 A,因为它的 β 值大于 1。第二,市场背景。如果市场处于上升的牛市,积极组合管理即以战胜市场为目标的投资者即应选择股票 A;相反,如果市场处于熊市,积极组合管理者即可考虑将股票 B 纳入投资组合。

二、实施积极的组合管理

所谓积极型投资策略,是指资产管理者力图预测未来的市场趋势,并据此改变组合中的投资比例,或构建新的投资组合,以试图最终战胜市场、获得超额收益的投资管理方式。

那么,在实际投资管理中如何实施积极的组合管理策略呢?

首先,根据第三章由 CAPM 所推出的 α 系数,α = 证券预期收益率与 CAPM(均衡收益率)的差异,代表了市场偏差,投资决策就是识别市场偏差与利用市场偏差的过程。

其次,根据 CAPM 中组合 β 值的含义,给定投资者风险承受能力,或者说给定投资者对市场走势判断正确的条件下,对一个积极的组合管理者的投资组合动态调整水平高低

的判断标准之一就是:牛市中是否使得组合 β 值升高,熊市中是否降低了组合 β 值。

因此,积极的投资管理可以分为两种实施方式:一是趋势性投资策略,其操作就是调整组合的 β 值,在上升通道加大组合的 β 值,在下降通道降低组合的 β 值。二是价值性投资策略,即不管市场波动——无论是上升还是下跌的市场中都会有很多证券偏离均衡,也即偏离了价值支撑,投资者即以追求 α 大于 0 的证券实施积极的组合管理。

案例 7-2 长信量化先锋基金(证券代码 519983)的组合动态调整

长信量化先锋基金成立于 2010 年 11 月 18 日。我们选取了该基金 2011 年 1 月 7 日至 2016 年 11 月 25 日基金的日涨跌幅和上证指数日涨跌幅分别作为该基金与市场收益率的标准,从 2010 年 11 月 7 日起每半年做一次回归分析以计算基金组合的 β 值。数据来源于 Wind 数据库。根据李学峰等(2006)所设计的考察基金实际组合的 β 值与市场组合 β 值的关系式,即

$$\beta_{pM} = \beta_p - \beta_M \tag{7-8}$$

对该基金进行计算得到图 7-9。

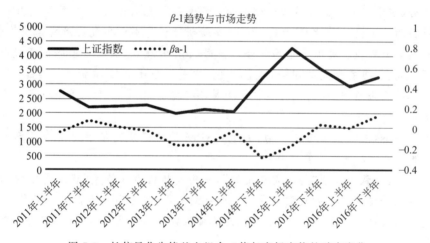

图 7-9 长信量化先锋基金组合 β 值与市场走势的动态变化

由图 7-9 可见,该只基金在 2015 年前后的操作策略比较不同:2015 年以前,组合的动态调整违背了 β 值的投资学含义,即违背了牛市中使得组合 β 值升高,熊市中降低组合 β 值的标准。而 2015 年之后则十分符合上述标准。通过进一步查阅该基金公司的公告,发现从 2015 年 3 月起,这只基金更换了基金经理,由此表现出了更好的业绩:收益率 15.34%,同类基金排名 7/483;新任基金经理的任职年化回报率为 49.46%,同类排名 1/450。由此可见,参照 CAPM 特别是其中 β 值所给出的组合动态调整原则进行组合资产的调整可以获得更好的回报,战胜市场和同业。

阅读资料7-1 资本资产定价模型的可用性

我们可以用下面的公式来检验 CAPM:

$$\bar{R}_i = \gamma_0 + \gamma_i \hat{\beta}_i + e_i$$

式中,$\bar{R}_i$ 为第 i 种资产的历史平均收益;$\hat{\beta}_i$ 为对这种资产的 β 系数的历史估计;e_i 为 $\bar{R}_i$ 与资本市场线的偏离;"$\hat{\beta}_i$"表示它只是实际 β 系数的估计值。

许多实证研究已经对 CAPM 进行了检测。大多数研究表明 γ_i 是正值并且是显著的(在平均收益率和风险之间存在正的关系)。但是,这种结果并不像是人们希望从 CAPM 中得到的结论那么明确。由 Fama 和 French 进行的一项研究表明 γ_i 与零并没有什么显著的不同,这意味着他们在 β 和平均收益间并未发现某种明确的关联关系。换句话说就是,他们认为 β 并不是适当的风险指数,这使得人们对 CAPM 的有效性提出了疑问。其他研究人员不同意这种结论,并且他们认为在平均收益和 β 之间存在某种明确的关系[1]。尤其是 Amihud、Christensen 和 Mandelson,用先进的经济学技术证明在期望收益和 β 间存在某种确定的关联关系,即使他们用 Fama 和 Franch 用的那一系列数据进行研究也是如此。用他们的话说,"β 依然富有生命力而且运行良好"。

Roll 认为不可能用实验性的检验来评判 CAPM[2]。进一步来说,如果可以用某种有效投资组合(位于有效界面上的投资组合)计算出 β,那么 Roll 认为在平均收益和 β 之间存在某种极为确定的关联性 $R^2 = 1$。因此,实验研究认为不存在极明确的线性关系,这一事实只表明非有效组合类似于市场组合。根据 Roll 的观点,唯一可检验的假设是:市场组合是否为均值-方差有效的组合,也就是说,它是否位于有效界面上。但是,以现存的计算机运算技术来看,这样的检验在技术上是不可能的,因为要用成千上万种证券才能解出有效界面。

Roll 和 Ross 在一篇文章中认为,关于 CAPM 的实证研究结果对用来计算单个证券 β 系数的市场组合来说是非常敏感的。

因此,一些人认为 β 值"是毫无作用的",一些人却认为 β 值是"客观有效的",看来这种争论不会很快结束。正如我们从现实中所看到的,投资者们认为 β 值是富有生命力的,但并不总是有效的。因此,他们还用其他的投资准则作为判断标准,并不完全依靠资本资产定价模型。

显然,CAPM 的某些假设并不成立。例如,总是会存在交易成本;并且一般地,交易股数越大,交易成本的百分比就越低。投资者,尤其是小投资者的证券组合中仅持有相对较少的股票;因此,他们并不总在证券组合 M 上投资。

就只包含有限数目股票的投资组合而言,Levy、Merton、Markowitz 和 Sharpe 建议使

---

[1] 关于均值收益和 β 之间存在某种明确关系的研究资料,详见下列各文献:MILLER M, SCHOLES M. Rates of return in relation to risk: a reexamination of some recent Findings[M]//JENSEN M Studies in the theory of capital markets. New York: Praeger,1972;LEVY H. Equilibrium in an imperfect market: a constraint on the number of securities[J]. American economic review, 1978(9): 643-658; AMIHUB Y, CHRISTENSEN B J, MENDELSON H. Further evidence on the risk-return relationship[R]. Working paper,Stanford University,1992. 显示风险和回报之间没有关联的研究示例是 FAMA E, FRENCH F,The cross-section of expected stocks returns[J].Journal of finance. 1992(47): 427-466.

[2] 见 ROLL R. A critique of the asset pricing theory's test,part I: on past and potential testability of theory [J].Journal of financial economics,1977(4): 129-176.

用另一种与 CAPM 类似的模型[①],这一模型允许投资者在其组合中仅持有相对较少的股票。这种模型被称为一般资本资产定价模型。它的一般含义在于,一旦把交易成本从这一模型中排除,就可得到 CAPM;所以,CAPM 是 GCAPM 的一个特例。在这一模型下,每个投资者都持有一种不同的证券组合。因此,每种组合都有不同的 β 系数。第 i 种资产的 β 值是所有这些 β 值的加权平均值。

总之,CAPM 可对风险-收益关系进行深入的探讨,但它也有其缺点。投资者不能仅依赖于 CAPM,并且投资者及研究人员已经意识到了这一点。因此,虽然 CAPM 已经得到了广泛的应用,并且 β 已被广泛用作度量风险的指标,α 也被广泛用作度量超额收益率的指标,但投资者和研究人员仍需要其他工具辅助进行投资组合的选择。实际上,我们可以通过 CAPM 把所有的股票分成高 α 值和低 α 值两组。一旦进行这种分离,最终的投资决策就依赖于对股利、价格与账面价值的比率、盈余增长等指标的分析了。因此,CAPM 向我们提供了第一个步骤的选择工具。但是,在第二个步骤中要用到其他工具;在这一步骤中投资者将选择那些归入最优证券组合的股票。认识到了 CAPM 的缺点,我们就会不只依赖于它进行投资选择,这也正是以下各章节对其他投资管理工具进行研究的目的。

三、β 值的变化、调整与预测

(一)β 值的变化

现实市场中某一资产或股票的 β 值并非固定不变的,平均而言股票的 β 值有向 1 变动的趋势。其原因在于:首先,企业通常生产特定产品提供特定服务——这也使得 β 值在一个相对较短的考察期内会保持不变,但我们要注意到,同行业中一个新公司相比老公司可能有很多不同之处,如从技术到管理风格等的差异。然而随着新公司的成长,它会逐渐把产品扩大到其他相似产品,就如同行业中的传统公司一样进行更多样化的经营。当新公司变得越来越传统,它开始与经济中的其他成分越来越相似。因此 β 值有向 1 变动的趋势。其次,我们知道所有证券的平均 β 值等于 1,但在一个特定样本期间估计 β 值时,保留了一些样本误差,导致了 β 值和 1 出现差距[②],然而随着样本的扩大和样本期的延长,在估计一个证券的 β 值之前,最好的预测就是其 β 值等于 1。当存在估计误差的可能性越大,β 值就更容易趋向于平均值 1。

(二)β 值的调整

给定 β 值向 1 的变化趋势,未来 β 系数的预测应当顺势调整。一个简单且常用的方法是取样本 β 估计值和 1 进行加权,如式(7-9)所示:

$$\text{调整 } \beta = 2/3 \text{ 样本 } \beta + 1/3(1) \tag{7-9}$$

---

① 关于 GCAPM 的详细情况见 MARKOWITZ H W. Risk adjustment[J]. Journal of accounting, auditing and finance,1990;MERTON R C. A simple model of capital market equilibrium with incomplete information[J]. Journal of finance,1987(42):483-510;SHARPE W F. Capital asset prices with and without negative holdings[J]. Journal of finance,1991(46):489-510;LEVY H. Equilibrium in an imperfect market: a constraint on the number of securities in a portfolio[J]. American economic meview,1978(68):643-658.

② 实际上,β 值和 1 的差距越大,存在估计误差的可能性越大。

(三) β值的预测

调整后的β值可以用来理解历史数据估计的β值,但却不是未来β值的最好估计。既然β值有向1移动的趋势,就需要我们为β值构建一个预测模型。

一个简单方法是收集在不同期β值的数据,然后估计回归方程:

$$当前的\ \beta = a + b(历史\ \beta) \tag{7-10}$$

得到a和b的估计值,就能运用式(7-10)预测未来的β值:

$$预测的\ \beta = a + b(当前的\ \beta) \tag{7-11}$$

进一步,理论上看,公司规模和负债比率会影响公司与市场系统性风险之间的关系,也就会成为影响β值的两个重要因素,由此我们可以把式(7-10)扩展为

$$当前的\ \beta = a + b_1(历史\ \beta) + b_2(公司规模) + b_3(负债比率)$$

即可利用a、b_1、b_2和b_3的估计值来预测未来的β值。

阅读资料7-2 影响β值的因素

Rosenberg和Guy(1976)的研究证实,下列变量有助于预测β值。
(1) 收入变量。
(2) 现金流变量。
(3) 每股收益增长率。
(4) 市值(公司规模)。
(5) 股息收益。
(6) 资产负债比率。

利用上述因素就可以建立多元回归方程对β值进行更为准确的预测。

此外,Rosenberg和Guy还发现通过控制公司的财务特征值、行业因素也有助于预测β值,见表7-9。例如,他们发现金矿开采行业的平均β值比单独使用财务特征预测得到的估值更低,为-0.827,这实际上是符合正常的理论或逻辑的:金矿开采行业-0.827的β值调整反映出金价和市场收益是相反变动的,也体现了股民所言"熊市买黄金"的合理性。

表7-9 行业β值和调整因素

行业	β	调整因素	行业	β	调整因素
农业	0.99	-0.14	建设	1.27	0.062
医药	1.14	-0.099	航空	1.8	0.348
电话	0.75	-0.028 8	运输	1.31	0.398
能源设施	0.6	-0.237	消费耐用品	1.44	0.132
金矿开采	0.36	-0.827			

第三节 套利定价理论的应用

本节从应用价值和应用演示两个方面介绍套利定价理论在组合管理中的应用。

一、应用价值

APT 可以对系统风险进行细分,测量每项资产对各种系统因素的敏感系数,因而可以使投资组合的选择更准确。

投资组合的策略即选择最佳的风险模式,也就是选择最佳的因素敏感系数的组合。

采用 APT 方法,可以帮助选择和评估基金经理。基金经理一般都会偏向选择某一特定的风险模式。

例如,一个基金经理偏重于投资市盈率高的公司,而另一个可能会大量投资于公用事业。这样,就可以通过配备一个恰当的基金经理人员的组合,使他们共同行动的结果满足组合策略所确定的风险模式。

二、应用演示

(1) 假定市场可以用表 7-10 的三种系统风险及相应的风险溢价进行描述。

表 7-10 系统风险因素与风险溢价　　　　　　　　　　　　　　　%

要　　素	风险溢价
工业生产(I)	6
利率(R)	2
消费者信心(C)	4

如果某股票的收益率可以用下面的方程来确定:
$$r = 15\% + 1.0I + 0.5R + 0.75C + e$$
其中,I、R、C 表示意外变化。

如果国库券利率为 6%,使用套利定价理论确定该股票的均衡收益率。该股票价格是低估还是高估了? 解释原因。

解:以 r_f 和因素为基础的股票要求收益率为
$$E(r) = (6 + 1 \times 6 + 0.5 \times 2 + 0.75 \times 4)\% = 16\%$$
根据该期望公式,股票实际的预期收益率 $E(r) = 15\%$(所有因素预期外的变动都定义为 0)。因为基于风险的要求收益率超过了实际的预期收益率,我们可以得出结论说该股票定价过高。

(2) 考虑如下一种特定股票收益的多因素证券收益模型(表 7-11)。

目前,国库券可提供 6% 的收益率,如果市场认为该股票是公平定价的,求出该股票的期望收益。进一步,假定下面第一列给出的三种宏观因素的值是市场预测值,而实际值在第二列给出(表 7-12)。在这种情况下,计算该股票修正后的期望收益率。

表 7-11　多因素模型的要素与风险溢价
%

要　素	β 值	风险溢价
通货膨胀	1.2	6
行业生产	0.5	8
石油价格	0.3	3

表 7-12　三种宏观因素预测值与实际值
%

要　素	预计变化率	实际变化率
通货膨胀	5	4
行业生产	3	6
石油价格	2	0

解：$E(r) = (6 + 1.2 \times 6 + 0.5 \times 8 + 0.3 \times 3)\% = 18.1\%$

宏观经济因素的意外变动将导致股票收益率的异常变动：

宏观因素未预期到的收益率 $= [1.2 \times (4-5) + 0.5 \times (6-3) + 0.3 \times (0-2)]\% = -0.3\%$

新的均衡收益率 $= 18.1\% + (-0.3\%) = 17.8\%$

（3）假定 F1 与 F2 为两个独立的经济因素，无风险利率为 6%，表 7-13 是优化的资产组合。在这个经济体系中，试进行期望收益-β 值的相关性分析。

表 7-13　优化的资产组合

资产组合	F1β 值	F2β 值	期望收益率
A	1.5	2	31
B	2.2	−0.2	27

解：$E(r_P) = r_f + \beta_{P1}[E(r_1) - r_f] + \beta_{P2}[E(r_2) - r_f]$

我们要找出这两个要素的风险溢价：

$$R_{P1} = [E(r_1) - r_f] \quad 和 \quad R_{P2} = [E(r_2) - r_f]$$

则必须解下列有两个未知数的方程组：

$$\begin{cases} 31 = 6 + 1.5 \times R_{P_1} + 2.0 \times R_{P_2} \\ 27 = 6 + 2.2 \times R_{P_1} + (-0.2) \times R_{P_2} \end{cases}$$

方程组的解为

$$R_{P1} = 10\% \quad 和 \quad R_{P2} = 5\%$$

因此，预期收益率-β 为

$$E(r_P) = 6\% + \beta_{P1} \times 10\% + \beta_{P2} \times 5\%$$

第四节　有效市场假说与股票分析

有效市场假说不仅是我们理论上判断市场有效性的依据，也对实际投资决策、股票分析具有指导意义，并对研判现实市场的运行以及对投资者权益的侵害具有重要的指导价值。

一、不同市场有效性与股票分析

在不同市场有效性状态下，股票分析方式的有效性是不同的，也就意味着，对股票分析方式的选择和应用,要注意其在不同市场有效性下的适用性。

可以从对"全部已知信息"的含义的不同理解来区分。弱有效形式假定认为:

(1) 股价已经反映了全部能从市场交易数据中得到的信息,这些信息包括如过去的股价史、交易量等,过去的股价资料是公开的且几乎毫不费力就可以获得。

(2) 市场的价格趋势分析是徒劳的,如果这样的数据曾经传达了未来业绩的可靠信号,那所有投资者肯定已经学会如何运用这些信号了。随着这些信号变得广为人知,它们最终会失去其价值。

即在弱有效市场中,技术分析无效。

半强有效形式假定认为:

(1) 与公司前景有关的全部公开的已知信息一定已经在股价中反映出来了。除了过去的价格信息外,这种信息还包括公司生产线的基本数据、管理质量、资产负债表组成、持有的专利、利润预测以及会计实务等。如果任一投资者能从公开已知资源获取这些信息,我们可以认为它会被反映在股价中。

(2) 正如前面所述,投资者利用这些信息也不能够获得超额利润,利用公开信息进行分析也是徒劳的。

即在半强有效市场中,基本面分析无效。

强有效形式假定认为:

(1) 股价反映了全部与公司有关的信息,甚至包括仅为内幕人员所知的信息。

(2) 内幕人员包括公司管理层、董事、主要的股东等人员。这些内幕知情者及其家属以及其他相关人员若根据内部消息交易将被视为利用了内幕消息。

(3) 要定义内幕交易并非易事。毕竟,股票分析家们也在发掘尚未广为人知的信息。私人信息与内幕信息的区别有时是含糊的。

(4) 强势有效市场中,所有投资者都能够得到包括内幕信息的所有信息,即使通过内幕信息也不能获得超额利润。

二、有效市场中的主动管理

对于个人投资者,即便在完全有效的市场中,理性的资产组合管理也有重要作用。这是因为如下方面。

(1) 理性的投资者同样要求在证券选择中反映赋税要求。高税阶层的投资者通常不愿意购入对低税阶层有利的证券。

(2) 投资者要考虑其特定的风险范畴。例如通用汽车公司的一个经理,通常他不应在汽车股上进行额外的投资。

(3) 对于年龄不同的投资者,也应考虑其对风险的承受能力而提供不同的资产组合政策。

结论是,即便在有效的市场中,资产组合管理仍具作用。投资者资金的最佳部位将随诸如年龄、税赋、风险厌恶程度以及职业等因素而变化。

三、有效市场理论的其他应用

在有效市场中,"事件"的发生能够立竿见影地反映在股票价格波动上,这里的"事件"多指各种公告的重大事项的发生和披露。

这里需要指出,事件研究中的一个通常方法是在某个股票的新信息在市场发布的那几天对非常规收益进行估计,并且把股票的非正常行为归因于新信息。

这里可以股息政策公告效应为例进行分析,如图7-10所示。

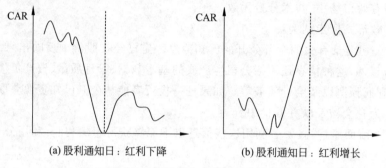

(a) 股利通知日:红利下降　　　　(b) 股利通知日:红利增长

图 7-10　围绕着红利公布的累积非常规收益

可见,信息有效市场这个概念可以帮助我们研究两个事情。

(1) 假如证券价格反映了所有当前可知的信息,那么价格变动一定反映了新信息。因此,人们可以通过考察在事件发生的一段时期内的价格变化来测度事件的重要性。

(2) 可以运用事件研究来测度违反内部人员交易规则或其他证券法的交易商所得的非法收入,如信息诈骗案。

假定市值1亿元的公司在诈骗消息公布当天出现 -6% 的非常规收益,则可以推算投资者因诈骗而蒙受的损失为600万元。

然而,上述案例中的价格并不是在瞬间达到公平价值的。这主要是信息的泄露所引发的,通过内部交易者和市场投资者的羊群行为来实现。

在内幕交易泄露严重或内幕交易行为十分猖獗的情况下,就会导致信息公布前股价迅速调整到公平水平,信息公布时反而没有反应了[①]。严重的内幕交易一方面证明了市场无效,但也可以帮助我们推测内幕交易者获得了多少的非法利润。

📖 案例 7-3　利用有效市场理论进行分析

假设投资者预测明年的市场收益率为 12%,国库券收益率为 4%。某公司股票的 β 值为0.5,在外流通股的市价总值为1亿元。那么:

a. 假定该股票被公正地定价,投资者估计其期望收益率是多少?

b. 如果明年的市场收益率实际是 10%,投资者估计股票的收益率会是多少?

c. 假定该公司在这一年里赢得了一场法律诉讼,法院判给它500万元,公司在这一年

---

① 市场中时常存在的"见光死"现象,就将这种猖獗的内幕交易发挥到了极致。

的收益率为 10%。投资者原先预期的市场获得了什么样的结果(继续假定一年中的市场回报率为 10%)？诉讼的规模是唯一不确定的因素。

解：

a. 我们已知 $E(r_M)=12\%$，$r_f=4\%$，且 $\beta=0.5$。因此，预期收益率为
$$k = 4\% + 0.5(12\% - 4\%) = 8\%$$
即如果股票是公平定价的，则 $E(r)=k=8\%$。

b. 如果 r_M 下跌至小于投资者的预期 2%(即 10%−12%)，则投资者将预期该公司的收益会下跌 $\beta \times 2\% = 1\%$。因此投资者会对该公司有一个调整的预期收益 8%−1%=7%。

c. 市场收益率给定为 10%，投资者预期该公司的收益为 7%，实际的收益为 10%。因此，由于企业特定因素而导致的意外变动为 10%−7%=3%，我们将之归结为法律诉讼的解决。因为企业最初价值 1 亿元，法律诉讼解决的意外增值应为 1 亿元的 3%，也就是 300 万元，表明原来对法律诉讼解决的预期收益为 200 万元。

第五节 行为投资学与投资行为管理

资产组合理论与资本资产定价模型构成了现代投资学的理论基础，行为金融学在投资学中的重大影响与应用，即是初步发展出了行为组合理论与行为资本资产定价模型，以及在投资管理中的交易策略。所有这些理论以及第六章所研究的其他行为金融理论，都成为我们进行投资行为管理的依据。

一、行为组合理论

行为组合理论(behavioral portfolio theory，BPT)由 Statman 和 Shefrin 借鉴 Markowitz 的资产组合理论于 2000 年提出。该理论打破了现代投资组合理论中存在的局限：理性人局限、投资者均为风险厌恶者局限以及风险度量局限，更加接近投资者的实际投资行为。

(一) 行为组合理论的理论基础

首先是安全第一组合理论(safety-first portfolio theory)。该理论由 Roy 于 1952 年提出，在这一理论中，组合的原则是安全第一，即投资者的目标是使其破产的概率 $\Pr\{W<s\}$ 最小化，这里的"破产"指一个投资者的期终财富 W 低于其生存水平 s。

其次是安全、潜力和期望理论(SP/A)。这是 Lopes 于 1987 年提出的，是在不确定条件下进行选择的心理理论，是对安全第一组合模型看法的扩展。其中安全(security)的定义与安全第一组合理论中的安全(safety)相类似，都是指避免财富降至较低水平。

潜力(potential)指的是一种要达到较高水平财富的愿望。

期望(aspiration)就是一种目标，对安全第一资产组合中要达到给定的目标价值(如 s)的概念作出了归纳。

(二) 行为组合理论的内容

行为组合理论由单一账户资产组合理论(BPT-SA)、多重账户资产组合理论(BPT-

MA),以及金字塔结构理论所构成。

单一账户资产组合理论和均值方差组合理论的投资者都将资产组合视为一个整体,即单一的账户,他们像Markowitz理论中提出的那样考虑资产间的协方差。但均值-方差理论的核心是(μ,δ)平面中的均值方差有效边界。单一账户资产组合理论与之对应的则是$(Eh(W),Pr\{W\leq A\})$平面中的有效边界。其中,$Eh(W)$表示受感情因素影响和支配的期望财富函数,A表示投资期望值。

多重账户资产组合选择模型是建立在期望理论之上的。Shefrin和Statman(2000)提出投资者具有两个心理账户,分别对应高、低两个期望值,代表投资者既想避免贫困,又希望变得富有的愿望。投资者的目标就是将现有财富在两个账户间分配以使整体效用达到最大。

最大化投资者整体效用的做法将会使低期望账户中的组合比高期望账户中的组合看起来更像无风险债券,而与之相反,高期望账户里的组合更像彩票。

传统的马科维茨均值方差组合理论将资产组合看成一个整体,该理论假定在构建资产组合时投资者只考虑不同证券之间的协方差,并且都是风险厌恶者。而行为组合理论则认为,投资者具有金字塔形层状结构的资产组合,每一层都对应着投资者特定的投资目的和风险特性(方差)。在现实中大部分投资者实际构建的资产组合是一种金字塔状的行为资产组合,位于金字塔各层的资产都与特定的目标和特定的风险态度相联系,一些资金投资于最具安全的底层,也有资金投资于更具冒险精神的高层,且各层之间存在着相关性。行为组合的金字塔结构如图7-11所示。

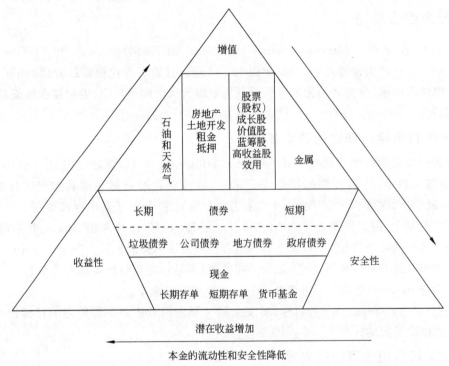

图7-11 行为组合的金字塔结构

二、行为资产定价模型

行为资产定价模型(behavioral asset pricing model,BAPM)是由 Shefrin 和 Statman 于 1994 年提出的。在 BAPM 模型中,投资者被划分为信息交易者和噪声交易者。信息交易者是"理性投资者",他们通常支持现代金融理论的 CAPM 模型,避免出现认识性错误并且具有均值方差偏好。噪声交易者通常跳出 CAPM 模型,易犯认识性错误,并且无严格的均值方差偏好。当信息交易者占据着交易的主体地位时,市场是有效率的,而当后者占据着交易的主体地位时,市场是无效率的。在 BAPM 模型中,证券的预期收益是由其"行为贝塔"(behavioral beta)决定的,当然,这时市场组合的代表性问题更加严重。比如,噪声交易者倾向于高估成长型股票的价格,相应的市场组合中成长型股票的比例也就偏高,为此,行为资产组合(行为贝塔组合)较市场组合要人为调高成熟型股票的比例。Statman(1999)更进一步指出,决定供求的是人们的功利主义考虑(如产品成本、替代品价格)和价值表达考虑(如个人品位、特殊偏好);CAPM 只包括了人们的功利主义考虑,而 BAPM 把两者都包括了进来。

另外,BAPM 还对在噪声交易者存在的条件下,市场组合回报的分布、风险溢价、期限结构、期权定价等问题进行了全面研究。在 BAPM 模型中,由于既考虑了价值表现特征,又包含了效用主义特性,因此,它一方面从无法战胜市场的意义上接受市场的有效性,另一方面从理性主义意义出发拒绝市场有效性,这对金融研究的未来发展有着深刻的启示。

总之,行为金融学通过对现代金融理论的核心假说——"理性人"假说的质疑,提出了期望理论,认为投资者对收益的效用函数是凹函数,而对损失的效用函数是凸函数,表现为投资者在投资账面值损失时更加厌恶风险,而在投资账面值盈利时,随着收益的增加,其满足程度速度减缓。在金融交易中,投资者的心理因素将使其实际决策过程偏离经典金融理论所描述的最优决策过程,并且对理性决策的偏离是系统性的,并不能因统计平均而消除(Kahneman and Riepe,1998)。此外,基于行为金融学也产生了许多不同于传统的行为金融投资策略,如资金平均策略(dollar-cost averaging strategy)、时间分散策略(time diversification strategy)、反向投资策略(counter investment strategy)和惯性交易策略(momentum trading strategy)等。应该说,在金融学的有关研究中,行为金融学是第一次将投资者的心理和行为特征作为关键变量给予了深入研究,也正因此使行为金融学对大量的市场"异象"给出了较为令人信服的解释。

阅读资料7-3 噪声交易与市场渐进有效性[①]

有效市场理论暗含的一个重要前提假设为投资者是理性的,但是行为金融学却指出现实中的投资者并非完全理性。到目前为止学术界比较认可的结论是,市场中的投资者可以分为理性套利者与噪声交易者,理性套利者即我们所称的理性投资者,而噪声交易者

---

① 本阅读资料取自李学峰,王兆宇,李佳明. 噪声交易与市场渐进有效性[J]. 经济学季刊,2013(3).

即为非理性投资者。

行为金融学的诞生便是出于从投资者非理性的角度来解释市场异象,即说明为什么市场不是完全有效的,而一个被广泛接受的看法是,正是由于噪声交易者的存在才导致了市场的非有效性。然而行为金融学的有关研究基本上是从静态角度论证了投资者的非理性导致了市场的非有效,而从市场渐进有效性理论的动态角度看,究竟是否是投资者的非理性行为造成了市场的动态无效呢?特别地,针对我国这样一个新兴市场,投资者的非理性行为在市场渐进有效的进程中扮演了怎样的角色呢?行为金融学的研究并没有给出明确的结论。

李学峰等(2013)的研究对上证50指数所代表的子市场的噪声交易情况进行了度量,同时构建状态空间方程并采用Kalman滤波法测度了该市场的渐进有效性,进而研究投资者噪声交易对我国市场渐进有效性的水平及其波动的影响。研究发现,我国市场整体上趋于有效,噪声交易的平均水平在各时期比较平稳;噪声交易会起到微弱的降低市场有效性水平的作用,增加渐进有效性的短期波动,但是从长期看并不能影响市场趋于有效的趋势。

上述研究结论说明,投资者的非理性行为并不是造成我国资本市场非有效的根本原因,但是非理性行为也在短期内给市场的有效性进程造成阻滞。这一发现的理论意义在于:既支持了有效市场假说——虽然我国市场整体的有效水平仍有待提升,但长期来看却是逐渐趋于有效的;也没有否认行为金融学所认为的非理性行为对市场有效性造成的影响。也就是说,尽管传统金融学与行为金融学两大理论体系在很多问题的看法上意见相左,但该研究却说明我国市场目前兼具两大理论体系所描述的特征。这也就启示我们,两大理论的综合和融合,既是金融学理论发展的方向之一,也应成为我们研究现实市场问题的立足点和依据所在。

三、动量与反转投资策略

(一)动量投资策略

现实市场中,舆论普遍认为投资者大多会采取追涨杀跌的交易行为。自从Jegadeesh和Titman(1993)对动量交易的开创性研究以来,投资者追涨杀跌的行为开始引起行为金融学的重视。

所谓动量投资策略(momentum investment strategy),也叫作惯性投资策略,即购入过去表现良好的股票,卖出前段时期表现不好的股票,也即"buying winners and selling losers"。具体来说,由于股票价格具有一定黏性,买进开始上涨,并且由于价格黏性和人们对信息的反应程度比较慢,而预期将会在一定时期内持续上涨的股票,卖出开始下跌而由于同样原因预期将会继续下跌的股票。

大量的行为金融学的研究表明,动量投资策略在现实市场中是普遍存在的(Nofsinger and Sias,1999;Griffind et al.,2003;徐捷,肖峻,2006;李学峰等,2008;王磊,陈国进,2009)。根据行为金融理论的研究,动量效应产生的原因主要是投资者的反应不足和保守心理,即投资者对于新的信息可能采取观望、等待的行为,导致新信息不能有效地反应到价格形成中,从而使得价格出现了缓慢变化的状态,产生了趋势的延续。

行为金融的实证研究发现,动量投资是具有获利性的,采用动量投资策略可以获取不同程度的超额收益(Fama and French,1998;Jegadees and Titman,2001;高秋明等,2014)。这也是动量投资会成为一种投资策略的原因所在。

根据行为金融学的研究,动量投资策略之所以能够获利,一种解释是"收益动量",即当股票收益的增长超过预期,或者当投资者一致预测股票未来收益的增长时,股票的收益会趋于升高。因此,动量投资策略所获得的利润是由于股票基本价值的变动带来的。另一种解释是,基于价格动量和收益动量的策略是因为利用了市场对不同信息的反应不足而获利。收益动量策略是利用了对公司短期前景的反应不足——最终体现在短期收益中;价格动量策略利用了对公司价值有关信息反映迟缓和在短期收益中未被近期收益和历史收益增长充分反应的公司长期前景。

(二) 反转投资策略

反转投资策略(contrarian investment strategy),简单说就是买进过去表现差的股票而卖出过去表现好的股票来进行套利的方法。De Bondt 和 Thaler(1985)研究表明反转投资策略每年可获得大约 8% 的超常收益。

反转投资策略之所以能够获利,是因为投资者在投资决策中,往往过分注重上市公司近期表现,并根据公司的近期表现对其未来进行预测,导致对公司近期业绩作出持续过度反应,形成对业绩较差公司股价的过分低估和对业绩较好公司股价的过分高估现象,这就为投资者利用反转投资策略提供了套利的机会。

总之,无论是惯性还是反转投资策略,都有可能给投资者带来超额收益,从而使得两种策略都有了存在的价值。至于在投资管理中具体采取何种策略,则需要根据对市场行为状态、近期投资者普遍的心理认知等进行判断和决策。

(三) 投资策略的衡量指标

衡量现实市场中投资者是采取了惯性投资策略还是实施了反转投资策略,基本思路是检验买入股票的投资者数目或者股票的买入量与期间股票收益率之间是否存在正相关的关系,如果证券的买入量与价格的变动方向一致,则证明市场上存在正反馈交易(即动量交易),反之是负反馈交易(即反转交易)。

具体而言,以 $H_{i,k}$ 作为第 k 期期初投资者持有股票 i 的数量占该股流通数的比例,即 $H_{i,k}$=某投资者在第 k 期初持有股票 i 的股份数/第 k 期初股票 i 的流通股份数;并以 $H_{i,k'}$ 作为第 k 期末投资者持有该股数量占流通股数的比例,即 $H_{i,k'}$=该投资者在第 k 期末持有股票 i 的股份数/第 k 期末股票 i 的流通股份数。进一步,($H_{i,k'}-H_{i,k}$)即为判断投资者在第 k 期内交易行为的指标,该值为正时,表示增持;反之,则表示减持。

在上述基础上,就可以得出用以判断、衡量投资者采取了惯性或反转投资策略的指标 M:

$$M=(H_{i,k'}-H_{i,k})\times(R_{i,k}-R_{m,k}) \qquad (7\text{-}12)$$

式中,$R_{i,k}$ 为第 k 期股票 i 的收益率;$R_{m,k}$ 为第 k 期市场 m 的收益率。当投资者增持表现好的股票或减持表现差的股票时,$M>0$,表明对该股采取了惯性投资策略;当投资者减持表现好的股票或增持表现差的股票时,$M<0$,表明对该股采取了反转投资策略。

📖 案例 7-4 中国市场上的获利性交易策略[①]

取 2015 年第一季度至 2017 年第三季度共 11 个子考察期,利用上述模型和方法,对我国市场上包括南方稳健、华夏成长等 27 只开放式基金的情况进行实证检验,结果如表 7-14 所示。

表 7-14 动态面板数据估计结果

变 量	c	α_1	α_2	β_1	β_2	β_3	β_4
系数	0.298 8	0.115 1	0.369 4	0.236 9	−1.997 2	−0.420 5	−1.790 7
z 统计量（相伴概率）	26.96 (0.000)	4.31 (0.000)	16.66 (0.000)	3.01 (0.003)	−4.72 (0.000)	−3.23 (0.001)	−5.34 (0.000)
Waldχ^2 统计量（相伴概率）		13 549.95 (0.000 0)			Sargan 检验 χ^2 统计量（相伴概率）	26.69 (0.968 4)	

在模型估计结果较为理想的基础上,对各系数做进一步的分析。其中,c 代表了各期绩效中固定的部分,α_1、α_2 分别体现当期绩效受到滞后 1 期、2 期绩效水平的正影响。β_1 为 0.236 9,表明如果当期内采取惯性策略,会对当期的绩效产生积极影响,即提高绩效;β_2 为 −1.997 2,说明如果当期采用反转策略,也会对当期绩效产生积极影响[②],提高绩效,由于其绝对值大于 β_1,意味着当期反转策略对绩效的贡献大于当期惯性策略;β_3 为 −0.420 5,即如果上一期采取了惯性策略,会对当期绩效产生消极影响,降低绩效,由于其绝对值大于 β_1,说明其消极影响的程度高于当期惯性策略的积极影响;β_4 为 −1.790 7,说明上一期的反转策略也有助于提高当期绩效,其影响程度比当期反转策略略小,大体相当。

四、行为管理

所谓行为管理,也即行为投资策略。行为金融学认为人们的行为是理性与非理性并存的,基于投资者的决策不是基于最优决策模型,于是将心理学融入金融学中,从个体投资者的心理、行为和动机来了解证券市场的基本问题,从而提出一套新的投资行为模型和投资策略。行为投资策略,就是利用投资者所犯系统的认知偏差所造成市场的非有效性来制定的投资策略。人类的心理和行为特征是长期演变下形成的,短期不会轻易改变,因此可以利用人们的行为偏差而长期获利。

根据合适的投资策略选择投资组合,一旦确定了投资策略,那么对投资组合的管理要从股票流动性管理、组合系统性管理、组合非系统性管理和投资者情绪控制四个方面严格执行。

---

① 本案例取材于李学峰,张舰,常培武.证券投资基金交易策略对其投资绩效的影响研究——基于 AB 动态面板模型的实证检验[R]. 2019.

② 虽然 β_2 为负数,但其对应的反转策略指标也为负数,二者成绩为正数,即对被解释变量产生正面影响。

在买卖时机的选择上,可以用图 7-12 来说明,要针对这种周期性的情况进行买卖时机的选择。

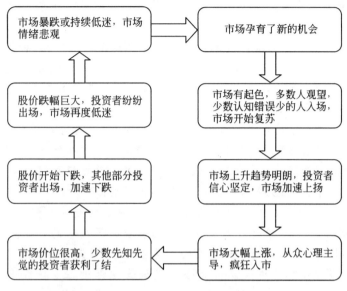

图 7-12　市场和投资者心理的周期性变化

从图 7-12 可以看出,投资者一方面要坚定自己的投资理念,避免被市场的波动所干扰;另一方面,从行为金融学上,可以利用投资者的非理性、投资者的认知偏差和市场的非有效性,来决定买卖的合适时机。

随着人们对市场认识的不断深入和行为金融理论的发展,许多基金和投资公司已经开始用行为金融学的投资策略来指导它们的投资活动。据估计,美国超过 700 亿美元的投资资金都是运用行为投资策略。不仅如此,以行为投资理念为指导的证券投资基金已经从欧美流行到亚洲地区,这些基金公司为避免非理性投资行为,通过计算机动态数量分析模型,为投资人构建资产组合,以避免受到人的非理性的干扰,追求资本的长期增值。

案例 7-5　行为金融投资基金

富勒—泰勒资产管理公司。行为金融大师富勒(Fuller)和泰勒(Thaler)在 1993 年创办了一家资产管理公司,称为富勒—泰勒资产管理公司(Fuller&Thaler Asset Management)。该公司管理着 28 亿元资产,其主要投资方法是利用投资者对信息的错误加工导致的市场非有效性来获取投资回报,采用自下而上的投资策略(自下而上的投资策略是指投资者主要关注对单个股票的分析而不重视宏观经济和市场周期,自上而下正好相反)。他们认为投资人由于启发式认知过程会犯许多错误,人们往往以狭隘的观念来判断投资,投资人的认知偏差使股票价格不能正确反映公司的价值,导致市场定价的偏差。他们的公司就是针对市场的非有效性进行投资策划而获利的。

该资产管理公司的大部分投资集中在小盘股上,只有一小部分在大盘股。该公司对小盘股投资的策略是:由于负面消息的影响,导致股价长期处于低迷状态,且投资者对公司的管理失去信心,将公司业绩不好的表现推断到未来,于是忽略了公司会得到改善的信号。该公司对以下几个方面进行研究来决定是否买入该种股票:公司价值改进信息的可靠性和质量、管理层乐观预期的合理理由、导致结果改善的潜在外在因素,如宏观经济形势等。

LSV 资产管理公司。Lakonishok,Shlefier 和 Vishny 于 1994 年在芝加哥创立了 LSV 资产管理公司。该公司旗下的 LSVEX(LSV Value Equity Fund)是一个行为金融基金。该基金主要投资于美国大盘股或中盘股,以追求长期资本增值。此基金管理者的目标是寻求那些不被市场看好,但股票价值被低估的公司。他们认为:大部分投资者在决策中倾向于用很久以前的信息来预测股票未来的价格,或者容易凭直觉分析和判断公司等。这种认知偏差会导致股票价格在某段时间内偏离其内在价值,于是基金管理者可以利用这种偏离进行投资获利。该基金采用严格的数量分析模型对股票进行详尽分析,根据分析结果对股票分级,买入级别高的股票,卖出级别低的股票。

ABN Amro 资产管理公司。ABN Amro 资产管理公司是荷兰银行下属的基金管理公司,是最早在欧洲和亚洲推行行为投资策略的基金公司。荷银投资基金(ABN Amro Investment Funds)自 1995 年开始研究有关行为金融学,并基于心理偏差发展出有关投资策略的计算机系统,推出两只以行为金融投资为主题的基金:价值比率投资基金(Value Ration Investment Fund)和行为金融(日本)基金(Behavioral Finance Japan Fund)。

价值比率投资基金成立于 1999 年,为了避免基金经理跟其他投资者一样犯错误,于是将选股过程自动化,充分利用计算机模型进行投资,并根据形象效应、对新闻的过度反应、对基本信息的反应不足和过度自信四项原则来挑选被错误定价的股票。在开始的两年中,价值比率投资基金取得了 26% 的年收益率,相比市场指数高出 8%。

行为金融(日本)基金成立于 2001 年 2 月 12 日,是荷银资产管理公司在亚洲推出的第一个以行为金融学理念进行投资的基金,其目标是通过投资公司的可转换权益证券,来获得长期的资本增值。在他们看来,人类的投资行为并不会因为地区的不同而有太大的差异。他们认为,投资是一个持续决策过程,这个过程除了理性的动机以外,还受到感情和心理因素的影响,所以在选择所投资的公司时,该基金会集中在那些由于情绪或行为原因而在股票市场上暂时被低估的公司。有别于一般传统基金,该基金属于积极管理型的基金,它的投资策略集自下而上、均衡及行为投资风格于一身。与价值比率投资基金相似,该基金主要依赖于计算机模型,使用同样的自动化的代理系统进行操作。

本章小结

本章以资产组合理论、资本资产定价模型、套利定价理论,以及行为金融理论为理论基础,进一步对投资组合管理的实际应用进行了介绍。

根据资产组合理论,证券组合中证券的数量越多,投资者所冒的风险也就越小,经过本章的实际分析得出,投资者分散化投资 12~18 种股票,就可分散风险。对于多种不同证券的资金分配,计算模型为 $\max S_p = \dfrac{E_R - r_f}{\sigma_p}$,采用 Excel 的规划求解方法,不断变动资本配置线,直至它的斜率与投资机会集合的斜率一样时,即可获得有最高的、可行的报酬与波动性比率的资本配置。进一步,我们可以通过资本资产定价模型对候选资产进行选择。根据CAPM模型 $E(R_i)=r+\beta_i[E(R_m)-r]$,可以确定资产的预期收益和风险,从而有助于我们作出投资决策。对于消极的组合管理而言,可选择无风险资产和风险资产的组合进行资产配置;对于积极的组合管理而言,可利用资本资产定价模型预测市场走势、计算资产 β 值,调整资产持有量。另外,本章还提供了基于CAPM的NPV评估法,并引出了一致性定理:公司收益最大将导致投资者对该公司的投资收益最大。

最后,本章对于套利定价理论的应用方法进行了介绍,例如对系统风险进行划分、选择最佳的因素敏感系数组合、进行期望收益-β 的相关性分析等。

练 习 题

1. 请在我国证券市场中任意挑选8只股票和7只债券,并模仿资产组合计算模型分析的内容,求解不同组合的风险与收益。

2. 如果你是一位专门投资于证券投资基金的基金(即FOF)经理,请问你根据本章的内容能否制定一个基金组合需要遵循的原则?在实际投资管理中你如何实施这些原则?

3. 通过本章的学习,你认为 β 值在现实投资管理中有哪些作用?

即 测 即 练

第七章 投资理论的应用

第八章 投资组合的构建与调整

现代投资管理的核心是组合管理。在实际的组合管理中,我们所面临的第一个问题就是,对已经根据资产组合理论建立的投资组合,如何衡量或评价其合理性?这不仅是一个对经典资产组合理论给予深化和拓展的理论问题,更是关乎投资管理的结果——投资绩效——的一个非常现实的问题。现实中我们面临的第二个问题是,大多数投资者都采用了积极组合管理的投资策略,其原因何在?我们又如何实施积极的组合管理?进一步的一个操作性问题就是,要调整和改善我们已经建立的投资组合,就需要改善和提高我们的组合管理能力,那么,对积极组合管理能力的高低如何进行评价?怎样才能达到较高的组合管理能力?对上述问题的研究和回答,为我们实际操作中进行积极且高效的组合管理提供了思路和方法。

本章即对投资组合构建与调整的合理性以及积极组合管理的内容及其能力的高低进行研究和评价。本章的内容不仅可以帮助我们更为全面地观察和理解投资绩效问题[①],而且对我们提高投资组合构建和调整的科学性,改善投资组合管理能力和水平,都将有所启示和帮助。

第一节 投资组合构建与调整的合理性评价

本节从风险与收益相匹配的一般原则和最优原则入手,建立起评价投资组合构建合理性的综合指标,并以我国市场上的 QFII 为案例,演示和分析合理性指标的应用。

从理论上看,通过风险与收益的匹配而达到投资效用的最大化,是投资者的根本性目标。那么,通过考察和衡量投资者是否获得了风险与收益的较优匹配,就可以揭示投资组合的构建和调整是否实现了其投资目标,从而也就有助于我们从一个更为基础和深入的视角揭示投资者的投资管理能力的高低及其投资组合的构建是否合理。

一、合理性评价的总体思路

从根本上来看,投资者进行投资的目标,即是满足投资效用的最大化。那么,一个投资组合的构建与调整的合理性的高低,也就是看该组合是否带来了投资者的效用最大化。投资者的效用函数为

$$U = E(r) - 0.005 A\sigma^2 \qquad (8-1)$$

式中,U 为投资者的效用;$E(r)$ 为所投资的标的资产的期望收益率;A 为投资者的风险敏感度;σ^2 为投资所承担的风险。该式表明,在给定投资者对风险的敏感度的情况下,投资

---

① 见本书第十章有关绩效评价的章节。

者效用的大小与期望收益率正相关,与投资风险负相关。将其落实到投资组合构建与调整的合理性角度,就要求我们从风险与收益的匹配性入手进行分析。

(一)风险与收益相匹配的一般原则与最优原则

根据资本资产定价模型,证券的预期收益率与其所承担的系统性风险之间是正相关的,即投资的高收益将伴随较高风险,而较低的收益其所承担的风险也将较低,这种对应关系即是风险与收益相匹配的一般原则。

所谓最优原则,是指根据 Markowitz 资产组合理论,理性投资者具有不满足和风险厌恶的特点,即在一定风险下追求更高的收益,或是在一定收益下追求更低的风险,从而达到风险与收益的最优匹配。

(二)风险与收益指标的选定

依据经典的组合理论,一个充分分散化的投资组合将消除所有的非系统性风险,因而我们选择系统性风险 β 作为表征风险的指标[①]。投资组合的 β 系数即 β_p,它等于该组合中各股票 β 系数的加权平均,权重为各股票的市值占该组合总市值的比重 X_i,即

$$\beta_p = \sum_{i=1}^{n} \beta_i X_i \tag{8-2}$$

式中,β_p 大小的含义是:如果投资组合的 $\beta_p = 1$,其系统性风险与市场风险一致;如果 $\beta_p > 1$,该组合的系统性风险即大于市场风险;而如果 $\beta_p < 1$,则该组合的系统性风险小于市场风险;$\beta_p = 0$,则该组合无系统性风险。

接下来选择表征收益的指标:一个证券组合的收益用 R_p 表示,它等于该组合中各股票的收益 R_i 的加权平均,权重为各种股票的市值占该组合总市值的比重 X_i,即

$$R_p = \sum_{i=1}^{n} R_i X_i \tag{8-3}$$

其中,t 期的 R_i 由 R_{it} 表示,有

$$R_{it} = (P_{it} - P_{i(t-1)} + D_{it}) / P_{i(t-1)} \tag{8-4}$$

式中,P_{it} 为股票在 t 期的价格;$P_{i(t-1)}$ 为股票在 $(t-1)$ 期的价格;D_{it} 为 t 期分得的股利。

二、风险与收益相匹配的量化表述

现在即把上面给出的风险与收益相匹配的一般原则与最优原则进行量化表述,以便最终建立起投资组合合理性评价的综合指标。

(一)一般原则

根据一般原则,投资组合的收益应该与其所承担的市场风险相匹配,即有什么样的风险就应该有什么样的收益。而根据 β 值的定义,市场组合的所有资产的加权平均 β 值必定为 1。这样即可得到投资组合与市场组合的 β 值关系式:

[①] 虽然在现实中,所有投资者的投资组合都不可能消除所有的非系统性风险,但是作为一种研究的基点和理论出发点,该处理方式符合研究范式和必要的简化。特别是,当我们将所有投资者放在同一个平台或起步点上——不考虑非系统性风险或者说非系统性风险给定,那么他们所承担的系统性风险就有了可比性,系统性风险的大小就可以成为比较的依据。

$$\beta_{pM} = \beta_p - 1 \tag{8-5}$$

其次,来看收益方面的指标。我们将投资组合的收益与市场基准组合收益的关系定义为 R_{pM},其关系表达式为

$$R_{pM} = R_p - R_M \tag{8-6}$$

进一步,β_{pM} 和 R_{pM} 可能有如下的符号搭配,对应一般原则下的三种情况。

情况1:$\beta_{pM} < 0$ 而 $R_{pM} \geq 0$;或 $\beta_{pM} = 0$ 而 $R_{pM} > 0$。其特征是,在所承担风险低于市场的前提下,获得了等于或高于市场的收益;或者在所承担风险等于市场的前提下,获得了高于市场的收益。该状态即所谓的低风险对应高收益,一方面反映了被考察市场是不完全有效的,因为根据经典的投资学理论,有效市场是不可战胜的;另一方面也反映了投资者充分把握了市场(非有效的)机会,战胜了市场。因而这种状态可以体现投资者具有把握和利用市场状态的能力,通过调整自己的投资组合来适应和利用一个不规范、非有效的市场。进一步可以判定,这种情况是在一般原则下合理性"高"的状态。

情况2:$\beta_{pM} > 0$ 且 $R_{pM} > 0$;或 $\beta_{pM} < 0$ 且 $R_{pM} < 0$;或 $\beta_{pM} = 0$ 且 $R_{pM} = 0$。其特征是,在承担风险高于市场的前提下,所得收益也高于市场;或者在承担风险低于市场的前提下,所得收益亦低于市场;或者在承担风险等于市场的前提下,所得收益等于市场。该种状态下,高风险对应高收益,低风险对应低收益,能够较好地体现风险与收益匹配的一般原则。进一步,可以判定该情况是一般原则下合理性"中等"的状态。

情况3:$\beta_{pM} > 0$ 但 $R_{pM} \leq 0$;或 $\beta_{pM} = 0$ 但 $R_{pM} < 0$。其特征是,在承担风险大于市场的前提下,所得收益等于或低于市场;或者在承担风险等于市场的前提下,所得收益低于市场。该种状态下,高风险对应低收益,不符合风险收益匹配的一般原则。进一步,可以判定情况3是一般原则下投资组合合理性"低"的状态。

(二) 最优原则

根据风险与收益的最优匹配原则,要考察在给定的风险水平下投资组合是否获得了更高的收益,须综合考虑风险和收益。因此,在这里将收益用风险进行调整,形成 R_{rp},它等于组合的收益 R_p 比上组合的风险 β_p,该比值的含义是:投资组合承受单位系统风险时的收益,代表收益率与系统性风险之间的对应关系。那么,我们应如何评价该投资组合风险与收益的对应关系,进而判断其风险与收益匹配的状况呢?这就需要构造比较的基准。

由于市场是所有证券的集合,因而可以作为比较的基准。市场也会有收益(即市场收益率)和市场总体风险(即市场的 β 值)之间的对应关系,两者的比值 R_M/β_M 即反映市场收益与风险的这种对应关系,我们将其命名为 R_{rM}。由于市场总体的系统性风险 β_M 为1,于是得到 $R_{rM} = R_M$。这里,市场收益率 R_M 被赋予了新的含义,即整个市场的风险与收益的对应关系。

那么,由投资组合的 R_{rp} 与比较基准 R_M 可得

$$MD = R_{rp} - R_M \tag{8-7}$$

其中,MD 即为衡量某投资组合在最优原则下风险与收益匹配性状况的指标。MD值可能存在正、负两种情况。情况1中,MD>0,说明在承担相同风险水平的状况下,投资组合的收益高于市场基准,在非有效的市场中符合了风险与收益的最优匹配原则,并且从投资者的角度出发,该种情况是最优原则下投资组合和理性"高"的状态;情况2中,

MD<0，说明在承担相同系统风险水平的状况下，投资组合的收益低于市场基准，未能满足最优原则，并且可以判断，该情况是最优原则下合理性"低"的状态。

三、投资组合合理性的综合评价

（一）一般原则与最优原则的关系

通过一般原则与最优原则匹配状态衡量模型可以看出，两种原则是存在紧密联系的。具体来说，如果某投资组合的合理性在一般原则下属于"高"，那么它在最优原则下一定也属于"高"：当 $\beta_{pM}=\beta_p-1<0$ 且 $R_{pM}=R_p-R_M>0$ 时，则 $R_p/\beta_p>R_M$，即 MD$=R_p/\beta_p-R_M>0$，因而由一般原则下合理性"高"的状态可以推出最优原则下合理性"高"的状态——"低风险高收益"的组合一定能够获得超过市场基准的收益。

如果该组合合理性在一般原则下属于"低"，那么它一定在最优原则下也属于"低"：当 $\beta_{pM}=\beta_p-1>0$ 且 $R_{pM}=R_p-R_M<0$ 时，则 $R_p/\beta_p<R_M$，即 MD$=R_p/\beta_p-R_M<0$，因而由一般原则下合理性"低"的状态可以推出最优原则下合理性"低"的状态——"高风险低收益"组合的收益一定低于市场基准。

如果该组合的合理性在一般原则下属于"中等"，则它在最优原则下既有可能属于"高"也有可能属于"低"：β_{pM} 与 R_{pM} 正负号相同时，无法确定 MD 值的正负号，因而不能推定一般原则下合理性"中等"的状态一定对应最优原则下合理性"高"或"低"的状态——一般原则下"风险与收益相匹配"的组合也是有区别的，一部分能够获得超过市场基准的收益，另一部分则获得低于市场基准的收益。

（二）投资组合合理性的综合评价指标

基于以上分析，我们提出综合考虑一般原则与最优原则的投资组合合理性判断标准，如表8-1所示。

表8-1 投资组合合理性判断标准

情况	一般原则下合理性判定	最优原则下合理性判定	综合评价	投资组合合理性综合评价
1	高	高	低风险对应高收益，获得超市场基准收益	最高
2	中等	高	一般原则下风险与收益相匹配，获得超市场基准收益	较高
3	中等	低	一般原则下风险与收益相匹配，未获得超市场基准收益	较低
4	低	低	高风险对应低收益，未获得超市场基准收益	最低

可见，在一般原则的基础上，引入最优原则的分析，可以使对投资组合合理性的分析更加细化，并将被考察对象依次归入以上四个合理性等级。

案例 8-1　QFII 投资组合合理性考察[①]

我国自 2002 年实施 QFII（Qualified Foreign Institutional Investor，合格的国外机构投资者）制度以来，QFII 在中国证券市场有了长足的发展，已成为我国证券市场仅次于本土证券投资基金的第二大机构投资者。一般认为，QFII 制度的引入和实施，政策意图之一是希望以 QFII 较高的投资管理能力和先进的组合构建方法引导与促进国内机构投资者的发展。那么，通过对 QFII 投资组合构建和调整的研究，不仅有助于我们对其投资管理能力的高低和组合的构建是否合理给出客观和实证性的揭示与评价，而且也可以对国内机构投资者的投资管理和投资组合构建提供参考与启示。同时，还有助于我们对引入 QFII 的功效及其市场作用进行客观评价。本案例即对 QFII 的投资组合进行实证研究，分析其投资组合的合理性。

首先，对总考察期内各 QFII 投资组合风险与收益的匹配状态进行考察，并进一步对 QFII 个体进行横向比较。根据 29 家样本 QFII 从 2005 年一季度到 2007 年一季度投资组合数据，有德意志银行等 14 家机构在所有 9 期中均持有投资组合，其余 15 家在至少 4 期中持有投资组合。利用式(8-2)~式(8-4)计算得到各期各机构投资组合的风险和收益值，并计算各期市场基准收益率 R_M，然后取 R_p、R_M 及 β_p 平均值，利用式(8-5)、式(8-6)与式(8-7)计算 β_{pM}、R_{pM}、MD 的值，对各 QFII 在总考察期内的风险与收益匹配状态进行衡量，并根据一般原则和最优原则下的匹配状态进行投资组合合理性判定[②]。

由计算结果[③]可以发现，按照风险与收益匹配性的一般原则，QFII 投资组合合理性属于"高"即"低风险高收益"的有 13 家，占 44.8%；属于"中等"即"一般原则下风险收益相匹配"的有 13 家，占 44.8%；属于"低"即"高风险低收益"的有 3 家，占 10.3%。按照风险与收益匹配性的最优原则，QFII 投资组合合理性属于"高"即符合最优原则的有 24 家，占 82.8%；属于"低"即不符合最优原则的有 5 家，占 17.2%。

综合一般原则与最优原则的分析，我们可以对所有 QFII 进行投资组合合理性评价，按照前文给出的标准将它们分别归入合理性"最高""较高""较低""最低"四个档次。根据表 8-2 中的数据，合理性最高的有 13 家，占总数的 44.8%；合理性较高的有 11 家，占总数的 37.9%；合理性较低的有 2 家，占总数的 6.9%；合理性最低的有 3 家，占总数的 10.3%。

其次，我们将所有样本 QFII 投资组合作为总体，对其风险与收益匹配的状态与投资组合合理性进行考察。根据 QFII 总体在 2005 年一季度到 2007 年一季度持有的十大重仓股数据，利用式(8-5)、式(8-6)、式(8-7)计算 β_{pM}、R_{pM}、MD 值，并对 QFII 总体投资组合风险与收益匹配状况及合理性作出判断，结果如表 8-2 所示。

[①] 本案例取材于李学峰，曹小飞. QFII 投资组合构建的合理性研究[J]. 国际经贸探索，2008(7).

[②] 理论上，应通过计算总考察期内 β 值和 R_p 的方法来计算总考察期的 MD 值，然而，由于 QFII 每一季度的投资组合是变化的，我们无法直接运用式(7-2)和式(7-3)来计算总考察期内的 β 及 R_p，因而用各期的平均值代表总考察期内的数值。

[③] 限于篇幅，这里略去了具体的结果表格。

表 8-2 QFII 总体十大重仓股组合风险与收益匹配状态及组合构建合理性判断

季度	β_{pM}	R_{pM}	MD	一般原则下合理性	最优原则下合理性	组合构建合理性
2005-1Q	−0.358 5	0.102 9	0.128 2	高	高	最高
2005-2Q	−0.153	−0.045	−0.065 3	中等	低	较差
2005-3Q	−0.368 4	0.039	0.087 4	高	高	最高
2005-4Q	−0.210 1	0.079 7	0.102 7	高	高	最高
2006-1Q	0.011	−0.055 7	−0.056 7	低	低	最差
2006-2Q	−0.159 2	−0.074 8	−0.029 5	中等	低	较差
2006-3Q	−0.211 6	0.102 9	0.132 3	高	高	最高
2006-4Q	0.096 8	0.328 5	0.259 4	中等	高	较高
2007-1Q	−0.007 1	0.111 8	0.115 2	高	高	最高

注：2005-1Q 表示 2005 年一季度，以此类推

从表 8-2 中可以发现，按照风险与收益匹配性的一般原则，QFII 总体投资组合合理性属于"高"即"低风险高收益"的有 5 个子期，占总期数的 55.6%；属于"中等"即"一般原则下风险收益相匹配"的有 3 个子期，占总期数的 33.3%；属于"低"即"高风险低收益"的有 1 个子期，占总期数的 11.1%。按照风险与收益匹配性的最优原则，QFII 总体投资组合合理性属于"高"即符合最优原则的有 6 个子期，占总期数的 66.7%；属于"低"即不符合最优原则的有 3 个子期，占总期数的 33.3%。

综合一般原则与最优原则，投资组合合理性"最高"的有 5 期，占总期数的 55.6%；合理性"较高"的有 1 期，占总期数的 11.1%；合理性"较差"的有 2 期，占总期数的 18.2%；合理性"最差"的有 1 期，占总期数的 11.1%。

第二节 积极组合管理的实施

投资组合的管理存在两种方式，即积极型投资管理和消极型投资管理。投资者在策略上选择何种管理方式，应与不同的市场有效性程度相匹配。

一、消极组合管理与积极组合管理

所谓消极组合管理（passive investment strategy），是指投资者确定在各种资产间进行分散化投资的投资比例，并遵循这一比例不再变动的投资策略，这一方式称为消极型投资策略。

在一个强有效或半强有效市场中，投资者所应选择的主要投资分析方法是进行价值分析，即通过均衡分析并在市场均衡位置上构建一个投资组合。在这样一个市场中，如果一个投资者根据所有投资者都能获得的信息去预测市场未来的走势并据此调整其投资组合，那么所有投资者也将一致行动，其最终的结果将是没有人会获得额外利润。也就是

说,在一个有效市场中,投资者的最佳策略是进行消极管理。换言之,只要市场的均衡状态和均衡位置没有改变,投资者就不应改变其投资组合。现实中的指数基金即是消极组合管理的实践。

所谓积极组合管理,是指资产管理者力图预测未来的市场趋势,并据此改变组合中的投资比例,或构建新的投资组合,这一方式称为积极型投资策略。

在弱有效或无效市场中,投资者的最优投资方法是进行基本分析和技术分析。也就是说,在这样一种市场中,投资者可通过基本面分析和技术分析方法预测市场未来的走势,从而根据其预测来调整或重新构建投资组合。换言之,在无效市场中,投资者可通过积极型投资策略去捕捉市场机会、获取超额利润。

二、积极组合管理的理论基础

在组合管理中到底应采取积极型投资管理还是消极型投资管理,这一争论自20世纪70年代市场有效假说提出以来一直存在。正反双方都给出了许多理论和实证的依据。但国内外证券市场上,积极型投资策略是机构投资者资金管理的主要方式,这是有其深刻的理论基础的。

随机游走理论、有效市场理论是被动投资的理论基础。从投资管理实践的角度看,随机游走理论和市场有效性假说的主要意义是,竞争必将使得价格围绕价值做随机游走,不存在系统的偏差。因此,无须选择买卖的时机,简单的买入-持有策略与复杂的策略等效。总之,随机游走理论和市场有效性假说对技术分析、基本面分析乃至组合投资理论构成了根本挑战。资本市场有效性命题的核心是在完全竞争市场上、在均衡条件下,不存在无风险套利机会。市场有效性理论能够解释为什么证券市场的价格波动必定是不可预测的。但是,市场有效性理论无法解释日常资本市场如此巨大的成交量,无法解释如此巨大的成交量所代表的交易行为的产生、价格的形成(过程)以及信息是如何反映到市场价格中的。

Shleifer指出,资本市场有效性命题的成立依赖于三个基本前提:一是投资者是理性的,因而能够理性地评估证券的价格;二是即使投资者是不理性的,但由于他们的交易是随机的,所以能够彼此抵消对价格的影响;三是如果部分投资者有相同的不理性行为,市场仍可以通过套利机制使价格回复理性水平。资本市场有效性成立的关键是相信通过套利的力量可以让市场恢复效率,因而价格偏离只是短期现象。

然而,在不对称信息条件下,套利活动本身是具有风险的,被动投资理论的致命缺陷是单人决策观,未能考虑交易对手的存在及其不对称信息,是决策观下的投资管理理论。单人决策观下的投资管理其实是鲁滨孙式的、一个经济主体及自然组成的经济,究其本质是人在自然环境的单人决策形成的极值问题。对积极型投资管理者来说,问题在于:必须在存在不对称信息的条件下与他人发生交易,交易的后果不仅取决于自己的行为,还取决于其他人的行为,而他人同样受着理性原则的指导。

进一步看,由以上的研究我们指出,在无效市场中,投资者可通过积极型投资策略去捕捉市场机会、获取超额利润。实际上,在一个有效市场中也可以实施积极型的投资管理策略,其理论基础就在于所谓的Grossman-Stiglitz悖论。Grossman和Stiglitz指出,即使在有效的市场上,也一定偶发地、不连续地存在市场失效点。其原因在于受市场信息传播的速度、准确度、投资者群体的素质和能力,以及市场机制的限制,市场不可能时时、处处是有效的,一定存在失效点。换言之,一个成熟的市场在大多数时间内可能是近似有效的,但是无效的情况始终存在,并且间断地、不可预期地在市场中出现。积极的投资管理即试图发现并利用市场无效的情况去获取利润。

三、积极组合管理的内容

积极型投资管理中最为核心的概念是积极型头寸。按照 Grinold 和 Kahn 的观点,积极型头寸被定义为某种资产在基金经理的积极型组合中与在基准组合中所占比例的差异。这里提到的差异并不是指由随机噪声导致的差异,而是投资者根据对市场以及资产收益的判断人为构建的差异。投资者可以根据对市场整体走势的预期来构建积极型头寸,也可以根据对市场中不同板块的预期差异来构建积极型头寸。

积极组合管理中还涉及的三个重要的概念是:积极型收益、积极型风险和信息比率。

积极型收益是指投资者赢得或者预期赢得的超过基准收益的收益,即所持有的组合的收益与所选择的基准的收益的差值。积极型收益来自对积极型头寸的持有。如果某一个组合积极型收益在考虑克服积极型战略的交易成本之后仍然为正值,那么就称该组合战胜了市场。

积极型风险是指投资者能够获得的积极型收益的波动性,通常以积极型收益的年标准差或者方差来衡量。不持有积极型头寸(仅持有基准组合)的投资者就不会有积极型风险,也不会有积极型收益。

信息比率是投资者的积极型收益和积极型风险的比值,即单位积极型风险上所获得的积极型收益。它是衡量基金经理绩效的一个尺度,也是投资者选择基金经理的一个标准。按照 Grinold 和 Kahn 在 1989 年提出的"积极型管理基本定律"(fundamental Law of active management):

$$IR = IC \times \sqrt{BR} \tag{8-8}$$

其中 IR 为信息比率,表示积极型管理承担单位风险所带来的超额收益,它由反映组合管理者对证券积极收益率预测能力的指标——信息系数 IC 及反映操作次数的指标——广度 BR 所决定。这一思想成为目前积极型管理实践的重要参考。

积极型投资管理的另一个重要内容是跟踪误差[①]的控制及跟踪误差约束条件下的证券组合优化。跟踪误差分为事前预测值(ex-ante)、事后实际值(ex-post)及目标设定值(target)三类。在实际的证券组管理中,经常会出现事后实际跟踪误差大大高于目标设定或事前预测的跟踪误差,由此造成资金委托人对证券组合管理者控制风险的能力不满,引起业务甚至司法纠纷[②]。跟踪误差约束条件下的证券组合优化是指在控制跟踪误差于

---

① 积极型投资管理的一个重要方式为通过调节组合的资产权重与基准组合资产权重的偏差,以取得超过基准指数的积极收益率,由此承担的风险用相对收益率的标准差表示,称为积极风险或跟踪误差。

② 如 1998 年著名的资产管理机构巴克莱投资公司(Barclays Global Investors,BGI)同意如果事后实际的跟踪误差值超过设定值达一定限度,则向资金委托人——Sainsbury 养老基金返还一定比例的资产管理费;2001 年 Unilever 基金状告美林(Merrill Lynch)资产管理公司超过约定的跟踪误差进行过度投机等。

一定范围内的条件下,调节组合中各资产的权重,使组合相对于基准指数的超额收益率最大。它与以马科维均值-方差模型为代表的传统证券组合优化理论的主要区别在于:均值-方差模型讨论的是在总风险一定的条件下,使组合的绝对收益最大;而积极型证券组合管理考虑的是在控制相对风险(用跟踪误差表式)于一定范围内的情况下,使组合相对于基准指数的超额收益率最大。

积极组合管理在操作中主要通过战略性资产配置(strategy asset allocation,SAA),也称政策性资产配置(policy asset allocation)和战术性资产配置(tactical asset allocation,TAA),包括市场时机选择、资产选择与证券选择等具体方式实施。这些内容将在第九章和第十章进行阐述。

阅读资料8-1　　工程化管理

与传统的积极管理在构建股票组合时会产生主观结果不同,工程化的管理方法能够利用所有被发现的相关信息进行股票组合的构建。这种管理方法能够对所选择的股票范围进行客观的审视,并利用优化技术对这一范围内的股票的期望收益和风险进行定量分析。

工程化管理方法在选择股票时所使用的定量方法和构建股票组合的过程确保了工程化股票组合的规范化。当单个股票能够被期望的表现参数所确定,并且股票组合能够按照这些参数进行优化,进而提供投资者期望的风险-收益水平时,工程化股票组合就能够按照先前设定的目标确定下来。工程化管理者几乎不会从这些对股票组合表现的要求上偏离,因此他们很少像传统管理者那样受认识错误的影响。事实上,当投资者追涨杀跌时,工程化管理者还有意使用这些错误来限制投资者的这些行为[①]。工程化管理方法构建股票组合时的规范化确保了其所构建的股票组合的整体性。它要求不能重叠持有各类板块股票组合,同时各种板块股票的基准从总体上来讲,应该包括选择范围内的所有股票。也就是说,不同板块股票组合之间不能有交集,并且各个板块股票组合的合计应该等于整个核心股票市场。

相对于传统的积极管理方法,运用工程化管理方法可以降低股票组合收益与核心股票或板块股票收益之间的偏差,同时,提供比消极管理方法所构建的股票组合的收益更高的收益。通过这种方式进行优化的资产组合,能够在风险控制的前提下,创造出比市场基准更大的收益,从而实现超越市场的目的。

表8-3比较了股票组合管理的传统管理、消极管理和工程化管理方法的优缺点。传统管理方法有深度,但却缺乏宽度,并且易于受认识错误的影响,而且所构建的股票组合缺乏整体性。只有工程化管理有能力构建一个具有分析宽度和深度的股票组合,且不受认识错误的干扰,并同时保持股票组合的整体性。

---

① 法博齐.积极股票管理[M].金德环,等译.上海:上海财经大学出版社,2004:14.

表 8-3　三种投资管理方式的比较

	传　　统	消　　极	工　程　化
分析深度	具备	缺乏	具备
分析宽度	缺乏	具备	具备
感觉错误	影响	不影响	不影响
股票组合整体性	缺乏	具备	具备

第三节　积极组合管理能力评价

Grossman 和 Stigliz 认为："市场的有效率是依靠市场的套利和投机活动来建立的，而套利和投机活动都是有成本的；如果市场每时每刻都是有效率的，则不会存在套利机会，投机活动也将无利可图，套利和投机就会停止，而市场也就不能保持有效率。市场有效率正是由那些认为市场无效率或效率不高的人的努力工作所促成的，这些人越多，工作越努力，市场就越有效率。"而 Flood 和 Ramachandran[1] 的研究发现，市场偶尔的失效或者某些市场的失效可以给积极型投资管理者提供生存的空间和扣除成本后的收益。也就是说，在一个非完全有效的市场中，积极的组合管理是可以获得战胜市场的超额收益的。那么，一个积极的组合管理是否能够最终战胜市场，就要凭借其积极组合管理能力的高低。

一、积极组合管理能力评价方法

根据积极组合管理的定义和内容，对积极组合管理能力的评价模型设计步骤如下。

首先，定义市场基准组合收益率 $r_{M,k}$ 衡量在研究期间内整个股票市场的表现。一般可以采用各种通用的市场指数作为代表。

其次，计算风险资产组合中所有单个股票在研究区间内的收益率，计算公式为

$$r'_{i,k} = (期末股票复权价格 - 期初股票价格)/期初股票价格 \quad (8-9)$$

将市场指数和式(8-9)结合，设计指标 $R_{i,k}$，其计算公式为

$$R_{i,k} = r'_{i,k} - r_{M,k} \quad (8-10)$$

该指标可用来衡量投资组合中各股票在研究区间内的表现。如果 $R_{i,k} = r'_{i,k} - r_{M,k} > 0$，则表明该股票表现良好，投资经理应将其加入组合中或增加持有；如果 $R_{i,k} = r'_{i,k} - r_{M,k} < 0$，则表明该股票表现不好，投资经理应将其从组合中剔出或减少持有。

再次，通过对投资者风险资产的配置情况，判断每一只股票在研究区间内的持有状态，即超配或者欠配。将超配定义为某一期间投资者持有某只股票的市值占该投资组合总市值的比例大于这只股票的流通市值占全部股票的总流通市值。同样地，将欠配定义为某一期间投资者持有某只股票的市值占该期投资组合总市值的比例小于这只股票的流

---

[1] FLOOD J, RAMACHANDRAN N. Integrating active and passive management[J]. Journal of portfolio management, 2000(27).

通市值占全部股票的总流通市值[①]。设计 $H_{i,k}$ 指标：

$$H_{i,k} = h'_{i,k} - h_{i,k} \tag{8-11}$$

式中，$h'_{i,k}$ 为期间内投资者持有某只股票的市值占其投资组合总市值的比例的平均值；$h_{i,k}$ 为期间内个股的流通市值占总流通市值的比例的平均值。

其中，$h'_{i,k}$ =（期初该股票的市值占组合总市值的比例＋期末该股票的市值占组合总市值的比例）/2；$h_{i,k}$ =（期初该股票流通市值占总流通市值的比例＋期末该股票的流通市值占总流通市值的比例）/2。

如果 $H_{i,k} = h'_{i,k} - h_{i,k} > 0$，则表明投资经理在研究区间内对这只股票进行了超配操作；相反地，如果 $H_{i,k} = h'_{i,k} - h_{i,k} < 0$，则表明投资经理在研究区间内对这只股票进行了欠配操作。

在上述步骤基础上，可设计指标 $IS_{i,k}$：

$$IS_{i,k} = H_{i,k} \times R_{i,k} = (h'_{i,k} - h_{i,k})(r'_{i,k} - r_{M,k}) \tag{8-12}$$

该指标的含义为：当 $R_{i,k} = r'_{i,k} - r_{M,k} > 0$ 且 $H_{i,k} = h'_{i,k} - h_{i,k} > 0$，或者 $R_{i,k} = r'_{i,k} - r_{M,k} < 0$ 且 $H_{i,k} = h'_{i,k} - h_{i,k} < 0$，则 $IS_{i,k}$ 值为正值，即投资经理对该只股票的积极管理有效；如果 $R_{i,k} = r'_{i,k} - r_{M,k} < 0$ 但 $H_{i,k} = h'_{i,k} - h_{i,k} > 0$，或者 $R_{i,k} = r'_{i,k} - r_{M,k} > 0$ 但 $H_{i,k} = h'_{i,k} - h_{i,k} < 0$，则 $IS_{i,k}$ 值为负值，即投资经理对这只股票的积极管理无效。如果投资经理对某只股票采取消极管理策略，则其 $H_{i,k} = 0$，因此其指标 $IS_{i,k} = 0$。

最后，设计指标 S_i 来综合考察某一时期投资者整体积极组合管理能力：

$$S_i = \sum IS_{i,k} = \sum H_{i,k} \times R_{i,k} = \sum (h'_{i,k} - h_{i,k})(r'_{i,k} - r_{M,k}) \tag{8-13}$$

根据式(8-13)可知，市场基准组合的指标 $S_i = 0$。

在一个非有效市场中，如果投资者采取积极组合管理策略，则有以下三种情况：第一，$S_i > 0$，表明从整体上看，投资者积极组合管理有效，即投资经理对个股积极管理操作有效的股票数量大于积极管理失败的股票数量，并且 S_i 越大，其积极组合管理的能力越高；第二，$S_i < 0$，表明投资者整体上积极组合管理无效，即投资经理对个股积极管理操作有效的股票数量小于积极管理失败的股票数量，说明积极的管理组合败给了市场基准组合，并且 S_i 越小，其积极组合管理的能力就越低，即投资经理没有抓住市场非有效所提供的机会去战胜市场；第三，$S_i = 0$，表明积极管理组合的表现与市场基准组合的表现一样，我们将其界定为积极组合管理能力一般——虽然没有败给市场，但是也没有利用好市场的机会去战胜市场[②]。

[①] 从理论上看，如果投资者采取消极资产组合管理，则其风险资产组合中某只股票的持股比例应该与该股票的流通市值占市场总流通市值的比例保持一致。然而，除指数型基金外，大多数的投资者均采取积极的资产组合管理，即根据市场的时机选择和个股的证券分析，在特定时期内超配或者欠配特定股票，以达到风险资产组合的回报率高于市场基准组合收益率的目的。

[②] 当然，从理论上看，此时投资者的最优选择是不需要花费不必要的成本和时间对资产组合进行积极管理，而应该转为消极的资产组合管理策略。

二、一个应用：中国开放式证券投资基金的积极组合管理能力评价

这里我们即以中国开放式证券投资基金为例，演示积极组合管理能力评价指标的应用。

（一）研究时期及样本的选取

数据选自 Wind 数据库 2005 年 1 月 1 日至 2007 年 6 月 30 日上证 A 股指数、深证 A 股指数，上证 A 股、深证 A 股总流通市值，上证 A 股和深证 A 股后复权收盘价格，以沪、深 A 股两个市场的加权平均收益率作为市场基准组合收益率，即

$$r_{M,k} = (深证 A 股指数涨跌幅 \times 深市 A 股平均总市值 + 上证 A 股指数涨跌幅 \times$$
$$沪市 A 股平均总市值)/(深市平均 A 股总市值 + 沪市平均 A 股总市值) \quad (8-14)$$

其中，深市平均 A 股总市值=（期初深市 A 股总市值+期末深市 A 股总市值）/2；沪市平均 A 股总市值=（期初沪市 A 股总市值+期末沪市 A 股总市值）/2。

选取开放式基金在 2005 年 1 月 1 日至 2007 年 6 月 30 日期间的半年持仓明细①。以基金持有的前二十大重仓股作为主要的研究对象，这是因为，前二十大重仓股在机构投资者的股票投资组合中占很大比重，足以代表其持仓状况，从而以这些股票为考察对象，可以衡量基金的积极组合管理能力。不过，在研究前二十大重仓股的同时，考虑到投资者持仓情况的动态变化，考察对象多于 20 只个股，因而机构投资者的持股明细也要纳入考察视野。

在选择基金时，遵循以下原则：第一，同时选取开放式基金作为考察对象；第二，为保证研究对象在进入本文的考察期时，已经完成建仓并且投资过程连续，被选取的基金均成立于 2004 年 9 月 30 日以前；第三，由于研究的是基金的积极组合管理能力，因此仅选取股票型基金作为样本，不包括采用消极组合管理的混合型基金和指数型基金。这样，我们共挑选了 19 只开放式基金作为研究对象。基金样本见以下的各相关表格。

（二）实证分析与结果

首先，统计 2005 年 1 月 1 日至 2007 年 6 月 30 日沪、深两市 A 股指数的半年涨跌幅和沪、深两市 A 股平均半年总流通市值。根据式(8-14)，计算市场基准组合收益率，结果如表 8-4、表 8-5 和表 8-6 所示。

表 8-4　沪、深两市 A 股指数涨跌幅　　　　　　　　　　　　　　　%

指　　标	2005 年上半年	2005 年下半年	2006 年上半年	2006 年下半年	2007 年上半年
上证 A 股指数涨跌幅	−14.66	7.56	43.99	60.13	42.44
深证 A 股指数涨跌幅	−18.11	7.76	55.56	26.23	97.64

---

① 基金半年的持仓明细数据为基金半年报和年报中披露的其持有的全部股票明细，以及这些股票占基金股票总投资市值的比例。

表 8-5　沪、深两市 A 股平均半年总流通市值　　　　　　　　　　　　亿元

指　　标	2005 年上半年	2005 年下半年	2006 年上半年	2006 年下半年	2007 年上半年
上证 A 股平均流通市值	25 663.26	24 164.82	28 921.06	59 027.94	120 030.11
深证 A 股平均流通市值	9 723.57	8 816.23	11 095.76	15 627.93	28 067.25

表 8-6　市场基准组合收益率　　　　　　　　　　　　　　　　　　　　%

指　　标	2005 年上半年	2005 年下半年	2006 年上半年	2006 年下半年	2007 年上半年
基准组合收益率	−15.61	7.61	47.20	53.03	52.90

由表 8-4、表 8-5 和表 8-6 可知，从 2005 年初至 2007 年 6 月底，中国的证券市场先后经历了下跌(2005 年上半年)、震荡(2005 年下半年)和上涨(2006 年全年和 2007 年上半年)三个阶段。

其次，根据式(8-9)计算沪、深两市 A 股在 5 个子研究区间的半年收益率，并在市场基准组合收益率的基础上，进一步计算沪、深两市 A 股的超额收益率 $R_{i,k}$；根据式(8-11)计算指标 $H_{i,k}$；按照式(8-12)计算基金半年报、年报中披露的所持有前二十大股票的 $IS_{i,k}$ 值。经过这些计算后，即得到各指标的相应结果①。

最后，根据式(8-13)，计算 5 个子研究时期内各开放式基金的 S_i 值，计算结果如表 8-7 所示。

表 8-7　开放式基金 S 指标　　　　　　　　　　　　　　　　　　　　%

基金名称	2005 年上半年	2005 年下半年	2006 年上半年	2006 年下半年	2007 年上半年
华夏成长	−0.171 2	−1.585 6	9.605 8	−3.891 3	14.129 0
华夏大盘精选	2.825 8	−4.028 4	7.181 8	−12.097 9	20.473 4
国泰金鹰增长	8.554 4	−0.230 4	20.293 3	−4.471 5	9.551 8
博时精选	2.374 5	−0.222 7	2.041 5	−5.268 7	5.389 3
大成价值增长	5.918 0	0.374 9	1.682 6	−2.982 6	25.927 5
富国天益价值	22.249 2	−0.189 2	31.502 7	−1.566 8	8.606 3
易方达策略成长	16.981 8	1.059 2	18.002 8	−3.705 1	7.586 6
易方达积极成长	13.775 2	−4.142 6	18.814 0	−4.177 1	8.195 3
泰达荷银成长	1.550 8	13.639 3	20.380 1	−13.492 9	26.926 3
泰达荷银周期	5.641 0	−0.205 9	19.647 9	10.249 0	1.234 0
泰达荷银稳定	8.145 5	1.046 3	22.692 0	6.513 5	9.329 5
泰达荷银行业精选	5.226 5	4.034 0	19.300 7	−4.778 7	3.489 2

---

① 这里将全体样本基金所持有的前二十大重仓股的 R 指标、H 指标及 IS 指标计算结果略去。

续表

基 金 名 称	2005年上半年	2005年下半年	2006年上半年	2006年下半年	2007年上半年
招商安泰股票	9.129 6	0.166 0	12.583 6	−1.230 9	10.444 0
华宝兴业宝康消费品	15.621 5	−0.442 1	14.416 1	2.563 8	2.957 6
华宝兴业多策略增长	5.433 9	0.299 2	1.758 9	1.173 6	5.382 8
国联安德盛小盘精选	0.198 2	2.777 3	10.267 0	−10.340 5	24.268 5
景顺长城优选股票	13.385 9	−3.077 1	18.334 9	−4.427 9	1.843 1
光大保德信量化核心	0.467 2	0.705 3	6.832 7	−6.932 0	8.730 6
中海优质成长	8.800 9	−0.851 5	10.909 6	−1.222 0	9.393 0

进一步,我们计算在整个研究区间内开放式基金和的 S 指标的算术平均值。这样做的目的在于:第一,以较长的时间作为研究区间,可以从整体上揭示基金的积极组合管理能力;第二,可以排除不同的市场行情对基金积极组合管理能力造成的影响,即通过计算整个研究区间内的 IS 值的算术平均值,可以忽略掉市场对 IS 值的影响。结果表明,在整个研究区间内,开放式基金其 S 值的算术平均值都为正值 5.950 0,并且都通过了 T 检验,表明其具有较高的积极组合管理能力。

案例 8-2 我国开放式基金与封闭式基金积极组合管理能力比较[①]

我们计算在整个研究区间内开放式基金和封闭式基金的 S 指标的算术平均值,计算结果如表8-8所示。

表 8-8 整个研究区间内开放式基金和封闭式基金的 S 值   %

指　　标	算术平均值
开放式基金	5.950 0
T 检验	6.382 6*
封闭式基金	9.265 0
T 检验	9.858 4*

注:*表示在10%水平上显著

表 8-8 的结果显示:第一,在整个研究区间内,无论是开放式基金还是封闭式基金,其 S 值的算术平均值都为正值,并且都通过了 T 检验,表明两者均具有较高的积极组合管理能力。第二,封闭式基金的 S 值平均值大于开放式基金的 S 值平均值,也就是说,在 2005 年初至 2007 年 6 月底的这两年半的时间中,封闭式基金对其投资组合的积极管理更加有效,表现出了更强的积极组合管理能力。

---

① 本案例取材于李学峰,郭羽,谢铭. 我国证券投资基金积极资产组合管理能力研究[J]. 金融发展研究,2009(8).

本章小结

投资组合构建与调整的合理性如何评价以及积极组合管理的内容及其能力的高低又如何评价？本章对此都先后做了理论上的研究，并结合实际案例进行了讨论。

首先，从根本上来看，投资者进行投资的目标，即是满足投资效用的最大化。投资者的效用函数为

$$U = E(r) - 0.005A\sigma^2$$

公式表明，在给定投资者对风险的敏感度的情况下，投资者效用的大小与期望收益率正相关，与投资风险负相关。将其落实到投资组合构建与调整的合理性角度，就要求我们从风险与收益的匹配性角度入手进行分析，建立起评价投资组合构建合理性的综合指标和标准。并以我国市场上的 QFII 为案例，演示和分析这一合理性指标的应用。

其次，具体介绍了投资组合管理存在的两种方式：积极投资管理和消极投资管理。所谓消极的组合管理(passive investment strategy)，是指投资者确定在各种资产间进行分散化投资的投资比例，并遵循这一比例不再变动，称为消极型投资策略。所谓积极型投资策略(active investment strategy)，是指资产管理者力图预测未来的市场趋势，并据此改变组合中的投资比例，或构建新的投资组合，这一方式称为积极型投资策略。

投资者在策略上选择何种管理方式，应与不同的市场有效性程度相匹配。在一个有效市场中，投资者的最佳策略是进行消极管理。而在弱有效或无效市场中，投资者的最优投资方法是进行基本分析和技术分析，预测市场未来的走势，即通过积极型投资策略去捕捉市场机会、获取超额利润。

再次，着重对积极组合管理的理论基础和内容进行了讨论，介绍了积极组合管理中涉及的三个重要概念：积极型收益、积极型风险和信息比率。

最后，介绍了积极组合管理能力评价方法，设计指标 S_i 来综合考察某一时期投资者整体积极组合管理能力：

$$S_i = \sum \text{IS}_{i,k} = \sum H_{i,k} \times R_{i,k} = \sum (h'_{i,k} - h_{i,k})(r'_{i,k} - r_{M,k})$$

并以中国开放式证券投资基金为例，演示了这一评价指标的应用。

练 习 题

1. 试以本章讲解的衡量投资组合构建与挑战合理性的方法，选择我国市场中的 5 只开放式证券投资基金，衡量和评价其合理性。

2. 试以本章讲解的衡量积极的投资组合管理能力的指标，选择我国市场中的 5 只股票型基金进行考察和分析。

即 测 即 练

第九章 资产配置管理

1926年出版的《华尔街杂志》曾向投资者推荐这样一个证券组合：25%的稳健的债券、25%的优先股、25%的普通股和25%的投机性证券。近百年前的这个简单组合，实际上已经体现了资产配置的思想。

资产配置（asset allocation）是指依据所欲达成的理财目标，以资产的风险最低与收益最高为原则，将资金有效率地分配在不同资产类别上，构建能够增加收益并控制风险的投资组合。这与我们常说的"不要把鸡蛋放在同一个篮子里"是同一个道理，强调了分散投资的重要性。

本章即对投资管理过程中的又一核心环节——资产配置进行研究。通过本章的学习我们应掌握：资产配置的内涵；战术性资产配置的方法与内容；如何衡量和提高资产配置能力。

第一节 资产配置概述

资产配置是投资过程中最重要的环节之一，也是决定投资组合相对业绩的主要因素。一方面，在不完全有效市场环境下，投资目标的信息、盈利状况、规模、投资品种的特征，以及特殊的时间变动因素对投资收益有影响，可以通过分析和组合减少风险，因此资产配置能起到降低风险、提高收益的作用。另一方面，随着投资领域从单一资产扩展到多资产类型、从国内市场扩展到国际市场，单一资产投资方案难以满足投资需求，资产配置的重要意义与作用逐渐凸显出来，它可以帮助投资人降低单一资产的非系统风险。

对于不同的投资类型和投资主体，资产配置的含义大同小异，这里仍从市场上最大的机构投资者——证券投资基金的角度来介绍资产配置的相关概念。

一、资产配置的内涵

（一）资产配置的概念

资产配置是指投资管理人决定如何在可投资的资产类型之间进行分配资金的过程。这一过程既包括管理人将资金按一定投资权重在股票、固定收益类证券（包括国债、公司债券和货币市场工具等）、现金和其他资产（包括房地产项目、房地产信托投资基金和黄金等）等不同类型资产之间的分配，也包括资金在不同类别资产内部的分配[①]。究其本质，资产配置致力于解决四个基本问题。

（1）如何确定在现金资产和非现金资产类别之间的资产配置比例。

[①] 实际操作中有些资产配置是受到限制的。比如《中华人民共和国证券投资基金法》规定证券投资基金只能投资于股票、固定收益类证券和现金资产，而不能投资于房地产项目等。

(2) 如何确定在以股票为主的风险资产和以固定收益类证券为主的无风险资产类别之间的资产配置比例。

(3) 如何确定在常规资产和另类资产之间的最佳资产配置比例。

(4) 如何确定在国内资产和国际资产之间的资产配置比例。

以上述问题为背景,资产配置关注四种至关重要的因素。

(1) 投资者的风险偏好情况、对价格风险和购买力风险等风险因素的风险承受能力与效用函数。

(2) 确定各种资产类别在投资期间的预期风险收益及其相关关系。

(3) 在可承受的风险水平上构造能够提供最优收益率的投资组合。

(4) 投资者是否对投资组合的资产配置进行再平衡,是倾向于定期还是不定期对投资组合的资产配置进行再平衡。

资产配置是证券投资基金投资管理过程中的关键步骤,它是构建投资组合的先决条件。证券基金投资管理公司实施完整的投资管理过程可以分为以下六个阶段。

第一阶段,确定投资目标、投资理念与投资战略。在基金管理人了解市场运行规律的基础上确定投资理念,同时结合对基金持有人结构、风险偏好和基金管理人对自身管理能力的了解,确定投资目标,形成投资策略。

第二阶段,信息管理。基金管理人通过对外部信息和内部信息进行收集、整理和加工,通过对行业和上市公司进行调研,提供有价值的研究报告。

第三阶段,资产配置。基金管理人决定在可投资的资产类型之间分配资金。

第四阶段,构建投资组合。基金管理人在资产配置的基础上,依据投资策略选择具体投资品种来构造投资组合。

第五阶段,交易执行。基金公司交易员依照指令在二级市场购买证券,实际构造投资组合。

第六阶段,绩效评估与动态调整。基金管理人对过去的投资业绩进行分析和评估,不断完善和调整自己的管理模式。

(二) 资产配置在投资管理过程中的重要性

国外许多学者证明资产配置对证券投资基金的业绩起着决定性的作用。夏普在1986年就指出资产配置在现代投资组合策略中具有非常重要的作用,认为基金每月报酬率的变动绝大部分是因为所持有证券的类型,而不是在每一种类型中所挑选的个股。

证券投资基金进行资产配置具有重要的意义,主要体现在以下几个方面。

第一,资产配置综合了不同类别资产的主要特征,在此基础上构建投资组合,能够改善投资组合的综合风险——收益水平,能够实现在一定的风险下收益最大化或者在给定的收益水平下风险最小化。

第二,资产配置是不断进行认知和平衡的权衡过程,其中在时间跨度、资本保值目标和预期收益来源等方面尤其重要。

第三,资产配置需要设定最小化和最大化权衡因素,以确保选择足够多的资产类别而不是过分集中于某类资产类别。

第四,资产配置实现多种类别资产与特定投资品种的分散投资,从而将投资组合的期望风险特征与投资者自身的风险承受能力相匹配,并对无法分散化的波动性进行补偿。

二、资产配置中的资产类别

在20世纪50—70年代的美国,大部分证券投资基金资产配置的资产类别选择基本上限于传统的投资组合——股票、债券和现金,投资组合资产配置比例大致为股票60%、债券30%、现金10%。从20世纪80年代起,随着全球金融自由化和投资自由化进程的加快,美国基金开始大力投资于海外发达国家市场和新兴市场的股票与债券,还包括风险资本和房地产。从20世纪90年代至今,美国证券投资基金资产配置的资产类别选择更加广泛,涉及的资产包括股票、债券、现金、房地产、房地产投资信托基金(REITs)、发达国家市场股票和债券、新兴国家股票和债券。另外,还在投资组合中运用绝对收益策略:在股票领域,包括认股权证和可转换债券套利、对冲封闭式基金、综合证券套利和其他衍生金融工具的运用;在固定收益证券领域,包括不同形式的债券套利,涉及期货、掉期协议、信用风险、收益率曲线形状和隐含的期权特征等。

一般而言,资产配置的主要资产类别可以归纳为四大类资产:股票、固定收益类证券、现金和另类资产,而且各大类资产还包括许多子类别资产。基金管理人通过了解各种主要资产类别的特性来作出理性的资产配置决策。

(一)股票资产

我们将股票资产视为主要的风险资产,股票资产可以依据行业的增长周期性与经济增长周期性的相关程度进一步细分为四类子类别资产。

第一,成长性行业。成长性行业呈现出远远高于经济增长速度的增长势头。例如主要依靠技术进步、新产品的不断创新获得发展的信息产业属于成长性行业。

第二,周期性行业。周期性行业的增长速度与国民经济的经济增长速度紧密相关。当经济呈现快速增长,周期性行业迅速处于景气阶段;当经济增长出现减缓或衰退的时候,周期性行业也会迅速减缓增长势头。消费品行业、耐用品制造业及其他需求收入弹性较高的行业,属于典型的周期性行业。

第三,防守型行业。防守型行业的产品需求弹性较小,需求相对稳定,其增长速度相对稳定,与国民经济增长相关性不太强。经济周期即使处于衰退时期对防守型行业影响也比较小,甚至它们还会出现一定的增长势头。例如,食品加工业和公用事业行业与水、电、煤气供应行业属于典型的防守型行业。

第四,资源类行业。资源类行业由于行业的特性——资源的稀缺性而单列为一个行业,该行业不论经济增长速度如何,由于资源的稀缺性和不能无节制采掘的特点,按照国家产业政策制订开采的计划进行开采,而与经济增长速度相关性很弱。经济增长幅度加快,会引起对同类资源国外进口的增加,比较典型的是石油行业、铜、铝、锡、黄金等矿产资源行业,等等。

另外,股票资产可以依据市值的大小进一步细分为三类子类别资产:大盘股、中盘股和小盘股;还可以依据国别的不同细分为国内股票和国际股票等。

(二)固定收益类证券

固定收益类证券(fixed income security)是指在一定时期内,证券的发行者依据招募说明书事先约定的利率支付给投资者利息,使得投资期间每单个期间的收益固定的证券。

固定收益类证券按照期限来划分可以细分为货币市场固定收益类证券和资本市场固定收益类证券。货币市场固定收益类证券是指到期期间在1年以内的固定收益类证券,主要包括国库券、可转让大额定期存单、银行承兑汇票、商业本票和国债回购。而资本市场固定收益类证券是指到期期间在1年以上的固定收益类证券,主要包括中长期国债、金融债券、公司债券、可转换债券、零息债券、认股权证、浮动利率债券和国际债券等。其中,债券是固定收益类证券最主要的类别资产,因此本章将以债券投资资产配置为重点内容。

1. 国债

国债是指政府为满足重大项目建设或者平衡财政收支的需要,由财政部委托中央银行通过招投标的方式向投资者发行的债券。国债的信用级别最高,流动性最好,一般被视为无风险资产。

2. 金融债券

金融债券是指由以银行为主体的金融机构发行的金融企业债券,由于以银行信用做担保,金融债券的风险要比普通公司债券低得多。

3. 公司债券

公司债券是指由股份有限责任公司担任发行主体,以公司信用做担保向投资者发行的债券。公司债券的风险相对于国债和金融债券较高,票面利率或者收益率相对于国债和金融债券也较高。依照有无担保和抵押,公司债券可以分为有担保公司债券、无担保公司债券和金融机构担保公司债券。

4. 可转换债券

可转换债券是介于公司债券和普通股之间的一种混合金融衍生产品,投资者拥有在一定时期内选择是否按照一定的转换价格和转换比例将可转换公司债券转换成公司普通股票的权利。在可转换债券转换成公司股票以前,可转换债券的持有人是公司的债权人,一旦转换成公司股票以后,就成为公司的股东。

5. 零息债券

零息债券是指以贴现方式发行,投资者持有期间不向投资者支付利息,到期按照面值偿还的债券,面值和发行价格之间的差额就是投资者的报酬。

6. 认股权证

认股权证(warrant)又称窝轮,属于期权中的一种,可以由发行股票的公司或者第三者发行,赋予权证持有人在特定时期内,按照约定的价格购买或者卖出一定数量的股票(正股)的权利。它按照买卖方向的不同分为认购权证(call warrant)和认股权证(put warrant)。

(三)另类资产

资产配置的另类资产主要包括房地产项目、房地产信托投资基金和黄金等子类别资产。《证券投资基金法》规定证券投资基金只能投资于股票、固定收益类证券和现金资产,而不能投资于房地产项目、房地产信托投资基金和黄金。美国和欧洲许多国家对其他资产的规定很广泛,尤为一提的是,允许证券投资基金在证券交易所投资上市型的房地产投资信托基金。因此本章在另类资产中重点介绍房地产投资信托基金。

房地产投资信托基金是指专门从事房地产买卖、开发、管理等经营活动的集合信托投资计划,即通过发行基金份额,将众多投资者的资金集中汇集成一定规模的独立资产,交由基金托管人托管、专门的基金管理人管理,并将房地产销售和租赁等经营活动所产生的大部分利润由基金持有人按出资比例分享的集合投资方式。

房地产投资信托基金的开发和投资具有很强的优势。

第一,有利于开拓一条除银行信贷之外的间接融资渠道,缓解迅速发展的房地产业对银行信贷的压力,降低由于房地产贷款比重过高给银行带来的金融风险。

第二,有利于房地产市场的长期稳定发展。REITs可以成为房地产市场的长期战略投资者,通过创造稳定的投资需求,抑止投机,有助于烫平房地产市场固有的周期波动性,有助于增加房地产市场的深度和广度。

第三,有利于房地产商套现,解决资金不足的困境,加速资金周转,有利于保障房地产投资者的利益。REITs 将大部分的净利润强制分配给投资者作为红利,具有很高的收益性;在交易所上市交易,具有很高的流动性,还要接受严格的金融监管,执行严格的信息披露制度。

第四,REITs具有很强的保值、升值功能。当发生通货膨胀的时候,以房地产为资产基础的REITs价值也会随之快速上涨;当本国货币对外升值的时候,资金会首选价值较高的房地产行业进行投资。

第五,REITs是一种具有稳定现金流收入、收益较高而风险较低的金融创新产品。

三、资产配置中的国别效应和行业效应

对于全球化股权投资而言,最重要的资产配置策略可以分为基于"国别效应"的"市场分散化原则"和基于"行业效应"的"行业分散化原则"两大类[①],这两类原则的比较如表9-1所示。

表 9-1　市场分散化原则与行业分散化原则的比较

项　目	基于"国别效应"的"市场分散化原则"	基于"行业效应"的"行业分散化原则"
风险分散效应的来源	各国(地区)独立的货币、财政和汇率政策所造成的不同国家(地区)市场之间的分隔状态,导致了各国(地区)市场之间的低相关性	各国(地区)不同的产业结构、行业重点、产业周期、市场壁垒等导致了具有不同行业特点的国家(地区)市场之间的低相关性
资产配置策略	只要将不同市场的证券组合就可以有效地提升效率前沿	在构建证券组合时需要重点关注不同国家(地区)的行业倾向,只有将不同行业的证券进行组合才能最大限度地提升效率前沿

应当说明的是,"行业分散化原则"并不否认各国(地区)之间证券市场之间的低相关性,而是认为上述低相关性主要来源于各国(地区)之间的行业特征的差异。尽管如此,适当的资产配置原则在确定投资组合管理策略时还是占据着非常重要的位置,这对于从事国际化投资的中国投资者而言尤为重要。我们可以通过比较美国投资者和中国投资者面临的全球化资产配置问题来理解这一点。

---

① 这里的"国别"主要是指具有不同经济政策的经济实体,既可以是一个主权国家,也可以是一个具有一定经济独立性的地区。

对于美国投资者而言,其所持有的资产中的相当一部分是美国市场资产,而美国市场是世界上公认的信息比较透明、流动性强、对投资者保护也较好的市场,与美国市场具有类似特点的证券市场包括主要发达国家的市场(如英国、德国、法国和日本等国的市场),我们将上述市场统称为"发达市场"。对于美国投资者而言,在进行全球化投资时既可以在上述发达市场进行投资,或者在新加坡、中国香港、韩国等比较发达的新兴市场经济体的证券市场投资,也可以在诸如中国内地、印度、巴西等发展中的新兴市场进行投资(我们将上述市场统称为"新兴市场")。由于新兴市场一般处于发展初期,信息透明化程度、市场流动性、投资者保护措施等相对较差,这导致了大部分新兴市场的风险相对较高。

对于美国投资者而言,由于其资产中的相当一部分属于发达市场资产,因此在发达市场之间的相关性较强(或者说"国别效应"较差)的情况下,就可以通过投资于新兴市场,利用新兴市场与发达市场间的低相关性分散风险。也就是说,在这种情况下,美国投资者仍然可以通过基于"国别效应"的"市场分散化原则"来提升投资组合的整体效率前沿。但对于中国投资者而言情况则大不相同,由于中国投资者的相当比例的资产为中国市场(属于"新兴市场")资产,在发达市场之间相关性较强从而对风险的分散效果降低的情况下,如果再投资于不同的发达市场,就可能大大增加组合的整体风险(或者更准确地说,所获得的投资分散化带来的风险的降低很可能无法抵消掉发达市场间相关系数较高所带来的风险),因此对于中国投资者而言,在发达市场之间相关性较强的条件下就难以有效地利用基于"国别效应"的"市场分散化原则"来改善投资组合的风险收益特征。

进入21世纪以来,伴随着全球经济和金融的不断繁荣,世界各国的证券市场都有了不同程度的发展。从总体上来看,目前全球规模最大、流动性最好,因而也最适合于投资者进行全球化投资的证券市场均位于美国、欧盟地区和日本。从行业角度来看,情况仍然类似,主要集中于发达国家的企业。

全球主要证券市场的国别效应和行业效应对比如图9-1所示。

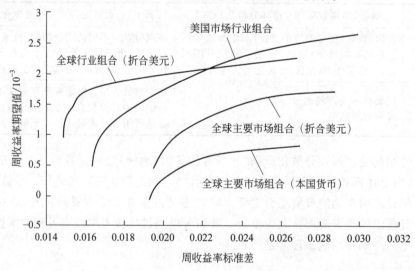

图9-1 全球主要证券市场的国别效应和行业效应对比

通过比较不同类型组合的效率前沿来分析国际主要证券市场间国别效应和行业效应的静态特征有如下发现。

(1) 全球行业组合与美国市场行业组合的效率前沿明显优于全球主要市场组合的效率前沿,显示在全球经济一体化发展迅速的形势下,各主要证券市场之间的相关性明显增加,因此国别效应明显降低;相反,由于大量跨国公司的存在,事实上造成了上市公司的"全球化分散效应",因此即使在美国市场构建行业组合,其风险收益特征也明显优于在全球各主要市场之间构建市场组合。

(2) 从行业组合来看,在组合的风险程度较低(即标准差较小)的情况下,全球行业组合的效率前沿优于美国市场行业组合,而在组合的风险程度较高的情况下则相反。也就是说,在本章所涉及的时间窗口内,风险容忍度较低(风险厌恶程度较高)的投资者相对更适合于投资全球行业组合,而风险容忍度较高(风险厌恶程度较低)的投资者则更适合于在美国市场构建行业组合。

(3) 从市场组合来看,(至少在风险相对较高时)折合成美元的全球主要市场组合的效率前沿要优于以其本国货币计价的全球主要市场组合。该结果与一个重要问题有关,即全球化投资是否需要对冲汇率风险。在本章的分析中,折合成美元的市场组合相当于将投资组合的收益直接转换成美元,而不考虑汇率风险对冲;而以本国货币计价的市场组合相当于不考虑该国货币与美元之间的汇率风险,即对汇率风险进行了完全的对冲(且不考虑风险对冲成本)。

阅读资料9-1 投资学中的资本配置线

要使一个资产组合具有分散或降低风险的功能,其前提性条件之一是降低组合中各资产之间的协方差或相关系数。由于无风险资产的收益率与风险资产的收益率之间的协方差为零,控制资产组合风险的一个直接方法,即将全部资产中的一部分投资于风险资产,而将另一部分投资于无风险资产。

所谓资本配置,即是根据风险与收益相匹配的原则,将全部资产投资于风险资产和无风险资产中,并决定这两类资产在一个完全资产组合中的比例(权重),这一过程即称为资本配置。如果我们已经按照马科维茨模型确定了最优风险资产组合,则一个资本配置过程,实际上即是在不改变风险资产组合中各资产的相对比例的情况下,将财富从风险资产向无风险资产进行转移;或者说,是在一个全面资产组合中,降低风险资产组合的权重,而提升无风险资产组合的权重。由于在这一资本配置过程中没有改变风险资产组合中各资产的权重,因此风险资产组合收益率的概率分布将保持不变,而改变了完全资产组合收益率的概率分布。

对于任意一个由无风险资产和风险资产所构成的组合,其相应的预期收益率与标准差都落在连接无风险资产和风险资产的直线上。该线被称作资本配置线。如果我们将一个完全的资产组合中风险资产的预期收益率记为 $E(r_p)$,投资比例为 x,无风险资产的投资比例记为 $(1-x)$,则该完全资产组合的预期收益率为

$$E(r_c) = xE(r_p) + (1-x)r_f \qquad (9-1)$$
$$= r_f + x[E(r_p) - r_f]$$

由于

$$\sigma_c = x\sigma_p \tag{9-2}$$

则

$$x = \sigma_c/\sigma_p \tag{9-3}$$

将式(9-3)代入式(9-1),得到

$$E(r_c) = r_f + \frac{\sigma_c}{\sigma_p}[E(r_p) - r_f] \tag{9-4}$$

式(9-4)即资本配置线方程,其截距即无风险资产收益率 r_f,其斜率为 $[E(r_p) - r_f]/\sigma_p$。该斜率实际上所表明的是组合中每单位额外风险的风险溢价测度。资本配置线表示投资者所有可行的风险-收益组合。

第二节 战略性资产配置、战术性资产配置及动态资产配置

在资产配置的实际操作中,可以将资产配置的方式分为战略性资产配置、战术性资产配置和动态资产配置(dynamic asset allocation)。Brinson、Hood 和 Beebower(1986)建立了经典的 BHB 模型,认为基金投资组合收益与基准组合收益的差异可以归属为三个因素的作用:资产配置效应(asset allocation)或者选时效应(timing)、选股效应(security selection)和交互效应(other),从而建立了一个将基金总的实际收益绩效分解为战略性资产配置(投资政策)贡献、市场时机选择贡献和选股贡献的绩效分解模型,见表9-2。

表 9-2 BHB 资产配置绩效分解分析框架

资产配置	股票选择	
	选股	不选股
积极	象限Ⅳ:实际收益率。既选时也选股	象限Ⅱ:政策性和积极资产配置收益。选时不选股
消极	象限Ⅲ:政策性和选股收益。选股不选时	象限Ⅰ:政策性资产配置。既不选时也不选股

本节即对战略性资产配置、战术性资产配置以及动态资产配置进行分析。

一、战略性资产配置

战略性资产配置也称政策性资产配置,它是指投资者根据投资目标和所在国的法律限制,确定资产分配的主要资产类型以及各资产类型所占的比例,以建立最佳长期资产组合结构。战略性资产配置结构一旦确定,一般在较长时期内(如1年以上)不再变动和调整。投资组合管理关键的一步就是战略性资产配置,一般认为,战略性资产配置是实现投资目标的最重要的保证,从投资业绩的来源来讲,战略性资产配置是证券投资基金业绩最首要的最基本的源泉[1]。战略性资产配置突出体现了投资人在风险和收益之间的权衡结

---

[1] Brinson、Hood 和 Beebower(1986),以及 Ibbotson 和 Kaplan(2000)的研究证明,战略性资产配置对同一基金收益率时间序列上波动的解释程度约为90%,对不同基金收益率在横截面上差异的解释程度约为40%。

果,即按一定的方式将资产配置在一起,以满足投资者在一定风险水平上的回报率最大的目标。

(一) 战略性资产配置的基本要素

战略性资产配置的过程包括四个基本要素。

(1) 确定投资组合里面可以包括的合适资产的投资范围。

(2) 确定这些合适的资产在计划持有期内的预期回报率和风险水平。

(3) 在估计各种资产的预期回报率和风险之后,利用投资组合理论和资产配置优化模型,找出在每一个风险水平上能提供最高回报率的投资组合集,并确定资产组合的有效前沿。

(4) 在可容忍的风险水平上选择能提供最高回报率的投资组合,作为战略性资产配置——在资产组合的有效前沿上选择最合适的组合点。

战略性资产配置对风险与收益的权衡取舍可以分成三大类型。

(1) 高收益高风险型。采用这种配置战略的投资目标是注重资本增值,使投资者的资金能在一定时间内获得较大的成长幅度。

(2) 长期成长与低风险型。采用这种配置战略的投资目标是注重长期投资,使投资者获得较稳定的投资报酬,避免投资风险。

(3) 一般风险与收益平衡型。采用这种配置战略的投资目标是根据市场的变化,适时调整投资组合,实现收益与风险平衡,使投资者能定期得到合理的收益,并将部分收益转化为再投资。

(二) 战略性资产配置的效用函数

战略性投资者的效用与资产组合的收益和风险有关。对于风险厌恶的投资者而言,预期收益均值越大,效用越大;预期收益方差越大,效用越小。对不同投资者而言,某个投资组合给他带来的预期效用不同。这种预期效用的不同一方面取决于不同的投资者对同一资产组合有不同的收益风险预期,另一方面取决于投资者的风险承受能力。因此,一般来说,某个战略性投资者的效用函数表达式为

$$U_p = r_p - \sigma_p^2 / \tau \tag{9-5}$$

式中,U_p 为投资者的预期效用;r_p 为投资者对投资组合 P 的预期收益均值;σ_p 为投资者对资产组合 P 的预期收益标准差;τ 为投资者的风险承受能力。

投资者的风险承受能力取决于投资者的年龄、性格、环境等因素,估计投资者的效用函数时要考虑这些因素。对于稳健保守型投资者来说,其风险承受能力较小,因而承担风险会很大程度地减少其效用。对于积极进取型投资者来说,其承担风险不会显著地减少其效用。

不同投资者的效用曲线如图 9-2 所示。

(三) 战略性资产配置的最优化模型

战略性资产配置的基本原理是马科维茨的投

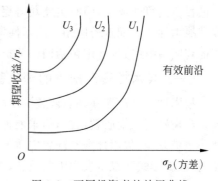

图 9-2 不同投资者的效用曲线

资组合理论。首先要求在给定的可投资的资产类别上求出有效前沿组合,其次在给定风险水平的条件下求方差最小的投资组合或者在给定方差水平的条件下求期望收益率最大的投资组合。

在预测了各大类资产的收益情况并估计投资者的效用函数后,就可以进行配置组合的最优化选择,以实现投资者效用的最大化。即

$$\max U_p = \left\{ r_p - \frac{\sigma_p^2}{\tau_p} \right\} \tag{9-6}$$

式中,组合收益 $r_p = \sum_{i=1}^{n} X_i r_i$,$X_i$ 为资产类别在组合中的权重;r_i 为资产类别的收益;$\sigma_p^2 = \sum_{i=1}^{n} \sum_{j=1}^{n} X_i X_j \sigma_i \sigma_j \rho_{ij}$,$\rho_{ij}$ 为资产间的相关系数;约束条件为:$\sum X_i = 1, X_i \geqslant 0$。

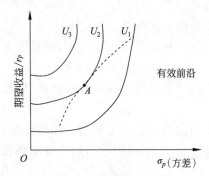

图 9-3 战略性资产配置的最优化选择过程

具体步骤是,首先,根据几大类资产的预期收益情况,求出这几类资产组合的有效前沿。其次,根据对投资者效用函数的估计给出等效用曲线族。最后,求出有效前沿与等效用曲线的切点。该切点 A 就是能给投资者带来最大效用的资产配置组合。图 9-3 说明了上述资产配置组合的最优化选择过程。

实际上,战略性资产配置代表着投资人的一种长期投资决策,也称为"资产配置决策",就是根据投资人风险收益均衡的结果,确定一项长期的资产配置比例,达到长期收益的需求。这种代表长期投资的战略性资产配置是投资业绩的主要来源和决定因素。

二、战术性资产配置

战术性资产配置,是指证券投资基金通过对市场波动性进行有效的预测,并在中期或短期内对长期资产配置比例的某种偏离,进而获取额外的收益,因此,可以说战术性资产配置是中短期投资管理过程中的决定环节。在短期的市场波动中,战术性资产配置就成了投资者在市场获利的重要技术手段,有效地制定并执行科学的战术性资产配置,不仅能分散投资的可能风险,同时更能获得更大短期回报,因而,也有越来越多的机构投资者重视其战术性资产配置的应用。战术性资产配置一般都倾向于客观的分析而不是依赖于主观的判断,往往通过运用包括回归分析和最优化方法在内的分析工具来帮助预测与决策。

(一)战术性资产配置的理论基础

战术性资产配置在动态调整资产配置状态时,需要根据实际情况的改变重新预测不同资产类别的预期收益情况,但未能再次估计投资者偏好与风险承受能力是否发生了变化。也就是说,战术性资产配置实质上假定投资者的风险承受能力与效用函数是较为稳定的,在新形式下没有发生大的改变,于是只需要考虑各类资产的收益情况变化,这是战术性资产配置的理论基础。因此,战术性资产配置的核心在于对资产类别预期收益的动

态监控与调整,而忽略了投资者是否发生变化。

(二)战术性资产配置的特征分析

大多数战术性资产配置过程一般具有相同原则,但结构与实施准则各不相同。例如,一些战术资产配置依据的是各种预期收益率的简单对比,甚至只是简单的股票对债券的单变量决定。也有决策者将情绪化措施或者宏观经济条件标准合并在内,以提高价值驱动决定的时效性。另一些战术性资产配置可能还包含技术措施。因此,战术性资产配置有如下主要特征。

(1) 战术性资产配置一般是建立在一些分析工具基础上的客观、量化过程。这些分析工具包括回归分析或优化决策等。依赖或部分依赖主观判断的方法不能称之为战术性资产配置,而只能称为常规平衡管理。量化分析结果有助于投资者更有效地执行既定规则。

(2) 战术性资产配置主要受某种资产类别预期收益率的客观测度驱使,因此属于以价值为导向的过程。可能的驱动因素包括在现金收益、长期债券的到期收益率基础上计算股票的预期收益,或按照股票市场股息贴现模型评估股票预期收益变化。

(3) 战术性资产配置规则能客观地测度出哪一种资产类别已经失去市场的注意力,并引导投资者进入这一不受人关注的资产类别,其动机来源于这样一个事实:不被市场关注的投资类别通常需要支付更高的收益率才能够吸引资本的流入,因此预期收益率较高。

(三)战术性资产配置的一般模型

假定投资者希望根据证券和现金收益的相关数据,通过组成由证券和现金构成的投资组合来最大化期望效用。相关指标包括:衡量价值的股息收入,衡量经济活动的 GDP 增长率,衡量货币政策的货币供给变化,衡量投资者预期的短期零售水平等。在既定的经济变量下,投资组合的期望收益和方差为

$$E(R_{t+1} \mid I_t) = w \cdot E(S_{t+1} \mid I_t) + (1-w)C \tag{9-7}$$

$$\sigma_{R/I}^2 = w^2 \sigma_{S/I}^2 \tag{9-8}$$

式中,w 为投资组合中证券的比重;$E(S_{t+1} \mid I_t)$ 为给定时刻 t 的经济参数,对 $t+1$ 期证券收益的方差。

$$E(U_{t+1} \mid I_t) = E(R_{t+1} \mid I_t) - \frac{\sigma_{R/T}^2}{RT} \tag{9-9}$$

式中,$E(U_{t+1} \mid I_t)$ 为投资者在 $t+1$ 期的期望效用;RT 为投资者对风险的忍受力。

最大化效用要求一阶导数为零,即

$$\frac{dE(U_{t+1} \mid I_t)}{dw} = E(S_{T+1} \mid I_t) - C - \frac{2w\sigma_{S/T}^2}{RT} = 0 \tag{9-10}$$

从中得出最优化的证券比重为

$$w^* = \left(\frac{E(S_{t+1} \mid I_T) - C}{2\sigma_{S/I}^2}\right) \cdot RT \tag{9-11}$$

假设现金收益是已知的。投资者怎样对证券收益作出预期呢?投资者先是考虑证券的无限制预期收益,即投资者除了知道证券投资的长期平均收益之外,不掌握其他任何信息。然后,投资者再根据自己对经济重要指标的了解来对该预期进行调整。

如假定投资者在建模时只考虑一个经济指标,并将该经济指标的目前水平和证券未来收益的关系表示如下:

$$S_{t+1} = \bar{S} + \beta I_t + e_{t+1} \tag{9-12}$$

式中,S_{t+1}为下一期的证券收益;$\bar{S}$为证券投资长期平均收益;β为证券收益对经济指标的敏感度;I_t为时刻t经济指标的水平;e_{t+1}为误差项。

然后,将经济指标进行调整,使其均值为0而方差为1。证券收益、误差项均符合正态分布。

这样,给定经济指标情况下,证券收益的期望值为

$$E(S_{t+1} \mid I_t) = \bar{S} + \beta I_t \tag{9-13}$$

其中,$\beta = \dfrac{\rho \sigma_s}{\sigma_I}$;$\rho$为$I_t$与$S_{t+1}$之间的相关系数;$\sigma_s$为证券收益的长期标准差;$\sigma_I$为经济指标的标准差。

给定经济指标,证券收益的方差则取决于式(9-8)中误差项的方差:

$$\sigma_{S/I}^2 = \sigma_e^2 = \sigma_S^2(1-\rho^2) \tag{9-14}$$

当投资者不拥有信息时($\rho=0$),证券收益方差和长期证券收益的方差一样。当投资者拥有完全信息时,证券收益方差为0。将式(9-14)代入式(9-11),得到给定投资者信息拥有度时,最优化投资组合中的证券的比重:

$$w^* = \dfrac{(\bar{S} + \rho\sigma_s I_t - C)RT}{2(1-\rho^2)\sigma_s^2} \tag{9-15}$$

不拥有信息的投资者最优决策为

$$w^* = \dfrac{(\bar{S} - C)RT}{2\sigma_S^2} \tag{9-16}$$

战术性资产配置的风险收益特征与资产管理人对资产类别变化的把握能力密切相关。如果资产管理人能够准确地预测资产收益变化的趋势,并采取及时有效的行动,则使用战术性资产配置将带来更高的收益。因此,运用战术性资产配置的前提条件是资产管理人能够准确地预测市场变化并且能够有效实施战术性资产配置的投资方案。

战术性资产配置是中短期投资管理过程中的决定环节,特别是在短期的市场波动中,有效的战术性资产配置就成了投资者在市场获利重要的技术手段。因此,战术性资产配置是建立在对资产的短期风险和收益特征预测能力之上的,而短期预测能力的强弱,直接关系到战术性资产配置的成败。

(四) 择时与择股

战术性资产配置主要是通过市场时机选择和证券选择实现的。市场时机解决的是何时在市场指数基金和安全资产之间转移资金的问题。这里所说的安全资产是指国库券或货币市场基金,决策的依据也就是市场作为整体是否优于安全资产的业绩。

测度市场时机的模型很多,最基本的两个模型即T-M模型和H-M模型。Treynor和Mazuy最早对市场时机把握能力进行了计量分析,他们认为如果基金能够对市场收益作出判断的话,基金的组合收益与市场收益之间可能存在一种非线性的函数关系。该模型一般简称为T-M模型,用来预测基金对市场时机的选择能力,其表达式为

$$R_i - R_f = \alpha + \beta(R_M - R_f) + \gamma(R_M - R_f)^2 + \varepsilon \qquad (9\text{-}17)$$

式中，R_i 为基金收益率；R_M 为市场基准组合的收益率；R_f 为无风险资产收益率；ε 为随机干扰项；α 为反映基金的证券选择能力的系数，当 $\alpha > 0$ 时，显示基金经理能够通过识别被错误定价的证券来获取超额收益，具备选股能力；γ 为反映市场时机把握能力的系数，如果 γ 显著大于 0，表明基金经理能够通过正确预测市场走向而在风险资产和无风险资产之间转换，在不同市场中都能够获取利益，具备较强的市场时机把握能力。

H-M 模型是 Henriksson 和 Menton 在 1981 年提出的。该模型是在线性指数模型中加入一个虚拟变量对基金经理的市场把握能力进行评价，表达式如下：

$$R_i - R_f = \alpha + \beta(R_M - R_f) + \gamma(R_M - R_f)D + \varepsilon \qquad (9\text{-}18)$$

式中，D 为虚拟变量，当市场组合的收益率大于无风险收益率时，D 取值为 1，否则取 0；γ 为反映基金市场时机把握能力大小的系数，其含义同 T-M 模型一样。

阅读资料9-2　市场时机

试想一下两个投资策略的结果：

（1）1927 年 1 月 1 日，一位投资者把 1 000 美元投资于期限为 30 天的商业票据，并将全部本息不断地继续投资于 30 天期的商业票据（或者投资于 30 天期的国库券，如果有的话），这样，52 年后即 1978 年 12 月 31 日投资终止时他可以获得 3 600 美元。

（2）1927 年 1 月 1 日，另一位投资者把 1 000 美元投资于纽约证券交易所的指数资产组合，并将因此得到的所有股息再投入该资产组合，那么 1978 年 12 月 31 日投资终止时他将获得 67 500 美元。

假定我们将理想的市场时机定义为每个月月初知道纽约证券交易所资产组合的收益是否高于 30 天期商业票据的能力。那么，每个月月初，市场时机决定者都会将所有资产要么全部投资于货币资产（如 30 天期商业票据），要么全部投资于股票（如纽约证券交易所的资产组合），哪一种的期望收益率高就投资于哪一种。那么 52 年后会是什么样的结果呢？正确的答案是该市场时机决定者将获得 53.6 亿美元。

最为传统和流行的积极投资策略是个性化证券选择，它能获取高额的风险回报。通常是由基本的证券分析而选择的，但技术分析也有应用，有时两者都应用。许多投资者认为，他们具备必需的技能、耐心和确定低估证券的能力。然而，投资环境的一个重要特征就是不确定性，许多投资者承认不确定性无所不在，通过投资组合多样化来保护他们的利益。因此，明智的投资者所选择的证券是投资组合多样化的一部分。

对于证券选择的经典表述是特雷纳-布莱克模型（简称 T-B 模型）。T-B 模型的核心公式为

$$r_k = r_f + \beta_k(r_M - R_f) + e_k + \alpha_k \qquad (9\text{-}19)$$

式中，α_k 为定价错误的证券超出预期的额外收益（称为超额收益）。研究人员估计 α_k、β_k、$\sigma^2(e_k)$，得出一些 α 不为 0 的证券，构建一个积极资产组合（A），得出以下参数：α_A、β_A、$\sigma^2(e_A)$，它的总方差等于系统方差 $\beta_A^2\sigma_M^2$ 与非系统方差 $\sigma^2(e_A)$ 的和。图 9-4 表示的是积极资产组合 A 与消极资产组合 M 的优化过程。虚线有效率边界表示所有定价合理证券

的集合,即它们的阿尔法均为0。根据定义,市场指数资产组合位于有效边界上并与资本市场线相切,即 M 点,而定价不合理的证券构造的积极资产组合 A 一定会在这条资本市场线上方。根据构造两资产的最佳风险资产组合原理,最优组合点就在点 M 和点 A 之间,即与资产配置线相切的 P 点。

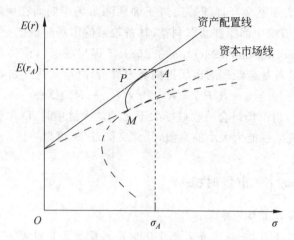

图 9-4　积极资产组合 A 与消极资产组合 M 的优化过程

三、动态资产配置

动态资产配置,是指在确定了战略资产配置之后,对资产配置的比例进行动态管理。包括是否根据市场情况适时调整资产分配比例,以及如果适时调整的话,应该如何调整等问题。但是动态资产配置并不包括长期内所有的资产配置比例的调整,而是仅指那些在长期内根据市场变化机械地进行资产配置比例调整的方法。这里的"机械性"体现在采用了具体的某一种动态资产配置的策略之后,任何特定的市场行为都会引发对资产配置比例的特定变化。

证券投资基金管理人都非常重视动态资产配置策略的运用,并将动态资产配置的策略方法作为基金管理的重点。也就是说,未来基金管理人之间的业绩竞争,将会体现在对这些动态资产配置策略方法的有效应用上。下面首先对三种主要的动态资产配置策略的特征进行分析,然后就三种策略的支付模式、收益特征和流动性需求做比较分析,最后论证了有关动态资产策略的市场适用性问题及如何在实践中有效应用。

(一)动态资产配置策略的特征

一般来说,资本市场环境、经济条件以及投资者的风险偏好变化,对资产管理人的资产配置决策有着重要的影响。资产管理人可以依据市场的实际情况,对资产配置状态进行动态调整,从而增加投资组合价值,提高资产配置效率或者克服某些客观条件的限制。对于不同资产管理人的投资特征,其资产配置策略本身也表现出多样化的风格,其投资行动的依据、风险与收益状况等各方面都存在一定差异。因此,根据资产配置调整的依据不同,可以将动态资产配置的调整过程主要分为购买并持有策略、恒定混合策略、投资组合保险策略三种。

1. 购买并持有策略

购买并持有策略的特点是购买初始资产组合并在长时间内持有这种资产组合，即在确定恰当的资产配置比例并构造了某个投资组合后，在诸如3～5年的适当持有期间内不改变资产配置状态，并保持这种组合。购买并持有策略是一种"不作为"的策略或称被动策略，不管资产的相对价值发生了怎样的变化，这种资产配置策略都不会特意地进行主动调整，因此，该资产配置策略在分析和操作上都十分简单。

在购买并持有策略下，资产的投资组合也就完全暴露于市场风险之下。它具有最小的交易成本和管理费用的优势，但放弃了从市场环境变动中获利的可能，同时也放弃了因投资者的效用函数或风险承受能力的变化而改变资产配置状态，从而提高投资者效用的可能。因此，购买并持有策略适用于资本市场环境和投资者偏好变化不大，或者改变资产配置状态的成本大于收益时的状态。

一般而言，采取购买并持有策略的投资者通常忽略市场的短期波动，而着眼于长期投资。就风险承受能力来说，由于投资者投资于风险资产的比例与其风险承受能力正相关，一般投资人与采取购买并持有策略的投资者的风险承受能力不随市场的变化而变化，其投资组合也不随市场的变化而变化。

如果所投资资产中含有以股票资产为主的风险性资产，则购买并持有策略的投资组合价值与股票市场价值将保持同方向、同比例变动，并最终取决于最初的战略资产配置所决定的资产构成。因而，购买并持有策略的一般特点则是投资组合的价值与股票市场价值是线性相关的，投资组合的价值随股票市场价值增长，其斜率为股票在投资组合中的比例。

图9-5所示为购买并持有策略支付图。购买并持有策略的提高潜力是无限的，该策略可分享股票市场不断上升所带来的收益。最后需注意的是，投资组合中各资产类别的相对权重将随着市场的变化而改变。在较高的市场水平上，股票的百分比权重将较大，而在较低的市场水平上，股票的百分比权重将减少，这是因为没有再平衡的结果。

2. 恒定混合策略

恒定混合策略是在资产配置过程中要保持投资组合中各类资产的固定配置比例。如投资组合中只有股票和债券两种资产，为保持这一恒定资产配置，投资者需要在股票市场变化时，对投资组合进行再平衡。当股票市场价值上涨时，股票在投资组合中的比例将上升，所以，投资者需要在股票市场上升时卖出股票并且再投资于债券；相反，当股票市场下跌时，股票在投资组合中所占的比例将变小，投资者需要减少在债券的资产，并且再投资于股票。

如图9-6所示，实线为恒定混合策略支付曲线，与购买并持有策略的线性支付模式相比，恒定混合策略在股票市场上涨时卖出股票和在股票市场下跌时买进股票的过程所得出的支付模式是一条曲线。

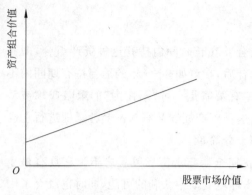 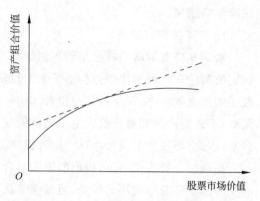

图 9-5 购买并持有策略支付　　图 9-6 恒定混合策略支付(市场上升或下降趋势)

在较高的市场水平上,恒定混合策略的回报率低于购买并持有策略。因为在股票市场上涨时,恒定混合策略通过卖出股票减少了有较高回报率的资产所占的比例。在较低的股票市场水平上,恒定混合策略的回报率减少,这是因为在股票市场下跌时,该策略实施了购买股票的方案。换句话说,当市场表现为强烈上升或下降趋势时,恒定混合策略的业绩表现将差于购买并持有策略。这种策略在市场向上运动时放弃了利润,而在市场向下运动时增加了损失。然而,恒定混合策略在市场易变的并且有许多逆转,或上升运动紧跟着下降运动的情况下可能是有利的。

3. 投资组合保险策略

投资组合保险策略是在将一部分资金投资于无风险资产从而保证资产组合的价值不低于某个最低价值的前提下,将其余资金投资于风险资产并随着市场的变动调整风险资产和无风险资产的比例,从而不放弃资产升值潜力的一种动态调整策略。

投资组合保险策略的主要思想是假定投资者的风险承受能力将随着投资组合价值的提高而上升,同时假定各类资产收益率不发生大的变化。因此,当风险资产收益率上升时,风险资产的投资比例随之上升,如果风险资产市场继续上升,投资组合保险策略将取得优于购买并持有策略的结果;如果风险资本市场转而下降,则投资组合保险策略的结果将因为风险资产比例的提高而受到更大的影响,从而劣于购买并持有策略的结果。相反,如果风险资产市场持续下降,则投资组合保险策略的结果较优;如果风险资产市场由降转升,则投资组合保险策略的结果劣于购买并持有策略的结果。

与恒定混合策略相反,投资组合保险策略在股票市场上涨时提高股票投资比例,而在股票市场下跌时降低股票投资比例,从而既保证资产组合的总价值不低于某个最低价值,同时又不放弃资产升值潜力。如图 9-7 所示,实线为投资组合保险策略支付曲线。

在严重衰退的市场上,随着风险资产投资比例的不断下降,投资组合能够最终保持在最低价值基础之上。显然,投资组合保险策略与恒定混合策略的运动方向相同,其绩效受到市场流动性影响的可能性更大,尤其是在股票市场急剧降低或缺乏流动性时,投资组合保险策略至少保持最低价值的目标可能无法达到,甚至可能由于投资组合保险策略的实施反而加剧了市场向不利方向的运动。

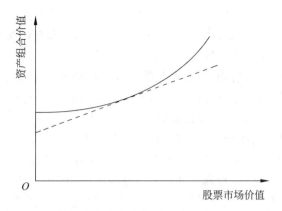

图 9-7 投资组合保险策略支付(市场保持上升或下降)

(二)动态资产配置策略的比较

三种动态资产配置策略都是在投资者风险承受能力不同的基础上进行投资管理,因而具有不同的策略特征,并在不同市场环境变化中具有不同的表现,同时它们对有效地实施策略也提出了不同市场流动性的要求,表 9-3 所示为三种动态资产配置策略的比较分析。

表 9-3 三种动态资产配置策略的比较分析

配置策略	市场下降/上升	支付模式	有利的市场环境	要求的流动速度
购买并持有	不行动	直线	牛市	小
恒定混合	购买下降 出售上升	凹型	易变、无趋向	适度
投资组合保险	出售下降 购买上升	凸型	强趋势	高

从支付模式的比较上看,购买并持有策略为消极性资产配置策略,在市场变化时不采取行动,其支付模式为直线。而恒定混合策略和投资组合保险策略为积极性资产配置策略,当市场变化时需要采取行动,其支付模式为曲线。恒定混合策略在下降时买入股票而在上升时卖出股票,其支付曲线为凹型;相反,投资组合保险策略在下降时卖出股票并在上升时买入股票,其支付曲线为凸型。

从收益情况的比较上看,当资产配置中,股票资产的价格保持单方向持续运动时,恒定混合策略的表现劣于购买并持有策略,而投资组合保险策略的表现优于购买并持有策略。当股票价格由升转降或由降转升,即市场处于易变的、无明显趋势的状态时,恒定混合策略的表现优于购买并持有策略,而投资组合保险策略的表现劣于购买并持有策略。相反,当市场具有较强的保持原有运动方向的趋势时,投资组合保险策略的效果将优于购买并持有策略,进而优于恒定混合策略。

从流动性要求的比较上看,购买并持有策略只在构造投资组合时要求市场具有一定的流动性,恒定混合策略要求对资产配置进行实时调整,但调整方向与市场运动方向相反,因此对市场流动性有一定的要求但要求不高。对市场流动性要求最高的是投资组合保险策略,它需要在市场下跌时卖出而市场上涨时买入,该策略的实施有可能导致市场流动性的进一步恶化,甚至最终导致市场崩溃。

综上所述,对一般投资者而言,要衡量哪一种动态资产配置策略"最好",确定起来很难,首先配置策略的适用性好坏关键在于这种策略的风险支付与其投资者的风险忍受程度(可以用效用函数表示)相适应度的高低。其次要看市场走势情况,一个高水平的市场对购买并持有策略和投资组合保险策略特别有利,它在经济衰退时提供了更大的防护,而易变的、无趋向市场对恒定混合策略最有利,但对投资组合保险策略不利。最后,还要看市场及所持有资产的流动性,即购买并持有策略要求流动性仅仅是在开始实施时,而恒定混合策略要求流动性是因为其交易似乎是持久的,投资组合保险策略本质上似乎要求最大的流动性。因此,要考虑投资者的风险厌恶程度、市场的走势以及对流动性的要求等因素,没有一种普遍的动态资产配置策略对任何投资者来说是最好的。

案例 9-1 投资组合保险

投资组合保险包含很多具体的策略,其中,固定比例投资组合保险(constant proportion portfolio insurance,CPPI)是最为常见的一种形式。CPPI 的操作方式与买入并持有策略类似,运用此投资组合保险策略,就是投资者先决定乘数,并确定要保金额,再将要保金额的现值投资于无风险资产,另将剩余的金额投资于风险资产。然后,随着总资产价值的变化来对风险性资产进行调整。当资产总值增加时提高风险资产投资比重,当资产总值减少时降低风险资产投资比重,当资产总值接触价值底线时,基金完全投资于无风险资产。CPPI 的数学公式可表示如下:

$$E = M \times (A - F) \quad (9\text{-}20)$$

式中,E(stock exposure)为应投资于主动性资产的仓位;M(multiplier)为乘数;A(asset)为资产总值;F(floor)为最低保险额度。两类资产中较高风险并且预期收益较高的为主动性资产,低风险低收益的则为保留性资产。在股票和无风险资产的例子中,主动性资产指的就是股票,而保留性资产则是无风险资产。

值得关注的是式(9-20)中的乘数 M,它是由投资者根据自己的风险偏好主观设定的,代表了保护强度的大小:取值越大,则保护强度越大。$M=1$ 时,则 CPPI 与买入并持有策略相同;$M>1$ 时,则投资者会增加风险性资产的投资,此时可享受股价上涨的利益较大,但当股价下跌时,整个投资组合的价值受挫程度也会增大,若万一股市重挫至 $1/M$ 时,投资者又来不及调整风险性资产的投资金额,将会出现期末投资组合价值低于要保金额的现象。

现举例来说明 CPPI 的操作程序:假设某基金初始的净值总额为 100 亿元,其所设定的最低净值为 80 亿元,即初始保护程度为 20 亿元。如果乘数为 2,则该基金的股票投资金额为 $2\times(100-80)=40$ 亿元。我们假设该基金仅投资于股票和债券,则其投资于债券的金额为 $100-40=60$ 亿元。如果股指下降了 20% 而债指没有发生变化,则该基金的股票价值也随之下降为 32 亿元,基金净值总额降为 92 亿元。此时,根据固定比例投资组合保险原则,股票的投资金额应该调整为:$2\times(92-80)=24$ 亿元,即基金经理应该卖出

(32－24)＝8亿元的股票,并用这笔资金来购买债券。如果债指下降而股指没有发生变化,情况恰好相反——卖出债券并增持股票。更一般地来讲,我们进一步放松条件,即当股指相对于债指下降时,应该减少对股票的投资来增持债券;而当股指相对于债指上升时,应该增加对股票的投资并减持债券。可见,固定比例投资组合保险策略与恒定混合策略在买卖时机的选择上恰好相反。

第三节　资产配置效率与能力

在实际投资管理中,如何在资产配置过程中提高配置效率、改善配置能力,是投资管理人时刻面临的一个核心问题。

一、资产配置的效率评价

投资绩效评估是以资产配置效率为基础的,从而形成对资产管理人的绩效与能力判断,进而分析投资组合超额收益的来源,形成对资产管理人的行为评价与建议。资产配置效率可以对战略性资产配置、资产混合变化和主要资产类别内部三个层面的绩效来源进行分析,进而形成提高投资管理过程的效率评价与反馈机制。实现投资目标是投资管理过程的基本目的,而投资目标本身正是评价投资管理过程是否高效率的基准和出发点。

（一）战略性资产配置效率

一般来说,投资者会在充分考虑可能面临的风险和通货膨胀之后,将其投资目标设定为一定的实际投资回报率,以实现自身的投资目标。资产配置过程正是围绕这一投资目标,考察不同资产类别并据以确定投资组合的资产配置比例的过程。

为了考察战略资产配置过程的效率,首先要计算按照资产配置比例构造的理论组合能够在各子期间内获得的名义投资回报率,并进行时间加权平均以得到理论投资组合在整个考察期内能够获得的平均名义投资回报率,并在扣除通货膨胀率之后得到实际回报率。然后,将实际回报率与预先设定的投资目标相比较,当实际回报率与预先设定的投资目标相比差距过大时,说明战略资产配置效率较低;反之,则较高。由于不同资产类别的收益率差异较大,因此,风险程度也就各不相同,使不同资产配置比例所形成的绩效可能出现较大差异。也就是说,是否能够达到最初设定的投资目标在很大程度上将取决于战略资产配置的效率。

（二）资产混合变化的效率

资产混合变化的效率即是指各资产类别的长期权重目标改变的有效性。相对于资产配置所决定的理论投资组合而言,实际投资组合有可能在一定程度上偏离了长期资产配置目标比例,并且由此可能导致对投资组合绩效的影响。因此,有必要对代表这一偏离的资产混合变化的效率进行考察,分析其对投资组合绩效所产生的影响。

考察资产混合变化的效率时,可以首先计算各资产类别的目标权重与实际权重之差,然后乘以该类资产的收益率从而得到非标准权重所带来的资产类别差异回报率。差异回报率的汇总即得到投资组合实际权重之间的差异所带来的额外收益(损失),其具体构成则可以看出这一额外收益(损失)的具体来源。因此,由资产配置实际权重与目标权重之差带来的额外收益(损失)可以反映资产管理人改变资产混合变化的效率。额外收益较高,说明资产管理人改变资产混合变化的效率较高;反之,则较低。资产混合变化的效率,则可衡量证券投资基金战术资产配置策略好坏。

(三) 主要资产类别内部效率

主要资产类别内部效率是指考察基金资产管理人是否能够取得相对于该资产类别适当基准值更高或更低的业绩。对主要资产类别内部效率的评价可以在更微观层次上判断资产管理人在单个资产类别之内进行选择的能力,它可以通过不同形式的比较进行,其方法主要使用市场指数基准对相应股票类别的表现进行评价,考察资产管理人的绩效与相应市场指数之间的差异情况。也可使用其他专门从事同样资产类别投资管理的资产管理人的业绩作为基准进行比较,考察资产管理人的绝对表现与相对表现。

二、资产配置能力

对积极的组合管理而言,当资产管理人预测市场价格将上升时,由于预期的资本利得收益将增加,根据风险与收益相匹配的原则,资产管理人可以通过提高投资组合的 β 值,从市场上升中得到更大的收益;反之则降低投资组合的 β 值,来达到规避市场下跌风险的目的。也就是说,投资管理人通过对市场走势的预测,主动调整投资组合 β 值的大小来规避市场下跌的风险或获取高额收益,这即是风险与收益的匹配性在基金资产配置中的体现。根据这一资产配置原则,即可得到基于风险与收益相匹配的资产配置能力模型:

$$I_{A,t+1} = \sum_{t=1}^{n} (\beta_{t+1} - \beta_t) \times (R_{M,t+1} - R_{f,t+1}) \tag{9-21}$$

式中,$I_{A,t+1}$ 为基金 $t+1$ 期的资产配置能力;β_{t+1} 和 β_t 为投资组合在 $t+1$ 期和 t 期的系统性风险;$R_{M,t+1}$ 为市场在 $t+1$ 期的收益;$R_{f,t+1}$ 为 $t+1$ 期的无风险收益率。

式(9-21)的具体含义是,如果投资管理人预期下一期市场上涨,即 $R_{M,t+1} > R_{f,t+1}$,则应通过资产的重新配置调整投资组合,以使得 $\beta_{t+1} > \beta_t$,从而满足风险与收益相匹配的要求;而如果投资管理人预期下一期市场将下跌,即出现 $R_{M,t+1} < R_{f,t+1}$,则可通过资产的重新配置调整组合,以达到 $\beta_{t+1} < \beta_t$,同样达到风险与收益相匹配的要求。由此就得到了判定投资管理人是否具有资产配置能力的重要标准之一:如果 $I_{A,t+1}$ 值为正,表明投资管理人具有资产配置能力,$I_{A,t+1}$ 值越大,资产配置能力越强;如果 $I_{A,t+1}$ 值为负,则表明投资管理人没有资产配置能力。

投资管理人通过资产的重新配置来调整投资组合的 β 值以达到风险与收益的最优匹配,这一过程可以有两个具体措施,即资产调整和证券调整。前者是指调整组合中风险资产的比例(股票持仓比例)以达到调整整个组合 β 值的目的;后者是指通过不同 β 值的组合外的证券与组合内证券之间的替换,从而以调整组合中单只股票 β 值大小的方式达到调整整个组合 β 值的目的。具体而言,当预测市场将下跌时,投资管理人既可以减少组合中风险资产的持有比例,也可以从组合中调出系统性风险大的股票同时调入系统性风险小的股票;当预测下期市场将上涨时,投资管理人则既可以加大风险资产的持有比例,又可以从组合中调出系统性风险小的股票而换入系统性风险大的股票。据此如果我们以

h_{t+1} 和 h_t 分别表示投资组合在 $t+1$ 期和 t 期的股票持仓比例,则

$$I_{A,t+1} = \sum_{t=1}^{n} (\beta_{t+1} - \beta_t) \times (R_{M,t+1} - R_{f,t+1})$$

$$= \sum_{t=1}^{n} \left(\beta_{t+1} - \frac{\beta_t \times h_{t+1}}{h_t} + \frac{\beta_t \times h_{t+1}}{h_t} - \beta_t \right) \times (R_{M,t+1} - R_{f,t+1})$$

$$= \sum_{t=1}^{n} \left[\left(\frac{\beta_t \times h_{t+1}}{h_t} - \beta_t \right) + \left(\beta_{t+1} - \frac{\beta_t \times h_{t+1}}{h_t} \right) \right] \times (R_{M,t+1} - R_{f,t+1})$$

$$= \sum_{t=1}^{n} (h_{t+1} - h_t) \times \frac{\beta_t}{h_t} \times (R_{M,t+1} - R_{f,t+1}) +$$

$$\sum_{t=1}^{n} \left(\frac{\beta_{t+1}}{h_{t+1}} - \frac{\beta_t}{h_t} \right) \times h_{t+1} \times (R_{M,t+1} - R_{f,t+1}) \tag{9-22}$$

式(9-22)中的第一项我们将其定义为 I_1,即

$$I_1 = \sum_{t=1}^{n} (h_{t+1} - h_t) \times \frac{\beta_{t+1}}{h_{t+1}} \times (R_{M,t+1} - R_{f,t+1}) \tag{9-23}$$

式(9-23)中,假定投资组合中单位风险资产的系统性风险不变,投资管理人根据对市场组合收益和无风险收益两者大小关系的预测,通过调整投资组合风险资产的持有比例来调整投资组合的系统性风险,即式(9-23)是从资产调整的角度研究投资管理人的资产配置能力。

式(9-22)中的第二项我们将其定义为 I_2,即

$$I_2 = \sum_{t=1}^{n} \left(\frac{\beta_{t+1}}{h_{t+1}} - \frac{\beta_t}{h_t} \right) \times h_t \times (R_{M,t+1} - R_{f,t+1}) \tag{9-24}$$

式(9-24)中,假定风险资产的持有比例不变,投资管理人根据对市场组合收益和无风险收益大小关系的预期,通过更换投资组合中的股票来调整投资组合单位风险资产的系统性风险,进而调整投资组合的系统性风险,即式(9-24)是从证券调整的角度研究投资管理人的资产配置能力。

就式(9-23)和式(9-24)来说,正的 I_1 和 I_2 值表明投资管理人正确预测了市场走势并据此进行了相应的符合风险与收益最优匹配的资产配置,即投资管理人具有明显的资产配置能力;相反,负的 I_1 和 I_2 值表明投资管理人的资产配置能力较低。

这样,根据资产配置原则,将式(9-21)与式(9-23)和式(9-24)结合起来,就得到了如表9-4所示的衡量基金资产配置能力的指标及其分类。

表 9-4 证券投资基金资产配置能力指标、含义与分类

指标	$I_{A,t+1}>0, I_1>0, I_2>0$	$I_{A,t+1}>0$,但 I_1 和 I_2 异号	$I_{A,t+1}<0$
含义	综合运用证券调整和资产调整措施达到资产配置原则的要求	虽然 $I_{A,t+1}>0$,最终使其投资组合的调整满足了资产配置的原则,但基金的证券调整能力低下(前者,即 $I_2<0$)或资产调整能力低下(后者,即 $I_1<0$)的同时发生,说明其资产配置的思路混乱或操作失误	虽然可能出现 I_1 或 I_2 有一个大于0,但 $I_{A,t+1}<0$,表明最终组合的调整没有满足资产配置的原则
能力	较高	一般	较低

案例 9-2 我国封闭式基金的资产配置能力[①]

本案例研究以2003年以前在深、沪两市上市的共54家封闭式证券投资基金为样本,样本的评价期间为2002年1月1日或基金上市日到2006年6月30日。根据本节给出的研究方法,我们的实证检验工作通过如下几个步骤进行。首先,计算各基金投资组合的系统性风险 β_p。其次,计算市场组合的收益率。最后,根据式(9-21)计算基金总体的资产配置能力指标 $I_{A,t+1}$,并根据式(9-23)和式(9-24)计算其资产调整能力 I_1 和证券调整能力 I_2 的值。

通过以上三大步骤,即得到了表9-5所示的实证研究结果。

表 9-5 实证研究结果   %

资产配置能力	较低	一般	较高
所属基金家数	12	17	25
占所有基金比例	22.22	31.48	46.3

表9-5的结果说明,在我国封闭式证券投资基金中,其资产配置能力由低到高所属的基金只数是逐渐上升的。这表明总体而言我国基金的资产配置能力是令人满意的。

本章小结

资产配置是投资过程中最重要的环节之一,也是决定投资组合相对业绩的主要因素。证券投资基金资产配置是指基金管理人决定如何在可投资的资产类型之间进行分配资金的过程。这一过程既包括基金管理人将资金按一定投资权重在股票、固定收益类证券、现金和另类资产等不同类型资产之间的分配,也包括资金在不同类别资产内部的分配。

在资产配置的实际操作中,可以将资产配置的方式分为战略性资产配置、战术性资产配置和动态资产配置。战略性资产配置是指投资者根据投资目标和所在国的法律限制,确定资产分配的主要资产类型以及各资产类型所占的比例,以建立最佳长期资产组合结构。战术性资产配置是指证券投资基金通过对市场波动性进行有效的预测,并在中期或短期内对长期资产配置比例的某种偏离,进而获取额外的收益。战术性资产配置主要是通过市场时机选择和证券选择实现的。动态资产配置是指在确定了战略资产配置之后,对资产配置的比例进行动态管理,包括是否根据市场情况适时调整资产分配比例,以及如果适时调整的话,应该如何调整等问题。可以将动态资产配置的调整过程分为购买并持有策略、恒定混合策略、投资组合保险策略三种。

投资绩效评估是以资产配置效率为基础的,从而形成对资产管理人的绩效与能力判断,进而分析投资组合超额收益的来源,形成对资产管理人的行为评价与建议。资产配置效率可以对战略资产配置、资产混合变化和主要资产类别内部三个层面的绩效来源进行

---

① 本案例取材于李学峰,茅勇峰. 我国证券投资基金的资产配置能力——基于风险与收益相匹配视角的研究[J]. 证券市场导报,2007(3).

分析,进而形成提高投资管理过程的效率评价与反馈机制。

资产配置能力是指对积极的组合管理而言,当投资管理人预测市场价格将上升时,由于预期的资本利得收益将增加,根据风险与收益相匹配的原则,投资管理人可以通过提高投资组合的 β 值,从市场上升中得到更大的收益;反之则降低投资组合的 β 值,来达到规避市场下跌风险的目的。

练 习 题

1. 如果要构建一个全球性的资产配置,需要遵循哪些原则?
2. 根据本章的内容,请思考,在实际投资管理中如何进行动态资产配置。
3. 请在我国市场任意挑选两只股票型基金,对它们的资产配置效率进行比较分析,并给出相关的对策建议。

即测即练

第十章 投资绩效评价

投资管理的最终目的就是获得满意的投资绩效。对投资绩效进行评价,并据此找到影响投资绩效的因素,对评估投资管理能力、改善投资绩效具有重要的理论和实际价值。

第一节 绩效评价模型

本节将对经典的投资绩效评价模型及其最新进展,以及投资者的择时择股能力的评价进行研究和探讨。

一、经典投资绩效评价模型

在资产组合理论和资本资产定价模型提出以后,陆续出现了一些经风险调整的业绩测度指标,其中最著名和广泛应用的是 Sharpe 指数、Treynor 指数、Jensen 指数、M^2 指数等。

(一) Sharpe 指数

Sharpe 指数也称 Sharpe 比率,是夏普于 1966 年在资本市场线的理论基础上提出的,他使用资产组合的长期平均超额收益除以该时期的收益率的标准差,其计算公式为

$$S_i = (\bar{r}_i - \bar{r}_f)/\sigma_i \tag{10-1}$$

式中,S_i 为 Sharpe 指数;$\bar{r}_i - \bar{r}_f$ 代表资产组合的超额收益率;σ_i 为资产组合收益率的标准差,即代表资产组合所承受的总风险。当采用 Sharpe 指数对投资组合绩效进行评估时,首先计算各个投资组合的 Sharpe 指数,然后将计算所得的 Sharpe 指数进行排序,较大的 Sharpe 指数代表较好的绩效。由于 Sharpe 指数同时考虑了系统性风险和非系统性风险,所以 Sharpe 指数还能反映基金经理分散和降低非系统性风险的能力。

(二) Treynor 指数

美国学者 Treynor 首先提出考虑风险下的基金绩效评价指标,即 Treynor 指数。该指数使用资产组合的超额收益除以该组合的系统性风险,Treynor 指数的计算公式如下:

$$T_i = (\bar{r}_i - \bar{r}_f)/\beta_i \tag{10-2}$$

式中,T_i 为第 i 只基金在样本期间内的 Treynor 指数;$\bar{r}_i - \bar{r}_f$ 代表资产组合在研究期内的超额收益率;β_i 为资产组合收益率的系统性风险。

Treynor 指数反映了基金承受每单位系统风险所获得风险收益的大小。与 Sharpe 系数评估方法类似,较大的 Treynor 指数对应着较好的绩效。Treynor 指数评估方法隐含了非系统性风险已全部被消除的假设,但当非系统性风险没有被全部消除时,Treynor 指数会给出错误的信息。由于现实中实际的资产组合并不完全能消除非系统性风险,因此,多数时候运用 Treynor 指数与运用 Sharpe 指数所得到的绩效排名的差异较大;当非系统性风险被全部消除的时候,使用 Treynor 指数所得到的绩效排名与使用 Sharpe 指数所得到的绩效排名是相同的。

（三）Jensen 指数

Sharpe 指数和 Treynor 指数都能较好地给出不同基金投资绩效的排序，但却无法告诉我们基金表现优于或劣于市场基准组合的具体数值。Jensen 以证券市场线为基础，构建了一个与实施积极管理的基金组合系统风险相等的消极投资组合，Jensen 将积极管理组合的实际收益率与具有相同风险水平的消极投资组合的收益率进行比较，将二者之差作为衡量投资组合优劣的绝对绩效评价标准，即为 Jensen 指数，也称 Jensen 的 α 值。设 $r_{i,t}$ 代表资产组合 i 在任意时期 t 的收益率，则 Jensen 的 α 值表示为

$$\alpha_i = r_{i,t} - r_{f,t} - \beta_i (r_{M,t} - r_{f,t}) \tag{10-3}$$

式中，α_i 为 Jensen 的 α 值；$r_{i,t}$ 为基金 i 在时期 t 的收益率；$r_{f,t}$ 为时期 t 的无风险收益率；β_i 为投资组合所承担的系统风险；$r_{M,t}$ 为市场投资组合在时期 t 的收益率。

Jensen 指数为绝对绩效指标，表示积极的投资组合收益率与相同的系统性风险消极投资组合收益率之间的差异。当 Jensen 指数显著大于零时，表示积极的投资组合的绩效优于市场投资组合绩效；当 Jensen 指数为零或小于零的时候，认为积极的投资组合无法获得超额收益。将 Jensen 指数用于基金间投资绩效比较时，Jensen 指数越大越好。

Jensen 指数衡量的是投资组合的选择收益，它奠定了基金绩效评价的理论基础，是迄今使用最广泛的评价方法之一。但应该注意，与 Treynor 指数相似，Jensen 指数用于基金间绩效评价也有一个隐含的假设，即资产组合的非系统性风险已经通过投资组合消除。忽略这个假设而使用 Jensen 指数则可能得到错误的信息。

（四）M^2 指数

用夏普指数来评价资产组合的业绩时，有时会遇到投资含义不好解释的情况。例如，对于两个组合——组合 1 和组合 2，经测算其夏普指数分别为 $S_1=0.6$，$S_2=0.7$，表明组合 1 的绩效不如组合 2，然而另一方面，夏普测度指标中 0.1 的差异在经济意义上的解释存在困难（后文会讲到这种困难所在）。于是，来自摩根士丹利公司的李·莫迪格里安尼（Leah Modigliani）及其祖父——诺贝尔经济学奖得主弗兰克·莫迪格里安尼（Franco Modigliani）对夏普指数进行了改进，提出了"M^2"（莫迪格里安尼的平方）业绩评价指标。与夏普指数的思想类似，M^2 指标把全部风险作为风险的度量，同时，该指标也很容易解释为什么相对于不同的市场基准指数会有不同的收益水平。下面分析 M^2 测度指标的计算方法。

假定我国市场上的一只证券投资基金，当把一定量的国债头寸加入其中后，这个经过调整的资产组合的风险就有可能与市场指数（例如上证领先指数）的风险相等。例如，如果该投资基金 P 原先的标准差是上证指数的 1.5 倍，那么经调整的资产组合应包含 2/3 比例的基金和 1/3 比例的国债。这里，把经过调整的基金资产组合称为 P^*，通过简单的计算可知，此时它与上证指数就具备了相同的标准差。这里需要说明的是，如果基金 P 的标准差低于上证指数的标准差，构建调整组合的方法可能就是卖空国库券，然后投资于 P，最终也能够使调整组合的方差"追赶"上上证指数。

此时调整组合 P^* 和上证指数的标准差相等，于是只要比较它们之间的收益率就可以观察到它们之间的业绩差异，M^2 指标如下：

$$M^2 = r_{P^*} - r_M \tag{10-4}$$

假设基金 P 具有 42% 的标准差,而上证指数的标准差为 30%。因此,调整的组合 P^* 应由 0.714 比例(30/42)的原基金 P 和 0.286 比例(1−0.714)的国债构成,调整后组合具有26.7%的预期收益率[(0.286×6%)+(0.714×35%)],比上证指数的平均收益率少1.3%,所以该基金的 M^2 指标为 −1.3%,这是业绩低于上证指数的情况。

我们还可以再举一例,表 10-1 所示为某投资于机械制造业的基金 P 及市场资产组合(以上证指数代表)M 的风险收益数据参数,假设无风险收益率为 3%。

表 10-1 示例数据　　　　　　　　　　　　　　　　　　　　　　　　　　%

类　别	基金 P	上证指数 M
平均收益率	9	7
收益率的标准差	15	11

如果我们希望采用 M^2 指标来评价该基金的业绩水平,需要如何构建调整后的资产组合?原基金和国债的占比分别为多少?最终计算得到的 M^2 指标为多少?其含义是什么?

根据同样的组合调整方法,新的组合中原基金所占的比例应为

$$\sigma_M / \sigma_P = 11/15 = 0.733$$

相应加入的国债比例为 0.267,则该基金的 M^2 指标为

$$M^2 = r_{P^*} - r_M = (0.733 \times 9 + 0.267 \times 3 - 7)\% = 0.4\%$$

可见,相比上一例中的基金,本例中的机械制造业基金的 M^2 指标为正,获得了较市场组合更优的业绩。

图 10-1 给出了 M^2 指标的图形解释。当我们把基金 P 与国债通过适当比例混合后,就可以沿着 P 的资金配置线向下移动,直到调整后资产组合的标准差与市场指数的标准差一致。这时 P^* 与市场指数 M 的垂直距离(也就是它们期望收益率间的距离)就是 M^2 指标。从图 10-1 中可以看出,当基金 P 资金配置线的斜率小于资本市场线的斜率时,P 的 M^2 指标就会低于市场,此时它的夏普指数也小于市场指数组合。

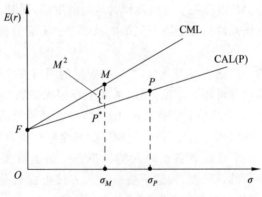

图 10-1 M^2 指标的图形解释

从图 10-1 中也可以看出,如果是分别计算组合 P 和市场组合 M 的夏普指数,那么

就仅仅是考虑图中 M 点和 P 点,而简单地计算 M 点和 P 点之间横坐标或纵坐标之差是缺乏比较意义的,这也说明了夏普指数的解释存在困难的原因。只有在 M^2 指标下,P 点经过调整得到了组合 P^* 点,具备了和 M 点相同的方差,此时 P^* 和 M 之间纵坐标的差异才具备可比性。

阅读资料10-1 M^2 指标在国外金融市场中的发展和应用[①]

在很长一段时期内,风险并不为人重视。例如,FSE 基金就曾吹嘘它们在众多共同基金中保持了长达 5 年的最佳业绩。但如果一旦考虑以方差为测度标准的风险,FSE 基金就只能在前 50 名的第 40 名左右蹒跚了。

于是,应《华尔街日报》的要求,摩根士丹利公司首席经济学家李·莫迪格里安尼利用一种全新的风险调整业绩评估指标把当时近 5 年中前 50 名最佳经营业绩的投资基金进行了一次重排名。这种新指标是由她和她的祖父——诺贝尔经济学奖获得者弗兰克·莫迪格里安尼共同提出的。

这种新标准的主要启示在于,可以纠正投资者只考虑基金原始业绩的倾向,鼓励他们应同时注意基金业绩中的风险因素,从而帮助投资者挑选出能带来真正最佳业绩的投资基金。

M^2 指标产生于美国股市居高不下和亚洲危机期间,当时投资顾问和基金的监管者已经对基金投资者进行了大量的提醒,他们呼吁投资者应把基金的潜在收益和风险权衡考虑。一些市场观察者担心美国股价会有一场大滑坡,然而,尽管投资者身处这个危险时期,但他们也没有对基金的风险引起足够的重视。因此风险调整的指标应运而生,M^2 指标就是其中典型的一例。

莫迪格里安尼祖孙俩把风险定义为基金季度收益率的方差(即未能预期部分),然后把每个基金的风险都调整到一个市场指标的水平(如标准普尔 500)。这种调整的方法很简单,因为他们只需把具有风险的基金和一部分的现金混合而减少资产组合的方差,或者通过借贷扩大投资基金的份额,从而利用杠杆效应来提高组合的方差。

如果通过稀释或者杠杆借贷之后,投资者使基金的风险与市场基准保持了一致,那么该项基金的 M^2 值就是投资者在这一特定时期内所得到的收益率。尽管在高风险与低风险之间并没有什么固有的好坏差异,但莫迪格里安尼女士说投资者应该认为在一定程度的风险下得到最高收益的基金是最有效率的。她认为,一个甘冒风险的投资者如果把钱从高杠杆比的那些基金撤出来,然后投资于标准普尔 500 的指数基金或具有更高 M^2 数的其他基金,那么他所得的收益率会更高。

与其他的业绩或风险指标一样,M^2 指标只是过去信息的反映。Lipper Analytical Service 基金研究部副总裁斯蒂文·李普(Steve Lipper)就曾指出,经风险调整的收益率可能是欺骗性的,因为一个行业或一项投资的风险不可能固定不变。他举例说,几年前投

[①] 资料来源:DAMATO K, MCGOUGH R, New gauge measures mutual-fund risk[J]. The wall street journal,1998(8)(有改动).

资于技术的基金在经风险调整的收益率上似乎有较大优势,但现在如果还从经风险调整收益的角度看,它们就是根本无利可图的行业了,因为它们的股价已经在很短的时间内连续飞升。

这种风险调整的方法还为投资者提供了另一种投资思路,即在 M^2 指标排序时,每一种基金都能对自身的业绩进行技术上的风险调整,而采用的方法就是把高风险的基金稀释成一个经分散化后的低风险资产组合。

二、绩效评价模型的发展

(一) 总风险调整的 α

Fama 将 Sharpe 采用的总风险调整方法以及 Jensen 所采用的收益率表现形式相结合,提出了绩效评估的总风险调整的 α(total risk-adjusted alpha,TRA):

$$\text{TRA} = \overline{r_i} - \left(r_f + \frac{\overline{r_M} - \overline{r_f}}{\sigma_M} \times \sigma_i \right) \tag{10-5}$$

Fama 将风险调整后的基金收益率称为净选择能力(net selectivity)。Jensen 提出的 α 值的表现形式类似于证券市场线(SML),而 Fama 提出的总风险调整的 α 的表现形式类似于资本市场线(CML)。总风险调整的 α 与 Sharpe 比率之间的关系为

$$\text{TRA} = (S_i - S_M) \times \sigma_i \tag{10-6}$$

式中,S_i、S_M 分别为基金所管理的投资组合和市场组合的 Sharpe 比率。

(二) 三因素绩效衡量方法

多因素基金绩效衡量方法是基于套利理论提出的。套利定价理论是 Ross 提出的一种替代性资本资产定价理论。APT 较 CAPM 模型的假设简单,在只考虑市场指数的情况下,CAPM 模型就变成了 APT 的一种特例。

传统的绩效评价模型只考虑了市场的风险影响,导致在解释按照股票特征如市盈率(P/E)、股票市值、历史收益、股票账面价值比市场价值(B/M)进行分类的基金组合收益之间的差异方面出现了困难。因此开始有研究者使用多因素模型来代替单因素模型对基金绩效进行评估。多因素模型的一般数学表达式如下:

$$r_i = \alpha_i + \beta_{i1} F_1 + \beta_{i2} F_2 + \cdots + \beta_{ik} F_k + \varepsilon_i \tag{10-7}$$

式中,$F_1, F_2, \cdots, F_k$ 分别代表影响证券 i 收益的各因素值;$\beta_{i1}, \beta_{i2}, \cdots, \beta_{ik}$ 分别代表各因素对证券收益变化的影响程度;α_i 代表证券收益率中独立于各因素变化的部分。由于 APT 在应用上并未对具体的风险因素加以确定,因此对于不同风险因素的探讨,多因素绩效模型有不同的因素组合。其中,以 Fama 和 French 的三因素模型最为著名。

Fama 和 French 通过对大量的因素的实证研究,创造性地引入市场超额收益、市值因子、账面市值比这三个变量对市场收益状况进行研究,提出了计算 Jensen 的 α 的三因素模型,其表达式如下:

$$r_{it} - r_f = \alpha_i + \beta_{i1}(r_{Mt} - r_f) + \beta_{i2}\text{HML}_t + \beta_{i3}\text{SMB}_t + \varepsilon_{it} \tag{10-8}$$

式中,r_{Mt} 为市场组合在时期 t 的收益率;r_f 为无风险收益率;HML_t(high minus low,HML)为价值因子,即高 B/M 组合减低 B/M 组合在时期 t 的收益率;SMB_t(small minus big, SMB)规模因子,即小公司组合减大公司组合在时期 t 的收益率。使用该模型对基金绩效的评价其结果的解释类似于 Jensen 指数。β_{i1} 为价值因子的回归系数,当它显著为正时,说明基金偏向于投资价值型资产,反之则偏向于成长型资产;β_{i2} 是规模因子的回归系数,当它显著为正时,说明基金偏向于投资小规模的公司,反之则偏向于投资大规模的公司。

(三) 四因素模型

由于 F-F3 模型无法解释动量因素对业绩的影响,即历史业绩对当期业绩的影响,Carhart(1996)提出包含动量因素的四因子模型来检验和解释投资绩效来源。Carhart(1996)的四因子模型认为,资产组合的超额收益来源于市场超额收益、规模差异带来的超额收益[①]、账面市值差异带来的超额收益、动量因素。四因子模型的计算公式为

$$R_{i,t} - R_f = \alpha + \beta_p(R_{M,t} - R_f) + \beta_s \text{SMB}_{i,t} + \beta_h \text{HML}_{i,t} + \beta_m \text{MOM}_{i,t} + \varepsilon_{i,t}$$

(10-9)

式中,$R_{i,t}$ 为基金 i 在第 t 期的绝对收益水平;R_f 为市场的无风险收益,采用同期短期国债收益率代替;α 为基金的超额收益,其数值的符号代表基金的整体收益水平相对市场收益水平的表现;$R_{M,t}$ 为市场组合在第 t 期的收益;$\text{HML}_{i,t}$ 为账面市值因素的差额收益;$\text{SMB}_{i,t}$ 为规模因素的差额收益;$\text{MOM}_{i,t}$ 为动量因素,用当期与滞后期的业绩之差来衡量;β_h 为账面市值因素导致的差额收益的回归系数;β_s 为规模因素的回归系数;β_p 为市场超额收益的回归系数;β_m 为动量因素的回归系数,其符号代表基金业绩是具有动量效应还是反转效应;β_s、β_h、β_p、β_m 显著性与否决定着基金业绩的来源和归属情况;$\varepsilon_{i,t}$ 为模型方程的残差项。

> **阅读资料10-2** 五因子模型的介绍[②]
>
> **1. 核心思想**
>
> 由 Eugene F. Fama 和 Kenneth R. French 发表于 *Journal of Financial Economics* 2015 年第 4 期的论文"A five-factor asset pricing model"对原有的 Fama-French(1993)三因素模型进行了改进,在原有的市场、公司市值(small minus large, SML)以及账面市值比(high minus low, HML)三因子的基础上,加入了盈利能力因子(robust minus weak)和投资模式因子(conservative minus aggressive, CMA),从而能够更好地解释股票横截面收益率的差异。然而,有些小企业的股票收益率和投资水平高、盈利能力低的公司相似。作者指出,五因素模型的主要不足就在于无法解释这类小企业的股票平均收益率为何如此之低。此外,引入 RMW 和 CMA 因子后,1963 年至 2013 年的美国股市数据表明 HML 因子是"多余"的。

[①] 实际计算中,规模因素收益率的计算可以使用规模指数收益率替代。比如对于小规模基金的收益率采用小盘基金指数收益率代替,大规模基金的收益率采用大盘基金指数收益率代替。

[②] 资料来源:FAMA E, FRENCH K. A five-factor asset pricing model[J]. Journal of financial economics, 2015, 116(1): 1-22.

2. 增加两个变量的原因

Fama 和 French 于 1993 年提出的三因素模型一直是众多学者检验和挑战的对象。Novy-Marx 发现,总盈利-资产比率(gross profits-to-assets)对股票横截面平均收益率,具有接近于 HML 因子的解释能力。Aharoni、Grundy 和 Zeng 指出,公司投资水平和股票平均收益率显著相关(亦可参见 Haugen 和 Baker,1996、Titman,Wei 和 Xie,2004、Fama 和 French,2006、2008 等)。由此可见,三因素模型对预期收益率的描述并不全面,因为三个因子并不能解释由公司盈利能力与投资模式所造成的股票收益率差异。

基于上述理论及实证研究,Fama 和 French 在原有的三因素模型中加入了代表盈利能力的 RMW 因子和代表投资模式的 CMA 因子。与之前因子的构建方式类似,RMW 是营业利润率(operating profitability)高的多元化投资组合的收益率,减去营业利润率低的多元化组合的收益率。CMA 则是投资水平低("保守")的多元化投资组合的收益率,减去投资水平高("积极")的多元化组合的收益率。其中,营业利润率的衡量标准,是上一财年的总收入扣除主营业务成本、利息支出和销售、一般及行政费用,再除以上一财年末账面权益总额。而对投资的衡量,则是用上一财年相对于之前财年的总资产增加额,除以之前财年末的总资产金额。

3. 分析方法

为了清楚地观察各个因子与收益率的关系,本文使用 1963 年 7 月至 2013 年 12 月的美国股市数据,采用类似 Fama 和 French 的方法对样本数据进行分析。作者分别根据市值-账面市值比、市值-营业利润率和市值-投资水平,对股票进行了 3 次 5×5 均分,每次得到 25 个投资组合。作者发现,总体而言,存在价值、盈利能力以及投资效应,即在控制其他变量的情况下,股票的账面市值比越高,营业利润率越高,投资水平越低,其平均回报率越高,这些现象在市值较小的股票中尤为明显。

在构造 SML、HML、RMW 和 CMA 这 4 个因子时,作者提出了三种投资组合划分的方法。第一种:分别根据市值-账面市值比、市值-营业利润率和市值-投资水平,对股票进行 3 次 2×3 划分,每次得到 6 个投资组合。以市值-账面市值比划分为例,作者将市值以纽交所均值为分水岭,划分为大、小 2 类;对账面市值比,则以纽交所的第 30 和第 70 百分位数为分水岭,划分为高、中、低 3 类。第二种:分别根据市值-账面市值比、市值-营业利润率和市值-投资水平,以纽交所均值为分水岭,对股票进行 3 次 2×2 划分,每次得到 4 个投资组合。第三种:根据市值-账面市值比-盈营业利润率-投资水平,对股票进行一次 2×2×2×2 的划分,得到 16 个投资组合。作者认为,第二种方法在构建因子时,使用了全部股票,而第一种方法却没有使用第 30 至第 70 百分位数的股票,因此第二种方法构建的因子更为多元化;而第三种方法,则能更有效地从平均收益率中分离出市值、账面市值比、营业利润率和投资水平的风险溢价。

4. 论文结论

作者进行回归分析,并按照 Gibbons、Ross 和 Shanken 的方法进行检验。GRS 统计量表明,五因素模型并不能完全描述股票的期望收益率,但是五因素模型依然可以解释 71%~94% 的不同组合收益率在横截面水平上的差异。五因素模型的 GRS 统计量值小于三因素模型,回归的截距项(代表异常收益)的绝对值也小于三因素模型,说明五因素模型的解释能力要优于三因素模型。作者还发现,三种划分投资组合、构建因子的方式并不影响回归的截距项。

此外,作者认为,HML似乎是一个"多余"的因子:HML的风险溢价基本上能被其他因子所解释,尤其是能被RMW和CMA因子解释,所以剔除HML,不会对回归的截距项有影响。若想更好地估计每个因子的风险溢价,则可以用HML因子对市场、SMB、RMW和CMA因子回归,将所得截距与误差相加,构建正交HML因子(HMLO),用HMLO来代替HML,加入五因素模型。

作者还指出,五因素模型存在的问题在于不能很好地解释为什么盈利能力不强、投资较多的小市值股票会有低于平均水平的收益率,而同样是盈利能力不高、投资较多的大市值股票却有很高的收益率。

三、择时与择股能力

资产组合管理者的投资能力主要包括证券选择能力(择股能力)和市场时机能力(择时能力)两个方面。择股能力是指管理者对个股的预测能力,具有择股能力的管理者能够买入价格低估股票,卖出价格高估的股票提高投资绩效的能力;择时能力是指管理者能够根据市场走势的变化,将资金在风险资产和无风险资产之间进行转移,以便抓住市场机会获得更大绩效的能力。这方面的模型主要有T-M模型、H-M模型、C-L模型等。

案例 10-1 择股能力

图10-2中的斜线为证券市场线(SML),其中,市场收益率r_M为9%,无风险利率r_f为2%。假设投资组合A所实现的收益率为$r_A=8\%$,其市场风险为$\beta_A=0.67$,用A点表示。当投资组合处于市场风险水平β_A时,所期望获得的收益率为$r_{\beta A}=6.7\%$。这一期望收益率由两部分构成,即无风险利率2%以及风险溢价4.7%。投资组合实际获得的收益率为8%,比期望值高1.3%,这一增加值就是股票选择的收益率。

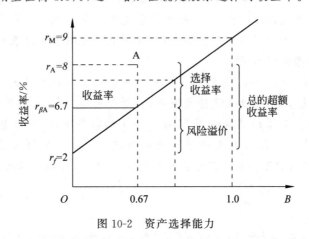

图10-2 资产选择能力

根据图10-2和证券市场线的公式

$$r_A - r_f = (r_A - r_{\beta A}) + (r_{\beta A} - r_f)$$

可以得到投资组合 A 的总的超额收益率等于股票选择的收益率加上风险溢价,即
$(8\%-6.7\%)+(6.7\%-2\%)=8\%-2\%$
$1.3\%+4.7\%=6\%$

(一) T-M 模型

假设基金经理人以市场指数和国债两种证券构建了一个投资组合 r_p,该组合中两证券的比例是一定的,则该组合的证券特征线 SCL[①] 的斜率也是一定的。该基金经理人如果保持这一组合不变,即意味着其没有市场时机能力。非市场时机能力如图 10-3 所示。

而如果基金经理人能够抓住市场机会,在市场走势较好时将资金更多地配置到市场指数基金[②]中,则其证券市场线如图 10-4 所示。

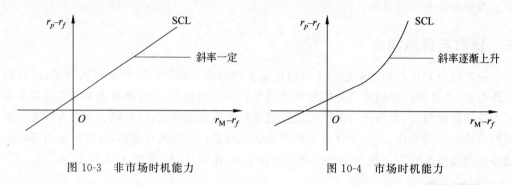

图 10-3 非市场时机能力 　　　　图 10-4 市场时机能力

图 10-4 中 SCL 的斜率逐渐上升的原因在于,该基金经理人抓住了市场牛市的机会,加大了对市场指数组合的投资比重,从而 r_M 升高,SCL 的斜率即随之增大。而当投资组合的收益低于无风险收益时,SCL 的斜率递减,基原因即在于,当市场熊市($r_p < r_f$)时,为了规避市场下跌的风险,基金代理人将资产更多地配置到了低 β 值资产中。

Treynor 和 Mazuy 认为,具有择时能力的组合管理者应该能预测市场走势,在多头市场时,提高基金的风险水平以获得较高的报酬;在空头市场时则降低风险,因此特征线不再是固定斜率的直线,而是一条斜率随市场状况变化的曲线。依据上述思想,Treynor 和 Mazuy(1966)在证券市场线回归模型中,加入一个二次项来评价基金的选股与择时能力。其所建立的模型方程如下:

$$r_{it}-r_f=\alpha_i+\beta_{i1}(r_{Mt}-r_f)+\beta_{i2}(r_{Mt}-r_f)^2+\varepsilon_{it} \qquad (10\text{-}10)$$

式中,α_i 为选股能力指标;r_f 为无风险收益率;β_{i2} 为择时能力指标;r_{it} 为基金 i 在第 t 期的单位净值收益率;r_{Mt} 为市场基准组合 M 在时期 t 的收益率;ε_{it} 为模型随即误差项。若 α_i 显著大于 0,则可以判断出基金经理具有选股能力,且 α_i 值越大选股能力越强;若 β_{i2} 显著大于 0,则可以判断出基金经理具有择时能力,且 β_{i2} 值越大择时能力越强。

[①] 描述 R_i 和 R_M 之间关系的回归线并称为证券特征线(security characteristic line)。该回归线的方程为:$R_{it}=\alpha_i+\beta_i R_{Mt}+e_{it}$。按照 Zvi Bodie 等人的观点,该方程表述的是所谓传统证券特征线,因为它没有考虑 β 值和收益均值的变动性。我们这里所使用的实际上是扩展的证券特征线,它不要求固定均值和固定方差的假设。

[②] 或者说,基金代理人基于对市场指数的"复制"构建投资组合,进行资金配置。

(二) H-M 模型

在 T-M 模型基础上,亨里克森和默顿(D.Henriksson and R.c.Merton,1981)给出了判断市场时机能力的 H-M 模型。该模型假设资产组合的 β 值为两值之一:当市场走势好时 β 值取值较大,当市场为弱势时 β 值取值较小。H-M 模型中的 SCL 如图 10-5 所示。

Henriksson 和 Merton 定义择时能力为基金经理人是否有预测市场报酬高于或低于无风险收益率的能力,并进而将资产有效地分配于股票市场与债券市场。具备择时能力者可预先调整资产配置,在市场报酬小于无风险报酬时减少损失,其所建立的模型方程如下:

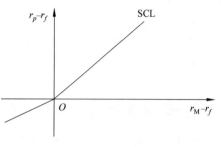

图 10-5 H-M 模型中的 SCL

$$r_{it} - r_f = \alpha_i + \beta_{i1}(r_{Mt} - r_f) + \beta_{i2}(r_{Mt} - r_f)D + \varepsilon_{it} \quad (10\text{-}11)$$

式中,α_i、r_f、β_{i2}、r_{Mt}、ε_{it} 等指标含义与 T-M 模型相同。D 为虚拟变量,当 $r_{Mt} > r_f$ 时,$D=1$,否则 $D=0$。于是资产组合的 β 值在熊市时为 β_{i1},在牛市时变为 $\beta_{i1}+\beta_{i2}$。若 α_i 显著大于 0,则可以判断出基金经理具有选股能力,且 α_i 值越大选股能力越强;若 β_{i2} 显著大于 0,则可以判断出基金经理具有择时能力,且 β_{i2} 值越大则择时能力越强。

案例 10-2 在市场时机选择时出现的问题

我们在进行市场时机的选择时,主要关注于某资产的收益率及其波动率两方面,只是单纯地通过比较标准差的大小来判断投资策略是不合理的,要考虑到收益率的右偏问题。我们常以标准差作为风险的衡量标准,然而标准差可能成为风险测度的误导,举个最简单的例子,设想你怎样在两种假定的投资策略之间进行选择。第一种提供 5% 的确定收益,第二种提供的是不确定收益,即 5% 加上一个随机数,这个数有 50% 的可能性为 0,50% 的可能性为 5%,表 10-2 列出了这两种策略的各种特征。

表 10-2 策略特征 %

项 目	策 略 1	策 略 2
期望收益	5	7.5
标准差	0	2.5
最高收益	5	10.0
最低收益	5	5.0

很明显,策略 2 优于策略 1,因为它的收益至少等于策略 1,在某些情况下还会比策略 1 高。所以不管你多厌恶风险,也不管策略 2 的标准差有多大,策略 2 总是最佳选择。较之策略 1,策略 2 提供的是"好的惊喜",因此在这里标准差并不能作为风险的测度。

(三) C-L 模型

Chang 和 Lewellen 通过改进 H-M 模型来评价基金的择时能力与选股能力,其所建立的模型方程如下：

$$r_{it} - r_f = \alpha_i + \beta_{i1}\min(0, r_{Mt} - r_f) + \beta_{i2}\max(0, r_{Mt} - r_f)D + \varepsilon_{it} \quad (10\text{-}12)$$

式中，α_i 为选股能力指标；β_{i1} 为空头市场时的 β；β_{i2} 为多头市场时的 β；$\beta_{i2} - \beta_{i1}$ 为择时能力指标，若 α_i 显著大于 0，则可以判断出基金经理具有选股能力，且 α_i 值越大则选股能力越强；若 $(\beta_{i2} - \beta_{i1})$ 显著大于 0，则可以判断出基金经理具有择时能力，且其值越大择时能力越强。

阅读资料10-3　市场时机作为期权定价

在对理想市场时机的收益类型进行分析时，最关键的是必须认识到精确的预测就相当于持有股权资产组合的一个看涨期权。理想市场时机决定着将全部的资产要么投资于无风险资产，要么投资于股权资产组合，关键是看谁的收益更高。这一点从图 10-6 中可以看出来，理想市场时机的收益率的下限就是 r_f。

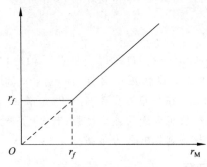

图 10-6　理想市场时机决定者的收益率

为了弄明白信息的价值就是一种期权，假定市场当前指数为 S_0，指数看涨期权的执行价格为 $X = S_0(1 + r_f)$。如果下一个时期市场的收益率高于国库券的收益，S_t 会大于 X，反之它会比 X 小。现在看一看由这个期权和投资于国库券的 S_0 美元组成的资产组合的总收益，如表 10-3 所示。

表 10-3　市场时机作为期权定价

类　别	$S_t < X$	$S_t \geq X$
国库券	$S_0(1+r_f)$	$S_0(1+r_f)$
期权	0	$S_t - X$
总计	$S_0(1+r_f)$	S_t

当市场是熊市时（市场收益率小于无风险利率），该组合得到无风险收益；当市场是牛市时，该组合得到高于国库券的市场收益。这样的资产组合就是理想的市场时机资产组合。因此，我们可以把这种精确的预测能力当成一种看涨期权来对其价值进行评估，因为一个看涨期权可以让投资者只有当市场收益超过 r_f 时才会获得市场收益。这种理解使得默顿可以根据期权定价理论来给市场时机能力定价，我们也可以从中计算出市场时机的合理费用。

四、业绩贡献分析程序

毫无疑问，良好的投资业绩取决于投资者正确择时择股的能力，这些时机感和选择能力既可以认为是在股市大升时从固定收益证券转入股权市场，又可以定义得更具体，比如指投资者在特定行业中寻找表现相对不错的股票。

投资组合管理者一般既作出关于资产配置的方向性决定,又在同一资产类别中选择具体的证券配置。研究业绩贡献,其目的就是把总的业绩分解为具体的组成部分,每个组成部分都代表了一个特定的投资组合的选择能力。

一般先从最广泛的资产配置选择分析,然后再进一步分析投资组合选择中较细致的具体内容。这种情况下,一个通常的业绩贡献分析系统把业绩分解为三个要素:①广义的资产配置选择,如股权、固定收益证券和货币市场工具之间的选择;②各市场中行业的选择;③行业中具体股票的选择。

贡献分析法着重解释投资组合 P 与另一个市场基准投资组合 B 之间的收益差别,我们称其为基准收益(bogey)。假设投资组合 P 与投资组合 B 共包括了几类资产,如股票、债券、国库券等。在每一类中存在着确定的市场基准指数投资组合。譬如,沪深 300 指数是股票的市场基准。投资组合 B 中各类资产的权重是固定的,于是它的收益率为

$$r_B = \sum_{i=1}^{n} w_{Bi} r_{Bi} \tag{10-13}$$

式中,w_{Bi} 为投资组合 B 中第 i 类资产的权重;r_{Bi} 为评估期第 i 类资产市场基准资产组合的收益率。

根据组合管理者的预测,投资组合 P 的管理者选择权重为 w_{Pi} 的第 i 类资产;在每类中,管理者也根据证券分析作出了持有不同证券的选择,它们在评估期内的收益为 r_{Pi}。于是 P 的收益率是

$$r_P = \sum_{i=1}^{n} w_{Pi} r_{Pi} \tag{10-14}$$

它与投资组合 B 收益率的差距为

$$r_P - r_B = \sum_{i=1}^{n} w_{Pi} r_{Pi} - \sum_{i=1}^{n} w_{Bi} r_{Bi} = \sum_{i=1}^{n} (w_{Pi} r_{Pi} - w_{Bi} r_{Bi}) \tag{10-15}$$

式(10-15)中的每一项都能重新展开,从而使每项分解为资产配置决策贡献和该类中的证券选择决策贡献,并以此来确定它们对整体业绩水平的贡献。我们把每一项分解如下,注意每类中来自资产配置的贡献与来自证券选择的贡献之和实质上就是每一类资产对整体业绩的总贡献。

资产配置的贡献	$(w_{Pi} - w_{Bi}) r_{Bi}$
+ 证券选择的贡献	$w_{Pi} (r_{Pi} - r_{Bi})$
= 第 i 类资产总的贡献	$w_{Pi} r_{Pi} - w_{Bi} r_{Bi}$

第一项 $(w_{Pi} - w_{Bi}) r_{Bi}$ 之所以能测度资产配置的效应,是因为它反映了各资产类实际权重与基准权重之差再乘以该资产类的指数收益率;第二项 $w_{Pi} (r_{Pi} - r_{Bi})$ 之所以能测度证券选择的效应,是因为它是某一资产类中实际投资组合的超额收益率与市场基准收益率之差,然后乘以实际资产组合中该资产的权重。由这两项构成了该类资产的总业绩 $w_{Pi} r_{Pi} - w_{Bi} r_{Bi}$。图 10-7 是第 i 类资产对业绩的总贡献。

为了解释这种方法,我们可以考虑对一个假想投资组合进行具体的贡献分解。如果

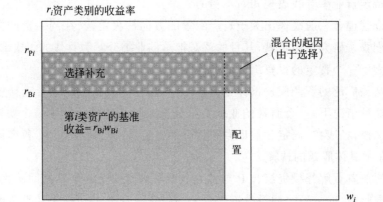

图 10-7 第 i 类资产对业绩的总贡献

该资产组合只投资于股票债券和货币市场。从表 10-4 到表 10-7 都是具体的贡献分析。设投资组合当月的收益率为 5.34%。

表 10-4 管理投资组合的业绩   %

组 成	预定标准的业绩与超额收益	
	基准权重	月指数收益率
股权(沪深 300 指数)	0.60	5.81
债券(沪公司债指数)	0.30	1.45
现金(货币市场工具)	0.10	0.48

预定标准 = (0.60 × 5.81) + (0.30 × 1.45) + (0.10 × 0.48) = 3.97%

管理投资组合的收益率   5.34%
−预定标准的资产组合的基准收益率   3.97%
=管理资产组合的超额收益率   1.37%

表 10-5 业绩归因   %

a. 资产配置对总业绩的贡献

市 场	(1) 在市场的实际权重	(2) 在市场的基准权重	(3) 超额权重	(4) 市场收益率	(5)=(3)×(4) 对业绩的贡献率
股权	0.70	0.60	0.10	5.81	0.581 0
固定收益	0.07	0.30	−0.23	1.45	−0.333 5
现金	0.23	0.10	0.13	0.48	0.062 4
资产配置的贡献					0.309 9

b. 证券选择对总业绩的贡献

市场	(1) 投资组合业绩	(2) 指数业绩	(3) 超额业绩	(4) 投资组合权重	(5)=(3)×(4) 对总业绩的贡献率
股权	7.28	5.81	1.47	0.70	1.03
固定收益	1.89	1.45	0.44	0.07	0.03
资产配置的贡献					1.06

表10-6 股权市场中的部门选择　　　　　　　　　　　　　　　　　　　%

部门	(1) 月开始时权重 投资组合	(2) 月开始时权重 沪深300指数	(3) 权重差	(4) 部门收益率	(5)=(3)×(4) 部门配置的贡献
基本材料	1.96	8.3	−6.34	6.9	−0.437 5
工商服务	7.84	4.1	3.74	7.0	0.261 8
资本品	1.87	7.8	−5.93	4.1	−0.243 1
周期性消费品	8.47	12.5	−4.03	8.8	−0.354 6
非周期性消费品	40.37	20.4	19.97	10.0	1.997 0
信用敏感品	24.01	21.8	2.21	5.0	0.110 5
能源	13.53	14.2	−0.67	2.6	−0.017 4
技术	1.95	10.9	−8.95	0.3	−0.026 9
总计					1.289 0

表10-7 投资组合贡献小结

	贡献(基点)
1.资产配置	31
2.选择	
a.股权超额收益(基点)	
i.部门配置	129
ii.证券选择	18
	147×0.70(投资组合权重)= 102.9
b.固定收益超额收益	44×0.07(投资组合权重)= 3.1
投资组合总的超额收益	137.0

第一步是先建立一个可比较的市场基准水平。我们仍把这个市场基准称为基准收益,它是投资者就算完全采取消极策略也能得到的收益率。"消极"在这里有两层意思。

首先，它指资金在各类资产之间的配置是按照常规或中性的原则进行的，于是一般的市场配置就是一种消极投资策略；其次，它意味着投资组合管理者在每一类资产中持有类似指数基金的投资组合，比如在股权市场中持有沪深300指数基金。在这种情况下，作为业绩基准的消极投资策略，既是资产配置的基准，又是证券选择的基准。任何一种对消极投资基准的偏离都可以归结为资产配置发生了变化（对市场资产中性配置的偏离），或是证券选择发生了变化（对资产类中消极指数的偏离）。

上文中所提到的中性配置，各资产的权重能否称之为"中性"，这主要取决于投资者的风险容忍度。比如，爱冒险的投资者可能愿意把大部分资金注入股权市场，于是该基金管理者的中性权重也许就是75%的股权、15%的债权，另有10%的现金。以这些权重为中心的任何一点偏离都将表明投资者认为其中一种资产的市场表现超过或低于通常的风险-收益要求。相反地，厌恶风险型的投资者可能会认为在三种市场上45%、35%、20%的权重是中性的。因此，在正常情况下，他们的投资组合会比那些喜好风险的投资者具有更低的风险。所以，只有当投资者在判断各市场表现后，对各资产权重作出了"特意"的调整，我们才能认为其真正偏离了"中性"。

在表10-4中，中性权重分别为股权60%、债权30%、现金（货币市场工具）10%，因此基准收益的投资组合就由每种指数按照60:30:10的权重组成，其收益率为3.97%。被评估的投资组合的业绩是正的，等于为其实际收益率减去基准收益率：5.34%－3.97%＝1.37%。接下来需要对1.37%的收益率进行分解，并把它们归因于各个独立的决策。

（一）资产配置决策

假设被评估投资组合的权重分别为股权70%、债券7%、货币市场工具23%。投资组合的业绩必然与这些权重对预定标准权重60:30:10的偏离有关，而且程度的大小取决于三种资产类中权重偏离所产生的或好或坏的结果。

为把管理者关于资产配置的效应独立出来，我们考察一个假想的投资组合，它由权重为70:7:23的三种指数基金组成。它的收益率仅反映了从60:30:10的基准权重转移到现在权重所引起的收益变化效应，而不包括任何由积极投资管理者在每个市场中积极选择证券所带来的效应。

由于管理者会对具有良好表现的市场增加权重，而减少表现不好市场的份额，上述假想投资组合的业绩要优于预定标准。因此，总业绩中属于资产配置的贡献等于三个市场中超额权重与其相应指数收益率之积的总和。

表10-5a表明在总超额收益的137个基点中，成功的资产配置贡献了31个基点，因此部分优良业绩应归功于此。这是因为当月股权市场实现了5.81%的收益率时，经理大幅增加了当月的股权市场投资权重。

（二）部门与证券选择决策

如果业绩中有0.31%（表10-5a）应归功于各资产市场间的成功配置，那么剩下的1.06%就应归功于在每一市场中的部门及证券选择。表10-5b具体计算了该投资组合中部门及证券选择对总体业绩的贡献大小。

从表10-5b可知，该投资组合中股权部分所实现的收益率为7.28%（而沪深300指数的收益率为 5.81%),固定收益证券的收益率为 1.89%(而沪公司债指数收益率为 1.45%)。把股票市场和债券市场中的超额收益乘以各自的投资比例,两项之和共计 1.06%,此即为部门及证券选择对业绩的贡献。

表 10-6 通过记录股权市场每一部门的数据而得到了股权市场中优异业绩的具体来源。前 3 栏是该投资组合与沪深 300 指数在股权市场上各部门间的配置及两者之间的差异,第 4 栏列出了每个部门的收益率。第 5 栏为每个部门中两者之间的差异与部门收益率的乘积,它们分别代表每个部门对其在股权市场上出色业绩所作出的贡献。

注意,好的业绩源于加大了对一些具有出色表现的部门所做的投资,如对经济周期非敏感的消费品行业,而同时减少了对技术工业等表现不佳部门的投资力度。由于仅部门选择一项就为投资组合中股权超额收益提供了 1.29% 的收益率,而且表 10-5b 中第 3 列显示投资组合中股权部分的收益率比沪深 300 指数大 1.47%,于是我们可以通过简单的相减得出部门内证券选择对投资组合中股权业绩所做的贡献为 0.18%(= 1.47% − 1.29%)。

当然在投资组合的固定收益证券部分也可以应用同样的部门分析,在这里不再赘述。

(三) 各部分贡献的加总

总体看该投资组合的各项选择程序都很成功。表 10-7 详细列出了各方面的业绩贡献。在 3 个市场上进行资产配置贡献了 31 个基点,在各市场内的证券选择贡献了 106 个基点,于是投资组合总的超额业绩达到了 137 个基点。

第二节 绩效持续性及其影响因素

有关投资绩效持续性的讨论是研究投资管理人在不同时期的盈利能力表现是否具有一致性,是否存在绩效好(坏)的投资在下一期的表现仍然会好(坏)的情况,即考察业绩的历史表现能否预测其未来的表现。关于持续性及其影响因素的研究,既可以为建立科学合理的业绩评价体系提供依据,也可以为投资者的投资决策提供建议。

一、绩效持续性

根据业绩持续性的定义,检验投资业绩是否存在持续性即是要验证前一期的业绩是否会影响下一期的业绩,因此首先需要对投资者两个时期的业绩评价指标进行相关分析,来检验是否存在业绩持续性。

(一) 研究方法

一般可采用横截面回归方法作为研究业绩持续性的方法。该方法是从总体上考察业绩的持续性的方法,即通过回归分析考察评价期($t+1$ 期)和排名期(t 期)的业绩相关性,从而确定业绩是否存在持续性。该方法主要通过以下步骤完成。

第一,将研究样本的业绩指标分成前后两个子期,分别称为排名期和评价期,两期的时间跨度可以是一季度、半年、一年或更长期间,两期各自的时间跨度可以是对称(即两期时间跨度相同)或者不对称。初始排名期和评价期划分后将排名期和评价期分别顺次向后延续一周、一月或更长时间便得到第二个排名期和相对应的评价期,其余依次类推,这样便构成若干对排名期和评价期。

第二,分别求出样本在排名期和评价期的业绩指标。

第三,利用样本投资者在评价期的业绩指标对排名期的业绩指标进行横截面回归。如果横截面回归的斜率系数显著大于零,说明本期收益较好(或较差)的投资者在下一时期的收益也会相对较好(或较差),即存在基金业绩持续性,可以用当前的业绩预测未来的业绩;如果斜率系数不显著(不论系数为正为负),则说明投资业绩不存在持续性;如果斜率系数在统计意义上显著小于零,则说明业绩存在反转现象,业绩不存在持续性。

(二)模型

如果以超额收益率(即复权净值增长率减去同期无风险收益率)作为衡量业绩评价指标,即可通过分析超额收益率之间的相关性来检验基金业绩是否具有持续性。计算投资者(如基金)在各排名期和评价期内的一固定时间段(如半年期)无风险收益率 R_f 以及投资者半年期收益率,进而得到总研究期内的超额收益率;然后,利用上述计算得到的超额收益率进行横截面回归,回归方程表示为

$$r_{p,t+1} - r_{f,t+1} = \beta_0 + \beta_1(r_{p,t} - r_{f,t}) \tag{10-16}$$

式中,$r_{p,t+1}$ 和 $r_{f,t+1}$ 分别为评价期的投资者固定时间段收益率和无风险收益率;$r_{p,t}$ 和 $r_{f,t}$ 分别为排名期的固定时间段收益率和无风险收益率。

📖 案例 10-3 我国基金的绩效持续性[①]

将 2005 年 1 月 1 日至 2006 年 12 月 31 日这 2 年(共 104 周)的时间作为总的研究期间,选取跨度为半年(即 26 周)对称的排名期和评价期。其中,样本基金的初始排名期为 2005 年 1 月 7 日至 2005 年 7 月 15 日,相对应的评价期为 2005 年 7 月 22 日至 2006 年 1 月 20 日,然后将排名期和评价期分别顺次往后延续一周,即第二个排名期为 2005 年 1 月 14 日至 2005 年 7 月 22 日,相对应的评价期为 2005 年 7 月 29 日至 2006 年 1 月 25 日,依次类推,共构成 47 对排名期和评价期,最后一个排名期为 2005 年 12 月 16 日至 2006 年 6 月 23 日,相对应的评价期为 2006 年 6 月 30 日至 2006 年 12 月 29 日。在计算相关数据的基础上,利用业绩持续性检验模型,对我国 2005 年 1 月 1 日前发行的 30 只开放式基金的业绩持续性进行实证研究,结果如表 10-8 所示。

表 10-8 具有业绩持续性的各期回归结果统计表

期 数	排名期	评价期	回归参数		t 统计量	P 值	拟合优度
第 30 期	2005/08/12—2006/02/17	2006/02/24—2006/08/25	β_0	0.316 246	12.866 08	0.000 0	0.135 830
			β_1	0.749 596	2.097 8 63	0.045 1	

---

① 本案例取材于李学峰,陈曦,茅勇峰. 我国开放式基金业绩持续性及其影响因素研究[J]. 当代经济管理,2007(6).

续表

期　数	排名期	评价期	回归参数		t 统计量	P 值	拟合优度
第 32 期	2005/08/26—2006/03/03	2006/03/10—2006/09/08	β_0	0.344 420	10.145 14	0.000 0	0.176 311
			β_1	0.839 526	2.448 143	0.020 9	
第 33 期	2005/09/02—2006/03/10	2006/03/17—2006/09/15	β_0	0.369 369	19.399 64	0.000 0	0.165 693
			β_1	0.784 233	2.358 136	0.025 6	
第 34 期	2005/09/09—2006/03/17	2006/03/24—2006/09/22	β_0	0.339 272	13.920 39	0.000 0	0.238 513
			β_1	0.954 029	2.961 449	0.006 2	
第 35 期	2005/09/16—2006/03/24	2006/03/31—2006/09/29	β_0	0.335 824	13.344 21	0.000 0	0.159 214
			β_1	0.615 734	2.302 641	0.028 9	
第 37 期	2005/09/30—2006/04/07	2006/04/14—2006/10/20	β_0	0.265 902	8.423 160	0.000 0	0.144 492
			β_1	0.315 516	2.174 644	0.038 3	

从表 10-8 的回归结果可以看出，在本案例考察的两年 47 期的时间里，有 6 期即 2006 年前三季度，回归系数在显著水平为 5% 的情况下通过显著性检验并且显著为正，表明在这些时期所选样本基金总体上存在业绩持续性，尤其是从 2006 年 3 月 10 日至 2006 年 9 月 29 日这段评价期内连续四期表现为存在业绩持续性[①]。

二、绩效持续性的影响因素

考察影响投资者业绩持续性的因素，首先，需要确定衡量业绩持续性的指标。相关系数是衡量两个变量间的线性相关关系最基本的指标，而检验业绩持续性即是考察投资者前后两期业绩之间是否存在显著的正相关关系，因此一般以两期业绩之间的相关系数 ρ 作为衡量业绩持续性强弱的指标，即将排名期和评价期业绩指标之间的相关系数作为检验影响持续性因素模型的被解释变量。

其次，找出可能影响业绩持续性的因素。如果我们以证券投资基金为例，那么：

其一，根据 Madden、Volkman(1995) 和 Carhart(1997) 等人的研究成果，基金公司资产规模(size)、基金管理费率(expense)、基金投资目标是影响基金业绩持续性的显著因素，因此，选定基金公司资产规模、基金固定费率以及投资风格(d_1, d_2)作为研究影响持续性的待检验因素。

其二，业绩持续性可以从一定程度上反映基金经理的投资管理能力，因此基金经理人的能力都被认为可能是基金业绩持续性的一个重要影响因素，故将评价期内是否更换经理人这一虚拟变量(change)作为下一个影响持续性的待检验因素。

其三，根据李学峰、张舰、茅勇峰(2007)的研究，基金的投资策略和其所构建的投资组

---

① 由于影响基金收益率的因素受多个因素的影响，而本案例只是从其中的一个因素出发(即上一期收益率)研究其是否对本期收益率有影响来判定基金的收益是否具有持续性，因此拟合优度较低。

合是否匹配——理论 β 值和实际 β 值的匹配状态,是影响基金业绩的重要因素之一,故我们加入匹配性这一虚拟变量(d_3)作为另一个待检验因素。

其四,基金存续期(age)的长短在一定程度上能反映基金经理的投资经验,因此存续期的长短可能会影响基金的投资业绩,进而影响基金业绩的持续性,故基金的存续期也被引入模型作为待检验因素。

其五,基金经理人应该根据单个基金资产规模(scale)选择最优的投资策略,合理选择投资组合中的资产,达到风险与收益的最优匹配,这就对其资产管理能力提出要求,因而单个基金的资产规模是影响基金业绩的一个因素,因此将其引入模型作为待检验因素。

其六,持股集中度(concentration)[①],反映了基金经理构建投资组合的策略,即相对比较集中还是比较分散投资的策略,也会对基金的投资业绩产生影响,因此将其作为影响持续性的一个待验证因素。

最后,以相关系数 ρ 作为被解释变量,以在评价期内可能影响基金业绩持续性的因素作为解释变量,进行回归检验,确定影响持续性的主要因素。

通过上述分析,建立如下检验影响基金业绩持续性因素的模型:

$$\rho = C_0 + C_1 \text{scale} + C_2 \text{size} + C_3 \text{expense} + C_4 d_1 + C_5 d_2 + C_6 d_3 +$$
$$C_7 \text{age} + C_8 \text{change} + C_9 \text{concentrate} + \varepsilon \tag{10-17}$$

式(10-17)中各解释变量的释义见表 10-9。

表 10-9 业绩持续性因素检验模型解释变量释义表

变量	释义
scale	表示在评价期内单个基金在检验期限内加权平均的资产规模(亿)
size	表示样本基金所在基金公司规模,即所拥有的全部资产,含所拥有封闭式基金和开放式基金资产总和(亿)
expense	表示各基金管理费率和托管费率的总和(%)
d_1	投资风格为价值型(1)
	其他投资风格(0)
d_2	投资风格为成长型(1)
	其他投资风格(0)
d_3	投资组合的构建和投资策略匹配(1)
	投资组合的构建和投资策略不匹配(0)
age	表示基金自成立期开始截至 2006 年 9 月 29 日的存续期,以周数表示
change	在评价期变更基金经理(1)
	在评价期未变更基金经理(0)
concentration	表示基金在评价期内持股集中度(%)

注:*括号内的 0 或 1 为相应的虚拟变量的取值

---

① 以基金的前十大重仓股的市值占投资组合的市值比例作为基金持股集中度的衡量。

案例 10-4 我国基金业绩持续性的影响因素

利用业绩持续性因素检验模型,对排名期为 2005 年 8 月 26 至 2006 年 3 月 24 日,评价期为 2006 年 3 月 10 日至 2006 年 9 月 29 日的相关数据,对影响我国开放式基金业绩持续性的因素进行实证分析,得到当期的回归结果如表 10-10 所示。

表 10-10 回归结果数据表

解释变量	系 数	T 值	P 值
c	−0.469 491	−3.245 159	0.004 1
scale	0.002 613	1.386 462	0.180 9
size	−4.92E−05	−0.558 627	0.582 6
expense	0.101 364	0.773 756	0.448 1
d_1	0.073 324	1.696 211	0.105 4
d_2	−0.004 343	−0.115 138	0.909 5
d_3	−0.019 064	−0.511 334	0.614 7
age	7.55E−05	0.198 848	0.844 4
change	−0.023 031	−0.710 592	0.485 5
concentration	−0.000 463	−0.183 018	0.856 6

表 10-10 回归的结果中,拟合优度 R^2 等于 0.268 68,DW 值为 1.761 029,WHITE 检验的 P 值为 0.847 093。

由上述实证结果可知,基金投资风格中的价值型投资风格是影响我国基金业绩持续性各种因素中最为显著的,而其他因素对基金业绩持续性的影响则更不显著。因此我们通过逐步回归和筛选,得到对我国基金业绩持续性影响最为显著的因素,如表 10-11 所示。

表 10-11 回归结果表

解释变量	系 数	T 值	P 值
c	−0.331 242	−13.105 14	0.000 0
scale	0.002 536	1.955 713	0.060 9
d_1	0.048 643	1.749 922	0.091 5

回归结果中,拟合优度 R^2 等于 0.173 038,DW 值为 1.685 547,WHITE 检验的 P 值为 0.365 366。可以发现,单个基金资产规模和基金投资风格中的价值型投资风格是影响我国开放基金业绩持续性的重要因素。

本章小结

业绩评估是一种相对评估,其参照的标准是市场。其中最典型的绩效评估方法即业绩指数方法。业绩评估的夏普指数,是指上升幅度除以 CML 的斜率。其中的上升幅度即投资组合的预期收益率与无风险率的差。

Treynor 指数即以投资组合所形成的特定的 SML 的斜率的大小作为衡量该投资组合业绩的指标。

Jensen 指数通过比较评估期的实际收益和由 CAPM 推算出的预期收益的大小,来判断基金或投资组合的绩效。

除了上述经典的三大指数外,还有一些新的评价方法:套利定价理论绩效评估方法,其主要思路即是计量评估期的平均收益率与基于 APT 的预期收益率的偏离度。M^2 测度,即通过资本配置线与资本市场线的相对位置,来具体得出基金或组合优于市场组合的程度。所谓 F-F3 方法,即在 CAMP 的基础上,再考虑小盘股组合与大盘股组合的收益率之差,以及高 B/P 股票组合与低 B/P 股票组合的收益率之差。

市场时机能力,即通过证券特征线,检验投资者(如基金经理)能否根据市场走势的变化,将资金在风险资产和无风险资产之间进行转移,以便抓住市场机会获得更大绩效的能力。

进一步,绩效持续性及其影响因素是我们进行投资组合管理不可忽视的重要领域。

练 习 题

1. 任意挑选我国市场的三只股票型基金,用 M^2 方法对它们各自的投资绩效进行评价和分析。
2. 对我国市场上债券型基金的择时能力进行评价和分析。
3. 投资管理中如何提升绩效持续性?绩效持续性的影响因素可否量化?
4. 尝试以四因子模型检验我国证券市场中某类基金的投资绩效。

即测即练

第十一章 债券投资组合管理

本章对固定收益证券组合管理中所涉及的概念和工具,包括久期(duration)、凸性(convexity)和免疫(immunization),进行研究和分析,在此基础上对债券的投资策略,也是债券实际投资中经常用到的分析工具和方法进行分析。

第一节 债券投资管理的基础:久期与凸性

债券的名义期限只考虑了本金的偿还,而忽视了利息的支付。久期是考虑了债券产生的所有现金流的现值因素后计算的债券实际期限,是完全收回利息和本金的加权平均年数。久期对本金以外的所有可能支付的现金流都进行了考虑。久期是价格对利率敏感性最简单、直观的测量方法。一般而言,债券的剩余期限越长,久期越大,即债券的价格对利率的变化更加敏感。

久期虽然有其重要的理论意义和应用价值,但久期本身也存在着缺陷。为了克服久期的缺陷,就需要引入债券凸性的概念。

一、久期

久期是对债券的每次息票利息或本金支付时间的加权平均,每次支付时间的权重是该支付现值在债券总价值(债券价格)中所占的比例。公式为

$$D = \frac{\sum_{t=1}^{T} PV(c_t) \times t}{P_0} \quad (11-1)$$

式中,D 为债券的久期;P_0 为债券当前市场价格;$PV(c_t)$ 为债券未来第 t 期现金流(利息或本金)的现值,其中的贴现率即债券的到期收益率;T 为债券到期时间。

例题 11-1 久期的计算

假设一债券的面值是 1 000 元,年息票利息支付额为 80 元,剩余期限是 3 年,其目前市价是 950.25 元。请计算:①该债券的到期收益率;②该债券的久期。

解:

① 根据到期收益率公式,可得该债券的到期收益率是 10%。

② 该债券的久期为

$$D = \left[\frac{80}{1+0.1} \times 1 + \frac{80}{(1+0.1)^2} \times 2 + \frac{1080}{(1+0.1)^3} \times 3\right] \Big/ 950.25$$

$$= (72.73 + 132.23 + 2\ 434.21)/950.25$$

$$= 2.78(\text{年})$$

实际操作时,将 $D^* = D/(1+y)$ 定义为"修正久期"。令债券到期收益率的变化率 $\Delta(1+y) = \Delta y$,则债券价格的变化率

$$\Delta P/P \approx -D^* \Delta y \tag{11-2}$$

即债券价格变化的百分比约等于修正久期与债券到期收益率的变化之积。修正久期可以用来测度债券在利率变化时的风险暴露程度。

(一) 久期的意义

由例题 11-1 可见,虽然该债券的剩余期限是 3 年,但考虑到息票现金流后,其平均剩余期限是 2.78 年。也就是说,久期可以使我们在考虑到各期现金流后,更精确地把握剩余持有期,从而利于投资中的现金管理和对持有期的动态管理。换言之,久期可用于测算动态投资收回期。

久期还可以帮助我们进行债券价格的利率敏感性分析。衡量债券利率风险的指标是利率弹性 I_E,即

$$I_E = \frac{\Delta P/P}{\Delta y/y} \tag{11-3}$$

式中,分子为债券价格变动率,即波动幅度;分母为债券收益率变动率。利率弹性与久期的关系为

$$I_E \approx -D \frac{y}{1+y} \tag{11-4}$$

由以上两式可得

$$\Delta P/P \approx -D \times (\Delta y/1+y) \tag{11-5}$$

即给定收益率变动幅度,久期越大,债券价格波幅越大。

实际操作者通常会使用与式(11-4)稍有不同的修正久期 $D^* = D/(1+y)$,于是,式(11-5)即成为式(11-2)的形式。

此外,久期还用于免疫策略,即进行消极组合管理策略。

(二) 关于久期的定理

久期存在如下六大定理。

(1) 只有零息债券的久期等于其到期时间。

证明:因为零息债券只有一次现金流,因此有

$$P_0 = PV(C_T)$$

根据久期的公式 $D = [PV(C_T)/P_0] \times T$ 因此有

$$D = 1 \times T = T$$

(2) 除零息债券外,当息票利率不变时,大多数债券具有期限(maturity)越长久期(dutation)越长的特点,即久期直接与期限长度相关。特别是,这些大多数债券的久期小于它们的到期期限。

(3) 到期日不变时,久期与利息支付水平呈反比变化,利息支付水平越高,久期越短。

(4) 一般而言,久期会随着时间的延长而下降,即存在所谓久期缩减(duration drift)规律。

(5)一般来看,久期与到期收益率呈反比变化,即收益率越高,久期越短。其原因即在于久期是以所收到的现金流的现值为权重计算的加权平均,收益率越高,远期现金流贴为现值就越低,权重即越小,从而久期越短。

(6)债券投资组合的久期等于单个债券久期的加权平均,其中的权重由债券市场价值决定。即

$$D = \sum_{i=1}^{n} w_i D_i \tag{11-6}$$

式中,$w_i = MV_i/MV$,而其中的 MV_i 为该债券投资组合中单个债券 i 的市场价值;MV 为该债券组合的总市场价值。D_i 为债券 i 的久期。

久期的上述原理有助于投资者对债券投资组合的管理。比如若投资者希望延长久期,根据原理(2)和原理(3),投资者就应选择票面利率较低而期限较长的债券;再如若投资者希望久期为某一确定的年限(以便管理利率风险),根据定理(5),投资者即可把多种债券混和在一起,以达到控制组合利率风险的目的。

(三)不同债券久期的计算

影响债券价格对市场利率变化的敏感性包括三要素:到期时间;息票利率;到期收益率。图 11-1 显示了具有不同息票利率、到期收益率和到期时间的债券的久期情况。

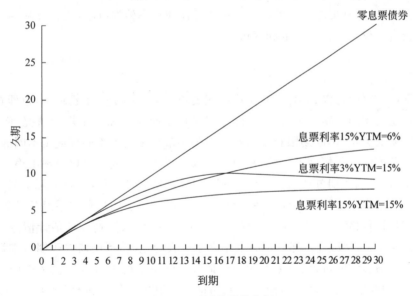

图 11-1 不同债券的久期

由图 11-1 可见,不同债券其久期不同,由此也就导致不同债券的久期在计算方法上即存在不同。永续债券的久期为

$$(1+y)/y \tag{11-7}$$

例如,当收益率为 10% 时,每年支付 100 元的永续债券的久期等于 $1.10/0.10 = 11$ 年;当收益率为 8% 时,久期就等于 $1.08/0.08 = 13.5$ 年。

稳定年金的久期为

$$[(1+y)/y] - T/[(1+y)^T - 1] \tag{11-8}$$

例如,收益率为8%的10年期年金的久期为

$$(1.08/0.08) - 10/(1.08^{10} - 1) = 4.87(年)$$

息票债券的久期等于

$$[(1+y)/y] - [(1+y) + T(c-y)]/\{c[(1+y)^T - 1] + y\} \tag{11-9}$$

如果息票债券是以面值出售的,计算久期可以简化成如下形式:

$$[(1+y)/y][1 - 1/(1+y)^T] \tag{11-10}$$

例题 11-2　息票债券的久期

息票率为10%的20年期债券,每半年付息一次,有40个支付期,每次支付的息票利息为5%。如果每半年的到期收益率为4%,那么债券的久期应该为

$$(1.04/0.04) - [1.04 + 40(0.05 - 0.04)]/[0.05(1.04^{40} - 1) + 0.04]$$
$$= 19.74(半年)$$
$$= 9.87(年)$$

浮动利率债券可视为一个下次利率重设日就到期的零息债券,因此不论浮动利率债券的原始到期日有多长,其久期就等于下次利率重设之时。简而言之,浮动利率债券的久期最长就是两个付息期间。其久期非常短,利率风险很低。

如果在 $t=1/2$ 时买进一年重设一次利率的浮动利率债券(即购入日离利率重设日还有半年),投资人仅需承担半年的利率风险。

二、凸性

从久期的计算中可以看出,它对于所有现金流都只采用了一个折现率,也即意味着利率期限结构是平坦的。换言之,久期实际上只考虑了收益率曲线平坦的情况,而实际上,由于时间因素的影响,不同期限长度收益率对某一市场影响因素的反应是不同的,即不同期限长度收益率的变化幅度不一致,从而导致收益率曲线的变化可以呈现出很多形式。

进一步看,采用久期方法对债券价格利率风险的敏感性进行测量,实际上只考虑了价格变化和收益率变化之间的线性关系,而市场的实际情况表明这种关系经常是非线性的。此时用久期估计价格变化会产生较大误差。引入凸性,可以更精确地估计债券价格的变化。其原因在于:一般来讲,当到期收益率发生较大变化时,利用债券久期所推算的债券价格并不等于债券实际价格,利率变化引起债券实际价格的上升幅度比久期的线性估计要高,而下降的幅度要相对较小,两者近似的精确度取决于债券价格-到期收益率曲线的凸度。久期估价与债券的实际价格如图11-2所示。

(一)凸性的含义

为了克服久期的上述缺陷,就需要引入债券凸性的概念。从上一章债券定价的原理中,我们可概括出债券价格的一个主要特性,即债券的凸性。

所谓债券的凸性,是指债券的价格与其收益率之间成反比关系,且这一反比关系是非线性的、凸向原点,如图11-3所示。图中,当债券价格由 P_0 上升到 P_1 时,收益率由 Y_0 下降到 Y_1(价格与收益率的反向变化),且收益率下降的幅度小于债券价格上升的幅度

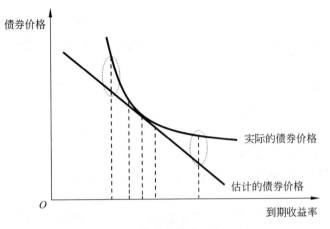

图 11-2 久期估价与债券的实际价格

(非线性);相反,当债券价格由 P_0 下降到 P_2 时,收益率则由 Y_0 上升到 Y_2,且收益率上升的幅度大于债券价格下降的幅度。

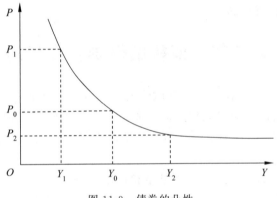

图 11-3 债券的凸性

久期可以看作债券价格对利率小幅度波动敏感性的一阶估计,而凸性则是债券价格对利率敏感性的二阶估计。或者说,久期度量的是债券价格-收益率曲线的切线的斜率,而凸性度量的是债券价格-收益率曲线的曲度。凸性(C)可以通过计算久期对收益率的导数或债券价格对收益率的二阶导数再除以债券的价格得到

$$C = -\frac{dD^*}{dy} = \frac{1}{P} \cdot \frac{d^2 P}{dy^2} = \frac{1}{P} \cdot \frac{1}{(1+y)^2} \sum_{t=1}^{T} \frac{t(t+1)C_t}{(1+y)^t} \quad (11\text{-}11)$$

为了显示凸性的重要性,可以对债券价格的相应变化进行泰勒二阶展开,有

$$\frac{dP}{P} \approx \frac{dP}{dy} \cdot \frac{1}{P} dy + \frac{1}{2} \cdot \frac{d^2 P}{dy^2} \cdot \frac{1}{P} (dy)^2 = -D^* dy + \frac{1}{2} C (dy)^2 \quad (11\text{-}12)$$

由式(11-12)可以看出,当收益率变化较小时,凸性的意义并不明显,可以忽略不计。而当收益率的波动较大时,凸性的作用就变得很重要。

式(11-12)也可以写为

$$\mathrm{d}P/P = -\left(D^* - \frac{1}{2}C\mathrm{d}y\right)\mathrm{d}y \qquad (11\text{-}13)$$

该式表明当利率出现上升或下降时,凸性(考虑价格变化的二阶项)会引起债券久期的下降或上升。

(二) 凸性原理

凸性存在以下三大基本原理。

(1) 凸性与到期收益率呈反方向变化。也就是说,收益率低的债券比收益率高的债券的价格-收益率曲线的曲率更大。

(2) 凸性与利息也呈反方向变化,即利息较高的债券其价格-收益率曲线的曲率较小。

(3) 凸性与久期呈正向变化。一般来说,期限较长的债券其价格-收益率曲线的曲率也较大,而由久期的原理[原理(2)]我们知道,期限较长的债券其久期也较长。

凸性的上述原理可帮助我们进行债券投资决策。例如,久期原理(3)告诉我们,久期与利息水平呈反向变化,而凸性原理(2)则告诉我们,凸性与利息水平也呈反向变化。这样,如果投资者希望延长久期并增加凸性,即可通过抛出高利息债券,并购入相同期限的低利息债券,来达到投资目的。

第二节 消极的债券投资策略

与股权投资一样,债券投资也是有风险的。债券投资者也是希望在一个给定的风险水平上尽量使他们的收益最大化。对于风险厌恶的投资者来说,有几种方法可用于减少债券投资的风险:只投资于政府债券;投资于多样化的公司债券投资组合;免疫策略。

从策略上看,债券投资可分为消极策略和积极策略。消极策略:认为债券市场相对有效,通过市场时机选择或错误定价的债券不能获得超额收益;通常为构造一个债券组合,以与投资者的投资时间期限、税赋地位、风险容忍度相匹配;运用免疫和梯型组合,可以减少组合风险。

消极的债券投资策略主要包括免疫、现金流搭配策略、指数化策略、梯型组合策略,以及杠铃型组合策略。

一、免疫

根据利率的期限结构理论,利率会发生变动,从而给债券的收益带来利率风险。构建免除利率风险的债券投资组合的过程,称为免疫。

在实际投资中我们需要回答如下问题:再投资收益率 RY 如何确定?复收益率与到期收益率 YTM 的差别是什么?

这其中,利率变化引起债券资本利得与票息再投资收益呈反方向变化,即利率↑,资本利得↓,而票息再投资收益↑;利率↓,资本利得↑,而票息再投资收益↓。

McEnally 发现复收益率是 YTM 和 RY 的加权平均:

$$\text{复收益率} = (D/H)\text{YTM} + [1-(D/H)]\text{RY} \qquad (11\text{-}14)$$

式中，H 为持有期；D 为久期。

当一个投资组合的久期等于设定的投资期限（持有期）时，该投资组合即可免疫利率风险。如果 $D = H$，则复收益率 = YTM，由此则该债券免疫利率风险，价格风险与再投资风险相互抵消。

（一）久期免疫的原理

考虑如下的情况：如果债券管理者为投资者管理一个面值为 1 000 元、息票率为 8%、息票再投资率为 8% 的 5 年期债券，那么，1~4 年的息票再投资所得为

$$80(1.08^4 + 1.08^3 + 1.08^2 + 1.08) = 389.36(\text{元})$$

第 5 年的本息为 1 080 元，总所得为

$$389.36 + 1\,080 = 1\,469.36(\text{元})$$

即投资者现在每投资 1 元，5 年后有 1.469 元。它的实现复收益率为

$$\text{RCY} = \left(\frac{1\,469.36}{1\,000}\right)^{\frac{1}{5}} - 1 = 8\%$$

如果利率在投资初期从 8% 突然跌到 6%，那么 1~4 年的息票再投资所得为

$$80(1.06^4 + 1.06^3 + 1.06^2 + 1.06) = 370.96(\text{元})$$

第 5 年本息为 1 080 元，总所得为

$$370.96 + 1\,080 = 1\,450.96(\text{元})$$

其实现复收益率为

$$\text{RCY} = \left(\frac{1\,450.96}{1\,000}\right)^{\frac{1}{5}} - 1 = 7.73\%$$

使用免疫策略就可以避免这种结果。如果另一个债券的有效期限等于这个债券的到期期限，那么那个债券是免疫的。这就是利率变化在给定的到期期限上不影响实现复收益的情形。

例如：一个 6 年期面值为 1 000 元息票率和再投资率都是 8% 的债券的久期 $D=4.99$ 年。在第 5 年出售，所得为 1 469.96 元，这是因为 1~4 年的息票再投资所得为

$$80(1.06^4 + 1.06^3 + 1.06^2 + 1.06) = 370.96(\text{元})$$

第 5 年息票所得为 80 元。债券还有一年到期，现价为

$$\frac{1\,080}{1.06} = 1\,019(\text{元})$$

总所得为

$$370.96 + 80 + 1\,019 = 1\,469.96(\text{元})$$

实现复收益率

$$\text{RCY} = \left(\frac{1\,469.96}{1\,000}\right)^{\frac{1}{5}} - 1 = 8\%$$

由于利率下降，再投资收入减少约 19 元，而资本盈余 19 元补偿了损失。可以看出利率风险可分为两部分：①如果利率下降，再投资收入减少，而债券价格上升；②如果利率上升，再投资收入增加，而债券价格下降。免疫是用再投资收入和债券价格相反变动、互

相抵消来消除利率风险的。

案例 11-1 久期免疫原理

考虑由两个债券组成的免疫证券组合。前面 5 年期债券，面值 1 000 元，息票率和再投资率为 8%，它的久期为 4.312 年，而与它仅期限不同的 8 年期债券的久期为 6.202 年。如果在投资初期利率从 8% 降到 6%，就用这两个债券构成免疫证券组合，它的有效期限应等于 5 年到期期限。因为

$$D_P = \sum_{i=1}^{N} w_i D_i = 63.6\% \times 4.312 + 36.4\% \times 6.202 = 5$$

所以，在这个证券组合中，5 年期债券占 63.6%，8 年期债券占 36.4%。5 年后出售这个证券组合。8 年期债券还有 3 年到期，出售的市价为

$$P = \frac{80}{1.06} + \frac{80}{1.06^2} + \frac{1\,080}{1.06^3} = 1\,053.84(元)$$

总所得计算如下：

1～4 年息票再投资收入：

$$80(1.06^4 + 1.06^3 + 1.06^2 + 1.06) = 370.96(元)$$

5 年期债券最后 1 年所得：

$$1\,080 \times 63.6\% = 686.88(元)$$

8 年期债券在第 5 年的息票所得：

$$80 \times 36.4\% = 29.12(元)$$

第 5 年出售 8 年期债券所得：

$$1\,053.84 \times 36.4\% = 383.60(元)$$

总所得为

$$370.96 + 686.88 + 29.12 + 383.60 = 1\,470.56(元)$$

实现复收益率：

$$\text{RCY} = \left(\frac{1\,470.56}{1\,000}\right)^{\frac{1}{5}} - 1 = 8.02\%$$

与 5 年期债券比较，利率从 8% 跌到 6%，再投资所得减少 18.4 元而资本盈余增加 19.6 元，大致抵消。因而两者实现复收益可以认为是相同的，这个证券组合是免疫的。

需要指出的是，免疫实际上是对一定范围的收益率的变动提供了保护。但如果收益率发生很大变动，则须对投资组合进行再免疫。也就是说，免疫是一个动态过程。此外，免疫通常假设久期较长的债券与久期较短的债券具有相同的收益率（现实中长期高于短期），这使得其构造过程会产生一定的非现实性。

（二）免疫策略

免疫是指选择一只债券或构造一个债券组合，使其价格风险与再投资风险相互抵消。

具体而言：

两种风险变动方向不相同，如果利率上升，债券市场价值下降，但利息再投资收益增

加;相反,如果利率下降,债券市场价值增加,但利息再投资收益减少。

通过将债券久期与拟投资期匹配,投资者可以将债券的价格风险与再投资风险相互抵消;由于零息债券的久期与其到期期限相同,因此可运用零息债券进行免疫。由于无利息支付,零息债券没有再投资风险。

免疫所选择的投资组合的久期等于它们负债(现金流出)的到期期限。因此可以利用价格风险和再投资风险互相抵消的特点,保证投资者不受损失。

许多债券的投资组合在到期时都希望达到目标值。比如,养老基金的管理者要安排以使每年得到的现金流能满足养老金的支付。

案例 11-2　免疫策略的应用

假设债券管理者希望在 5 年后获得 14 693.28 元的稳定现金流。其可选择的投资方案如下。

(1) 投资一个售价为 10 000 元、到期收益率为 8% 的 5 年期零息票债券,这样,到期时他将获得

$$10\ 000\times(1+0.08)^5=14\ 693.28(元)$$

(2) 进行息票债券无免疫投资。比如还是投资于一个面值为 10 000 元、息票率和再投资利率均为 8% 的 5 年期息票债券。具体情况见表 11-1。

表 11-1　无免疫投资

项　目	支付次序	剩余到期时间	7%	8%	9%
息票投资收入	1	4	1 048.64	1 088.39	1 129.27
	2	3	980.03	1 007.77	1 036.02
	3	2	915.92	933.12	950.48
	4	1	856.00	864.00	872.00
第 5 年本息	5	0	10 800.00	10 800.00	10 800.00
最终收入			14 600.59	14 693.28	14 787.77
实现复收益率			7.86%	8.00%	8.14%

未受免疫的债券(债券的到期期限=预定持有期=5年)

从表 11-1 可以看到,如果再投资利率保持在 8% 不变,则投资者可以在 5 年后获得 14 693.28 元的现金流,实现复收益率为 8%,等于预定的收益率,即投资初期的市场利率。

但当再投资利率变动时,投资者将面临着利率变动的风险。如表 11-1 所示,假设再投资利率下降到 7% 或上升至 9% 时,则实现的复收益率分别下降到 7.86% 和上升至 8.14%。

(3) 进行息票债券免疫投资。我们设计这样一种债券,使其久期等于该债券的预定持有期限。即投资于一个面值为 10 000 元、息票率和再投资利率均为 8% 的 6 年期息票债券,该债券的久期为 5 年。我们将在持有 5 年后售出该债券,则其实现复收益率情况如表 11-2 所示。

表 11-2 免 疫 投 资

项 目	支付次序	剩余到期时间	免疫策略下的现金流(债券的久期＝5年＝预定持有期)		
			7%	8%	9%
息票投资收入	1	4	1 048.64	1 088.39	1 129.27
	2	3	980.03	1 007.77	1 036.02
	3	2	915.92	933.12	950.48
	4	1	856.00	864.00	872.00
	5	0	800.00	800.00	800.00
出售收入	出售		10 093.46	10 000.00	9 908.26
最终收入			14 694.05	14 693.28	14 696.03
实现复收益率			8.00%	8.00%	8.00%

由表 11-2 可见,进行免疫投资后,一方面,利率变动不影响复利收益率,即所实现的复利收益率完全相等;另一方面,利率变动对最终收入的影响也可忽略不计。由此再次印证了这样一个结论:久期匹配,可以规避利率风险。

二、现金流搭配策略

现金流搭配策略,是指用所构造的债券投资组合的收入现金流支付每一个到期的负债现金流,这样的现金流搭配的债券投资组合叫作专用投资组合(dedicated portfolio)。

这一投资策略下没有任何再投资现金流,即没有再投资风险。而且由于债券仅在到期时出售,所以也没有利率风险。

为了更好地选择专用投资组合,可以使用线性规划方法找出最小成本的投资组合使得每一时期的现金流满足所有负债的付款。

但需要注意的是,由于用长期的大额的负债构建专用投资组合很困难,且要选择大量的债券,因而在实际应用中受到限制。

三、指数化策略

如果债券市场是半强型有效市场,债券指数可认为是有效的投资组合。

采用指数化策略,首先要选定一个债券指数做依据,然后追踪这个指数构造一个证券组合。常用的债券指数有 Salomon Brothers 债券指数或 Lehman Brothers 债券指数。

经验证明,要想超过债券指数(或战胜债券市场)是非常困难的,因此,一般的方法是模仿债券指数把债券组合指数化。

指数化的证券组合和债券指数的业绩差别叫作追踪误差(tracking error)。实施指数化策略的一个重要工作就是使得跟踪误差最小化。

四、梯形组合策略

当投资者的投资期长于债券到期时间时,会出现再投资风险。此时可以通过构造一个梯形组合,即债券期限由短期逐渐过渡到长期,对应的投资额也逐渐加大,同时对长期债券进行免疫操作。此策略的出发点是确保一定的流动性,并使各年的收益基本稳定。

梯形组合中债券具有不同的到期期限,具体而言:构造一个债券组合,组合中10%的债券其到期期限为1年;在同一个利率环境下,组合中债券不会全部到期;如果利率提高,债券组合市场价值下跌,但投资者不必售出尚未到期的债券;如果需要资金,可将到期债券(短期)售出。

梯形组合可降低利率风险,即对长期债券投资者,这相当于一个投资成本平均化策略;债券陆续到期可缓冲利率风险,这是因为在给定的某一时期内,只有一少部分债券到期,这样就减少了再投资风险。

梯形组合能够使投资者为一个既定的支出计划提供匹配的现金流。

案例 11-3　一个梯形组合

表 11-3 所示即是一个典型的梯形组合。

表 11-3　梯形组合

到期时间	收益率/%	投资金额/美元	目的
3 个月	1.0	10 000	紧急准备金
2 年	1.8	10 000	利率上升保值
3 年	2.3	10 000	高收益保值
5 年	3.3	10 000	获取收益
10 年	4.4	10 000	获取收益
15 年	4.5	20 000	计划年金支付
16 年	4.6	22 000	计划年金支付
17 年	4.6	24 000	计划年金支付
18 年	4.7	26 000	计划年金支付
20 年	4.8	10 000	获取收益
25 年	5.0	20 000	获取收益,利率下降保值
30 年	5.2	30 000	获取收益,利率下降保值

五、杠铃型组合策略

杠铃型组合策略指构造的组合只包括到期期限较长和较短的债券,弱化中期债券,形状像一个杠铃。其中杠铃的一端为流动性而投资于短期债券,另一端则为收益而持有长期债券。

投资者可根据自己的流动性需求来确定长短期的持有比例。对流动性需求高,可提高短期债券的比例;对流动性需求低,则降低短期债券的持有比例。

运用杠铃型组合,投资者可以用较小的成本,有效地防范利率风险和再投资风险。换言之,杠铃型组合可以降低交易成本,减少选券难度。但投资者在需要资金时,不能有效地与债券到期时间匹配。

📖 案例 11-4　杠铃型组合

表 11-4 即是一个典型的杠铃型组合。

表 11-4　杠铃型组合

到期时间	收益率/%	投资金额/美元	目的
3 个月	1.0%	50 000	紧急准备金和利率上升保值
30 年	5.2%	50 000	长期资金需求,从利率下降中获利

第三节　积极的债券投资策略

如果债券市场不是完全有效的市场,投资人会采用积极投资管理的方法。这种方法是积极交易证券组合试图得到附加回报的一种策略。这就需要预测未来的利率走向,然后选择债券和决定进入市场的时机,或者识别错定价格的债券。

当预期利率下降时,选择长期债券。较长的到期期限有较大的价格波动,因此,有较大盈余(亏损)的机会。

当预期利率上升时,选择短期债券,通常是低息票,价格较小的波动可以保护投资者。

积极投资管理方法很多,这里介绍三种常用的方法:或有免疫(contingent immunization)、横向水平分析(horizon analysis)和债券互换(bond swapping)。

一、或有免疫

或有免疫是投资经理通过积极投资策略免疫证券组合以确保得到可接受的最小目标利率。

最小目标利率又叫作安全净回报(safety net return)。当证券组合的回报达到安全净回报点时,投资经理要免疫这个证券组合并锁定安全净回报。

免疫回报和安全净回报之差叫作安全缓冲(safety cushion)。

📖 案例 11-5　或有免疫策略

假设投资经理有 1 亿元的投资愿意接受在 4 年持有期的 10% 的回报,这时免疫回报为 12%,安全净回报为 10%,安全缓冲为 200 基点(12%~10%)。因为最初的证券组合的价值是 1 亿元,假定半年付息,那么第 4 年年底最小目标值是

$$1 \times 1.05^8 = 1.4775(亿元)$$

假设投资经理将所有资金投资于20年期、息票率为12%、收益率为12%的以面值出售的债券。如果6个月底收益率下跌到9%,这个证券组合的价值在6个月后将是19.5年到期、12%息票、9%的市场收益的债券价格与6个月的息票利息之和;这时债券价格为1.2734亿元和息票600万元。因此,6个月后证券组合的价值为1.3334亿元(=1.2734+0.06)。

因为持有期为4年,那么需要求3.5年的最小目标的现值,即应得的现值为

$$\frac{1.4775}{1.045^7} = 1.0857(亿元)$$

证券组合的价值与应得现值之差叫作现金安全边际(dollar safety margin):1.3334-1.0857=0.2477亿元,安全边际是正值,这个证券是被积极管理的。

假设6个月后利率不是下跌而是上涨到14.26%,证券组合的市值下跌到0.8523亿元,息票600万元的证券组合价值为0.9123亿元。以现时利率14.26%达到最小目标值1.4775亿元的应得现值为

$$\frac{1.4775}{1.0713^7} \approx 0.9123(亿元)$$

证券组合的价值应等于应得现值,即现金安全边际几乎是零。因此,投资经理为保证最小目标值需要免疫这个证券组合。

二、横向水平分析

横向水平分析是使用实现复回报评估在某个投资横向水平上的业绩的方法。

债券投资的回报由息票收入、利息上的利息和资本盈亏提供。其中回报的资本盈余与债券的市值增量有关,这就需要估计债券的期末价格:如果已知估计的债券期末价格,而现时价格相对低,那么债券有相对高的预期收益;相反地,现时价格相对高,那么债券有相对低的预期收益。

案例 11-6 横向水平分析

某债券,息票率为4%,还剩下10年到期。假设现价为67.48元,面值为100元,到期收益率为9%。然而以后几年到期收益率可能会改变,若5年后达到市价为83.78元,到期收益为8%,债券的资本盈余为16.30元(83.78元-67.48元)。

横向水平分析可以把资本盈余分成两部分:时间效应和收益变化效应,即盈余变化=时间效应+收益变化效应。

盈余变化可分成从67.48元变化到80.22元,随后从80.22元变化到83.78元,如表11-5所示。前者假定没有收益率变化,仅有时间推移效应为12.74元(80.22元-67.48元);后者假定没有时间推移仅有收益率变化效应为3.56元(83.78元-80.22元)。即

$$12.74 + 3.56 = 16.30(元)$$

表 11-5 横向水平分析中的盈余变化

到期收益率/%	10 年	...	5 年	...	0 年
7	78.68		87.53		100
7.5	75.68		85.63		100
8	72.82		83.78		100
8.5	70.09		81.98		100
9	67.48		80.22		100
9.5	64.99		78.51		100
10	62.61		76.83		100
10.5	60.34		75.21		100
11	58.17		73.62		100

息票收入和息票再投资：息票收入 5 年共 20 元。由于每 6 个月有 2 元息票收入并以 4% 利率再投资，5 年后的价值近似 24.09 元。因此，利息上的利息为 4.09 元(24.09 元 − 20 元)。由此，债券的 5 年实现复回报可由四部分组成：

$$实现复回报 = \frac{12.74}{67.48} + \frac{3.56}{67.48} + \frac{20}{67.48} + \frac{4.09}{67.48}$$
$$= 18.88\% + 5.28\% + 29.64\% + 6.06\%$$
$$= 59.86\%$$

其中第一项是时间推移的回报，第二项是收益变化的回报，第三项是息票回报，第四项是息票再投资的回报。因为第二项是不确定的，因而，进一步分析非常重要。到期收益从 9% 下降到 8%，债券市价从 80.22 元上涨到 83.78 元。如果在横向水平上已知预期收益为 8%，就可以计算实现复回报为 59.86%。不同的期末收益能得到不同的实现复回报。因此，投资经理非常关心未来收益的预测值。

三、债券互换

债券互换是购买和出售同等数量的类似债券以增加债券组合回报的方法。

实施债券互换，首先需要辨别市场中的债券是否被暂时错误定价，然后购买和出售债券以改进债券组合的回报。

债券互换的形式通常有替代互换(substitution swap)、市场间价差互换(intermarket spread swap)、获取纯收益互换(pure yield pickup swap)和利率预期互换(rate anticipation swap)。

(一) 替代互换

替代互换是指两种债券在等级、到期期限、息票利息付款、收兑条款以及其他方面都相同，仅有的差别是在特定时间，由于市场的不均衡，两种债券的价格不同，因此到期收益不同，这时出售较低收益债券，同时购买较高收益债券。当两种债券的收益趋于相同时，将得到资本盈余和较高的现时收益。

两种换值的债券价格已经调整的时期叫作有预期结果的时期(workout time)。短的有预期结果的时期可能仅为几个星期,如果交换者发现市场是非有效的,就可以进行套利活动,其结果是市场很快趋于平衡。当然,有预期结果的时期也可能长到到期日。

(二) 市场间价差互换

市场间价差互换是当投资者相信债券市场两个部门间的收益率差只是暂时出轨时出现的行为。

例如,如果公司债券与政府债券的现有价差被认为过大,并认为将来会缩小,投资者就会从投资政府债券转向投资公司债券。如果收益率差确实缩小了,公司债券将优于政府债券。

例如,如果20年期国债与20年期Baa等级的公司债券的收益率差现为3%,而历史上的差价仅为2%,投资者会考虑卖掉手中所持国债,换成公司债券。如果收益率差确实缩小了,Baa等级的公司债券将优于国债。

当然,投资者必然仔细考虑收益率差出轨的原因是否存在。例如,由于市场预期会有严重的衰退,公司债券的违约溢价可能会增长。在这种情况下,公司债券与国债间更大的价差也不能算是有吸引力的价格,而只是简单地被看作对风险增长的一个调整。

(三) 获取纯收益互换

获得纯收益互换是以较高收益的债券替换较低收益的债券,目的是获得较高的回报。但投资者也因此而暴露在较高的利率风险之中。

这种类型的债券互换不需要有预期结果的时期,因为假定持有新债券到期,不需要预测利率的变化,也不用分析债券价格被高估或低估。

债券互换仅是寻求较高收益。除了息票率和到期收益外,债券等级和到期期限都相同。主要风险是未来再投资率可能不如预期那么高,因此,投资的最终值没有预期高。这就需要债券互换可接受的最小再投资率。

(四) 利率预期互换

利率预测互换是根据利率预测进行互换。当预测利率上升,出售长期债券,购买短期债券或保存现金,以避免资本损失。当预测利率下降,出售短期债券,购买长期债券,以获取更多回报。

本章小结

本章首先对固定收益证券组合管理中所涉及的久期、凸性和免疫概念与工具进行研究和分析,在此基础上对债券的投资策略进行分析。

久期是对债券的每次息票利息或本金支付时间的加权平均,每次支付时间的权重是该支付现值在债券总价值(债券价格)中所占的比例,它是债券价格对利率敏感性最简单、直观的测量方法。一般而言,债券的剩余期限越长,久期越大,即债券的价格对利率的变化更加敏感。但是,久期只考虑了收益率曲线平坦的情况,而实际上,不同期限长度收益率对某一市场影响因素的反应是不同的。凸性克服久期的上述缺陷,揭示了债券的价格与其收益率之间呈反比的关系,且这一反比关系是非线性的、凸向原点。

为了实现给定的风险水平上收益最大化,债券投资也采取多种投资策略,主要有消极策略和积极策略。消极策略认为债券市场相对有效,通过市场时机选择或错误定价的债券不能获得超额收益,因此采取免疫、现金流搭配策略、指数化策略、梯型组合策略、杠铃型组合策略等。积极策略的奉行者,则认为债券市场不是完全有效的市场,通过预测未来的利率走向,然后选择债券和决定进入市场的时机,或者识别错定价格的债券,能够获得附加回报,主要方法有或有免疫、横向水平分析和债券互换等。

练 习 题

1. 试以我国市场上两只公司债为例,分别计算其久期,并对结果进行比较分析。
2. 试以我国市场上某公司债为例,对其久期和凸度进行计算分析。
3. 试以市场实际数据说明久期免疫原理。
4. 试选择我国市场中的一只可转债,综合利用相关分析指标对其进行投资分析。

即 测 即 练

第十二章

期货与期权投资

随着金融创新的不断发展,衍生证券已成为全球主要资本市场中一个重要的交易品种和交易市场。所谓衍生证券(derivative security),是指其价值由另一资产的价值衍生而来的资产。也就是说,衍生证券的价值视与其相关的原生资产的价值而定。

衍生证券可用来改变组合证券的收益和风险,但对其的误用则会导致较大的损失。我们可以将纷繁众多的衍生产品分为远期、期货和期权三大类。本章主要介绍期货与期权的投资策略。

第一节 期货投资

期货投资具有降低风险的功能。一方面,对相关资产的供给方来说,它锁定了相关资产未来价格下跌的风险。比如石油提炼商为防止未来汽油价格的下跌,可以与汽油零售商签订一份三个月的期货合约,从而锁定了汽油价格下跌的风险。另一方面,对相关资产的需求方来说,通过期货合约,也锁定了相关资产未来价格上升的风险。对石油提炼商来说,他与汽油零售商的期货交易虽然锁定了汽油价格下跌的风险,但如果原油价格上升,他就要面临损失。那么,该石油提炼商通过购入原油期货合约,即可将未来采购原油的成本固定。

一、期货交易的特征

从本质上来说,期货合约是为了克服远期合约的信用风险而设计出来的。期货交易是通过自身所具有的三个特征来达到降低信用风险的目的的。

其一是逐日盯市的交易特征。逐日盯市的特征之所以能够降低违约风险,我们可以从一个远期合约的例子来看。

假设在2019年7月1日,投资者甲与投资者乙签订了一个远期合约,约定甲方在9月21日以0.63美元兑一个马克来购买125 000马克。7月2日,9月21日的马克市场价格(远期价格)上升到0.65美元,于是甲在远期合约中的头寸就获得正的收益,但是,甲方要等到到期日即82天后才能获得这笔收益,这种情况下,甲方面临着乙方的违约风险。显然,履约期限越长,履约的风险越大,这说明只有降低履约期才能降低信用风险。

所谓逐日盯市,即在每天交易结束时,保证金(margin)账户要根据期货价格的升跌而进行调整,以反映交易者的浮动盈亏。盯市保证了交易者的盈亏立即进入保证金账户,这样将违约风险降低。换言之,它是将违约的可能降低到最小的天数——1天。就上面所举的例子来看,在期货交易的情况下,虽然合约的期限是83天,但履约期只有1天——如果保证金不足将被立即平仓。由此可见,从逐日盯市制度角度看,期货合约实际上就像一串远期合约,在每一天都有前一天的远期合约被清算,然后,换上一份新的合约,其交割价格等于前一天的清算价格。

其二是保证金要求。在期货交易中，无论是买入还是卖出期货合约，都要交纳保证金，保证金充当了担保债券的作用。保证金分为初始保证金（original margin）和维持保证金（maintenance margin），前者一般为合约价值的 5%～10%；后者实际是最低限度的保证金，一般为初始保证金的 75%。如果保证金降低到了维持保证金，客户就需要补充保证金，使其恢复到初始保证金水平。保证金要求与逐日盯市制度相结合，极大地降低了交易的违约风险。

其三是期货清算所这一制度安排。期货清算所在期货交易中承担着两个主要职能：一是充当第三方担保责任；二是作为第三方介入，使得期货的流动性提高。这两种职能的发挥都有利于违约风险的降低。

二、期货的定价

期货合约的定价为

$$F_0 = S_0(1+r_f) - D$$
$$= S_0(1+r_f - d) \tag{12-1}$$

式中，$d = D/S_0$，为股票资产组合的红利率；$r_f - d$ 为相对于期货来说，持有现货的持仓成本率。式(12-1)也被称作现货-期货平价定理（spot-futures parity theorem），即持仓成本率会被基差所抵消——当达到式(12-1)所示的 $F_0 = S_0(1+r_f - d)$ 时，基差正好抵消了持仓成本。

式(12-1)实际上是一个单期期货合约定价公式，当推广到多个时期时，假设有效期为 T，则现货-期货平价关系为

$$F_0 = S_0(1+r_f - d)^T \tag{12-2}$$

以上定价格式是从股票期货角度导出的，但只要我们针对不同的金融期货品种的特点进行适当的调整，这一模型对所有的金融期货都是适用的。比如对黄金期货来说，可将式(12-2)中的红利率 d 设为零，而对于债券期货来说，即可用债券的息票利率代替股票的红利率。

案例 12-1 期货定价与投资决策

假设某投资者以 1 300 元投资于一市场指数（如标准普尔 500 指数），持有期内获得股票红利 20 元，无风险收益率为 5%；并假设为了规避市场指数波动的风险，该投资者同时进行套期保值，即卖出该指数期货合约。请确定该期货合约到期时的价格。如果无风险利率下降为 4%，而期货的实际价格还维持在上述给定条件下的"均衡"价格，该投资者应如何进行投资行为选择？

解：根据题意，我们有：$S_0 = 1\ 300$ 元，$D = 20$ 元，$r_f = 5\%$。代入式(12-1)，得

$$F_0 = S_0(1+r_f) - D$$
$$= 1\ 300(1+5\%) - 20$$
$$= 1\ 345(元)$$

即该指数期货合约到期时的均衡价格为 1 345 元。

当无风险利率下降为 4% 时，则该指数期货合约的均衡价格应为

$$F_0 = S_0(1+r_f) - D$$
$$= 1\,300 \times (1+4\%) - 20$$
$$= 1\,332(元)$$

而由于该期货合约的实际价格还维持在 1 345 元,即比均衡价格高出 13 元。换言之,市场出现了套利机会,投资者即可构建这样一个投资组合:以 4% 的利率借款(比如借入 1 300 元)买入价格被相对低估的股票指数,同时做该指数期货的空头。这样,该投资者将获得无风险收益 13 元,其计算过程如下。

借入 1 300 元现金,一年后还本付息,现金流为 $-1\,352$ 元($-1\,300 \times 1.04$);以该借款买入股票,假设 1 年后股票市价为 S_1,则该行为 1 年后的现金流为 $S_1 + 20$ 元;按照期货合约的实际价格做期货空头,其 1 年后的现金流为 1 345 元 $- S_1$。将这些现金流加总:$-1\,352 + (S_1 + 20) + (1\,345 - S_1) = 13$ 元。

可见,投资者的期初投资为零(借入 1 300 元并将其投资于股票,期初净现金流为零),而 1 年后却带来了正的无风险现金流,这即是一个完全的套利行为。其产生的根源即在于期货的定价违背了现货-期货平价定理,也正因此,这一状态是无法持续的,当所有投资者都采取同样策略进行套利时,期货的实际价格将恢复为 $F_0 = S_0(1+r_f) - D$。

由该案例我们还看到,无论未来股票市价的变化是什么,对无风险收益的获得都不产生任何影响。

三、期货合约的投资策略

通过投资期货合约获得利润有四种策略,即套期保值(hedging)、投机(speculative)、套利和投资组合分散化(portfolio diversification)。期货的投资策略既是不同投资者投资于期货的目的或意图,也是期货合约的功能所在。

(一)套期保值

所谓套期保值策略,即利用期货合约转移价格风险的策略。由于期货合约可以锁定价格从而避免了价格波动所造成的巨大损失,因此利用期货合约即可进行套期保值。比如上面提到的石油提炼商通过购入原油期货合约,即可将未来原油价格上升的风险规避,从而达到套期保值的目的。

(二)投机

投机策略是指预测资产价格的未来走势,通过低买高卖的操作获取利润或避免损失的投资方法。例如,如果投资者认为股票价格将上升,即可买入指数期货合约进行投机。

进行投机操作的关键是对价格进行预测。如果对未来股票价格上升的预测是正确的,买入指数期货合约,意味着以较低的价格买入了价格已上升的股票,这一投机行为即可获得较高的利润。然而,如果预测错误,比如未来股票价格出现了暴跌,投资者就不得不以期货合约所确定的相对较高的价格买入价格已大幅下降的股票,该投机行为即会带来巨额亏损。

套期保值的目的是转移价格波动的风险,而投机的目的是通过承担价格波动的风险获取利润。由此可见,套期保值策略得以实施的条件,是投机行为的存在,否则套期保值者所厌恶的价格波动风险将无法转移;投机策略能够实施的条件,则是套期保值行为的存在,否则投机者就无法获得具有价格波动风险的期货合约。

(三) 套利

套利是人为地构造某种特定资产,并利用该资产与相关资产进行反方向交易,其目的是使投资者在目前无须投入资金,而在未来获得正的现金流,或在目前产生正的现金流,而未来没有负债①。

例如,可以根据道琼斯工业指数中成分股②的构成比例,购入一定数量的这些股票的期货合约,这也就相当于构建了一种包括道琼斯指数中 30 只股票的期货组合。这样,套利投资者即可操作两种投资组合——由期货构成的投资组合和由 30 只股票构成的实际证券组合,当期货价格和实际指数之间出现差异时,即可通过买入和卖出进行套利。

套利的目的不在于利用价格波动去获取利润,而是要利用本质上属于同一资产所出现的不同价格去获得一个正的现金流,因此,套利与投机的区别即在于套利所承担的风险会大大小于投机所承担的风险。

案例 12-2 铝品种跨市套利

2019 年,在通常情况下,上海期货交易所(SHFE)与伦敦金属交易所(LME)之间的三月期铝期货价格的比价关系大约为 7∶1,如当 SHFE 铝价为 14 000 元/吨时,LME 铝价为 2 000 美元/吨。但由于当时国内氧化铝供应紧张,导致国内铝价出现较大的上扬,至 14 600 元/吨,致使两市场之间的三月期铝期货价格的比价关系为 7.3∶1。

但是,某金属进出口贸易商判断:随着美国铝业公司氧化铝生产能力的恢复,国内氧化铝供应紧张的局势将会得到缓解,这种比价关系也可能会恢复到正常值。于是,该金属出进口贸易商决定在 LME 以 2 000 美元/吨的价格买入 3 000 吨三月期铝期货合约,并同时在 SHFE 以 14 600 元/吨的价格卖出 3 000 吨三月期铝期货合约。

一个月以后,两市场的三月期铝的价格关系果然出现了缩小的情况,比价仅为 7.2∶1(分别为 14 200 元/吨,1 980 美元/吨)。于是,该金属进出口贸易商决定在 LME 以 1 980 美元/吨的价格卖出平仓 3 000 吨三月期铝期货合约,并同时在 SHFE 以 14 200 元/吨的价格买入平仓 3 000 吨三月期铝期货合约。

这样该金属进出口贸易商就完成了一个跨市套利的交易过程,这也是跨市套利交易的基本方法,通过这样的交易过程,该金属进出口贸易商共获利 78 万元(不计手续费和财务费用):[(14 600 − 14 200) − (2 000 − 1 980) × 7] × 3 000 = 78(万元)。

(四) 投资组合分散化

所谓投资组合分散化策略,是指把期货作为一项资产,将其与其他证券组合结合在一起,以使投资组合得到进一步的分散化。

---

① 期货中的套利也分为空间套利和时间套利。详见本书第四章。
② 道琼斯工业指数由 30 种成分股构成。

期货合约作为一种资产加入投资组合中之所以能够带来组合资产分散化的利润,其原因就在于期货合约与证券资产之间的相关性非常低。从第三章对风险和收益的研究中我们已经知道,组合中资产之间的相关度越低,总风险的降低就越大,从而相同风险下所获得的收益就相对越高。

第二节 期权的投资策略

对期权的买方来说,损失(如果投资者判断失误)仅仅限于购买期权的成本(权利金),而其收益则可能是无限大的。换言之,期权投资的利润和损失是非均衡的。

而对股票的投资,投资者要么获得巨大的利润,要么得到巨大的损失。也就是说,期权投资和股票投资之间的盈利机会是非对称的。

所谓期权投资策略,即通过对卖出期权、买入期权和原生资产进行不同的组合,以获得确定的现金流,消除盈利的非对称性。

总体而言,期权投资策略包括购买保护性卖出期权(protective put)、抛补的买入期权(covered call)、差价期权(spread)和对敲策略四种投资策略。

一、购买保护性卖出期权

所谓购买保护性卖出期权,是指当投资者已持有原生资产(如股票)时,为了防止该资产价格大幅下跌所造成的损失,通过购买该资产的卖出期权,为投资损失设定下限,从而获得确定现金流的一种投资策略。

比如,某投资者以每股 10 元购入某公司股票,该股票价格有可能上升到每股 20 元,也可能下跌为每股 5 元。为了尽可能享受到该股票价格上升所带来的收益,并规避其大幅下跌所造成的损失,该投资者可同时购买该股票的卖出期权。假设履约价格为每股 9 元,由于该履约价格小于目前的股票市价,因此这是一种虚值卖出期权[①]。当股票价格下跌到每股 9 元时,投资者的股票投资损失 1 元,同时该卖出期权变为平值期权(即 $S_0 = X$),从而总损失为 1 元;而当股票价格下跌为每股 8 元时,投资股票的损失为 2 元,但此时卖出期权变为实值期权(即 $X > S_0$),投资者履约获得 1 元收益,从而总损失还是 1 元。

总之,股票市价比卖出期权的履约价格每下跌 1 元,购买股票的损失即增加 1 元,而卖出期权则给投资者带来 1 元的收益,从而使总收益(损失)不变,达到了为投资损失设定下限并获得确定现金流的目的。

保护性卖出期权说明:①尽管一般而言衍生证券意味着较大的风险,但衍生证券本身也是进行风险管理的有效工具。②该策略的适用情况是:当预期某股票的下跌概率或下跌空间大于其上升概率或上升空间,而又由于某种原因或因素不愿意放弃对该股票的投资时,即可实施保护性卖出期权策略。

---

① 需要注意的是,为了达到获得确定现金流的目的,该策略下所购买的卖出期权必须是虚值期权,否则现金流即是变动的。

二、抛补的买入期权

所谓抛补的买入期权,是指当投资者已持有原生资产(如股票)时,为了获得更高的收益,通过出售该资产的买入期权,为投资收益设定上限,从而获得确定现金流的一种投资策略。这里之所以称为"抛补的",是因为投资者未来交割股票的义务正好被其持有的股票所抵消。

比如,某投资者以每股 10 元购入某公司股票,该投资者希望在股票价格市场升幅的基础上获得更高的收益率,即可同时出售该股票的买入期权,其履约价格为每股 12 元。当股票价格上升为每股 12 元时,投资者的股票投资获利 2 元;当股票价格上升为每股 13 元时,投资者的股票投资获利 3 元,但此时其出售的买入期权的买方将行权,导致该投资者以每股 12 元的价格出售了市价每股 13 元的股票,亏损 1 元,从而总收益还是 2 元。总之,股票市价比其出售的买入期权的履约价格每上升 1 元,投资股票的收益即增加 1 元,而出售该股票买入期权即损失 1 元,从而使总收益不变,达到了为投资收益设定上限并获得确定现金流的目的。

这里我们需要进一步指出的是,上面的例子中我们忽略了期权金,而正是期权金的因素,使投资者在股票价格市场升幅的基础上获得更高的收益率;同时,它也是投资者愿意接受投资收益上限的原因所在——获得期权金。

该策略的实施背景是:当预计股票的下跌空间和概率极其有限,同时需要锁定收益的现金流时,即采取抛补的买入期权策略。

三、差价期权

所谓差价期权,是指同时持有同种类型的两个或多个期权(如同一公司股票的多个买入期权),而这些期权又有不同的到期日和履约价格的投资策略。较典型的差价策略即所谓牛市差价期权。

牛市差价期权也称双限期权(collar),即将投资组合的价值限制在上下两个界限内,从而使投资者在股票价格上升时获取一定的利润,而在股票价格下跌时只承担有限损失的期权投资策略。

当投资者处于这样一种状态:购买股票可能遭受潜在的巨额损失,而购买买入期权又需要在履约时该期权为实值期权(即股票市价大幅上升);同时,投资者又对市场走势持乐观态度。此时,投资者即可采取牛市差价期权策略。

比如,投资者可以用较低的履约价格购买一份买入期权,再以较高的履约价格出售此买入期权。前者限定了投资组合的价格下限,后者限定了投资组合的价格上限;同时,购买买入期权的期权金和出售买入期权的期权金可能基本相等,从而即便在股票价格小幅上升时,投资者也能够获得利润[①]。

此外,牛市差价策略还可以有其他的策略组合,比如:①购买一份履约价格较低的卖出期权,而出售一份履约价格较高的卖出期权;②购买一份履约价格较低的买入期权,而

[①] 如果投资者只是购买一份买入期权,则股票价格的升幅必须高于期权金才能获利。

出售一份履约价格较高的卖出期权,同时卖空股票;③购买一份履约价格较低的卖出期权,而出售一份履约价格较高的买入期权,同时购买股票。

差价期权策略在限制了亏损的同时,也限制了更大的盈利。它主要适合于有明确的财务目标而又要限定风险的投资者。比如,如果某投资者目前拥有 50 万元,打算购买价值 55 万元的住房,其财务目标即是使资产总额达到 55 万元,同时不承担超过 5 万元的损失。此时投资者即可按照策略③进行投资,其步骤是:首先,购买 50 000 股股票,每股现价 10 元;其次,购买 5 万份卖出期权(假设每股一份期权合约),履约价格为 9 元,这限定了股价下跌时的最大损失为 5 万元;最后,出售 5 万份买入期权,履约价格为 11 元,这限定了股价上升时最大盈利为 5 万元。这样,该投资者以承担不大于 5 万元损失的风险,而获得了使资产总额达到 55 万元这一财务目标的机会。

四、对敲策略

所谓对敲策略,是指投资者同时买入或卖出同一相关资产、同一履约价格和同一到期日的买入和卖出期权合约,以达到利用价格波动提升投资价值的目的。当预期股价会大幅升降而又不能确定其变化方向时,即可利用对敲策略。比如某公司正处于购并谈判过程中,如果购并成功,该公司股价会翻番,而如果谈判失败,其股价将下跌一倍。此时投资者即可利用对敲,使股价以履约价格 X 为中心变动,而不会承担亏损。

该策略下损益平衡点的计算公式为

$$\text{损益平衡点} = \text{看跌期权执行价格} - \text{共缴付的权利金}$$
$$= \text{看涨期权执行价格} + \text{共缴付的权利金} \quad (12\text{-}3)$$

案例 12-3 对敲策略

投资者买入一张 7 月到期的 9 100 点深证成份指数看涨期权,缴付权利金 260 点,同时买入一张相同到期日的 9 100 点深证成分指数看跌期权,缴付权利金 340 点,共缴付权利金 600 点,即为 30 000 元(600 点×50 元/点)。

根据式(12-3),该投资的损益平衡点分别为:9 100 点－600 点＝8 500 点;9 100 点＋600 点＝9 700 点。

当深证成份指数在到期日位于 9 700 点以上,则行使看涨期权(为实值),不行使看跌期权(虚值)。且到期日指数越高,利润越大,有获得无限利润的机会。

当深证成份指数在到期日位于 9 100 点之上 9 700 点之下,行使看涨期权,不行使看跌期权,投资者有部分亏损。

当深证成份指数在到期日为 9 100 点,两个期权均不行使,则投资者达到最大亏损,为权利金 600 点。

当深证成份指数在到期日位于 8 500 点之上 9 100 点之下,行使看跌期权,不行使看涨期权,投资者有部分亏损。

当深证成份指数在到期日位于 8 500 点以下,行使看跌期权,不行使看涨期权,且到期日指数越低,利润越大,有获得无限利润的机会。

以上不同的结果如图 12-1 所示。

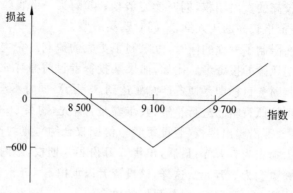

图 12-1 损益图

由案例 12-3 可见,无论后市是大幅上升还是下跌,该策略都可获得巨额利润。但是,如果后市股价保持不变或小幅度变化,则投资者必将产生亏损。也就是说,该策略适合于后市大幅波动的市场或个股。

所谓衍生证券,是指其价值由另一资产的价值衍生而来的资产。也就是说,衍生证券的价值视与其相关的原生资产的价值而定。远期合约和期货都是衍生金融工具的重要组成部分。

期货合约是一种在将来某一确定日期(或时期内)按照确定的价格交割特定数量资产的协议。期货交易具有三个重要的制度特征,即逐日盯市制度、保证金制度和期货清算所。

期货的投资策略既是不同投资者投资于期货的目的或意图,也是期货合约的功能所在,它包括如下四种策略,即套期保值策略、投机策略、套利策略和投资组合分散化策略。

期货合约的定价为

$$F_0 = S_0(1 + r_f - d) \tag{12-4}$$

式(12-4)也被称为期货合约定价的持仓成本模型,因为式中的 $r_f - d$ 即相对于期货来说,持有现货的持仓成本率。同时,由于持仓成本率会被基差所抵消——当达到公式所示的 $F_0 = S_0(1 + r_f - d)$ 时,基差正好抵消了持仓成本,因此该模型也被称为现货-期货平价定理。

期权是一种法律合约,它给予其持有者在一定时期内以一预定的价格买入或卖出一定数量的相关资产的权利。它又分为买入期权和卖出期权。

期权投资策略包括购买保护性卖出期权、抛补的买入期权、差价期权和对敲期权等投资策略。所谓购买保护性卖出期权(protective put),是指当投资者已持有原生资产(如股票)时,为了防止该资产价格大幅下跌所造成的损失,通过购买该资产的卖出期权,为投资损失设定下限,从而获得确定现金流的一种投资策略。

所谓抛补的买入期权(covered call),是指当投资者已持有原生资产(如股票)时,为了获得更高的收益,通过出售该资产的买入期权,为投资收益设定上限,从而获得确定现金流的一种投资策略。

所谓差价(spread)期权,是指同时持有同种类型的两个或多个期权(如同一公司股票的多个买入期权),而这些期权又有不同的到期日和履约价格的投资策略。

所谓对敲(straddle)策略,是指投资者同时买入或卖出同一相关资产、同一履约价格和同一到期日的买入和卖出期权合约,以达到利用价格波动提升投资价值的目的。

练 习 题

一、概念题
1. 衍生证券
2. 期货合约
3. 期权

二、简答题
1. 举例说明期货投资中的套利策略。
2. 什么是购买保护性卖出期权策略?举例说明它是如何为投资损失设定下限并获得确定现金流的。
3. 什么是抛补的买入期权策略?举例说明它是如何为投资收益设定上限并获得确定现金流的。
4. 什么是牛市差价期权策略?举例说明它是如何在股票价格上升时获取一定的利润,而在股票价格下跌时只承担有限损失的。

三、计算题
假设某投资者以 10 000 元投资于标准普尔 500 指数,持有期内获得股票红利 170 元,无风险收益率为 5%;并假设为了规避市场指数波动的风险,该投资者同时进行套期保值,即卖出该指数期货合约。请确定该期货合约到期时的价格。如果无风险利率下降为 4%,而期货的实际价格还维持在上述给定条件下的"均衡"价格,该投资者应如何进行投资行为选择?

即 测 即 练

参 考 文 献

[1] 李学峰.投资学[M].4版.北京:科学出版社,2020.
[2] LEVY H.投资学导论[M].北京:北京大学出版社,2004.
[3] 博迪,凯恩,马库斯.投资学[M].10版.北京:机械工业出版社,2017.
[4] 朱武祥,张羽.FPL 公司:在股利与成长中作取舍[J].上市公司,2002(7).
[5] 王立民,翟胜男,王烨.基金经理与散户的处置效应研究——基于行为金融实验[J].金融管理研究,2014(1):240-259.
[6] 李学峰,文茜.资本市场对外开放提升了市场有效性吗?——一个国际比较[J].国际金融研究,2012(10).
[7] 李学峰,赵子燚.市场异象、学术研究与定价效率[R].2019.
[8] 李学峰,李佳明,苏晨.什么导致了处置效应——基于不同市场环境的模拟研究与经验检验[J].世界经济,2011(12).
[9] 李学峰,段会亮,申挚.处置效应与反处置效应对基金投资绩效的影响[J].证券市场导报,2013(11).
[10] 李学峰,于翠珍,茅勇峰.我国开放式基金启发式偏差行为及其对市场影响分析[J].财贸研究,2008(4).
[11] 李学峰,朱虹.基金管理的团队模式优于单经理模式吗?[J].证券市场导报,2018(4).
[12] 李学峰,符琳杰,苏伟.QFII 与国内开放式证券投资基金的羊群行为比较研究[J].世界经济与政治论坛,2008(4).
[13] 李学峰,张茜.我国证券投资基金投资管理行为成熟性研究——基于风险与收益匹配性视角的研究[J].证券市场导报,2006(10).
[14] 李学峰,何林泽,沈宁.我国开放式证券投资基金与 QFII 处置效应比较——基于"买卖周期时间"统计量视角的实证研究[J].证券市场导报,2010(9):71-77.
[15] 李学峰,王兆宇,李佳明.噪声交易与市场渐进有效性[J].经济学季刊,2013(3):913-934.
[16] 李学峰,李依静.绿色基金效率及其持续性研究[J].产权导刊,2019(7).
[17] 李学峰,张舰,茅勇峰.我国开放式证券投资基金与 QFII 行为比较研究——基于交易策略视角的实证研究[J].财经研究,2008(3):73-80.
[18] BLACK F. Capital market equilibrium with restricted borrowing[J]. Journal of business,1972(45):444-455.
[19] FAMA E F. Multiperiod consumption-investment decision[J]. American economic review,1970(60).
[20] BODIE Z, KANE A. MARCUS A J. Investments [M],5th ed. Irwin: The McGraw-Hill Companies,2002.
[21] CORNELIUS P K. A note on the information efficiency of emerging stock Markets[J]. 1993(4):820-828.
[22] CARHART M. Persistence in mutual fund performance[J]. Journal of finance,1997(1):57-82.
[23] MILLER M, SCHOLES M. Rates of return in relation to risk: a Reexamination of some recent findings [A]//Studies in the theory of capital markets. New York: Praeger, 1972:47-78.
[24] LEVY H. Equilibrium in an imperfect market: a constraint on the number of securities[J].

American economic review, 1978(68): 643-658.
[25] AMIHUD Y, CHRISTENSEN B J, MENDELSON H. Further evidence on the risk-return relationship[R]. Stanford University, 1992.
[26] FAMA E F, FENCH K R. The cross-section of expected stocks returns[J]. Journal of finance, 1992(47): 427-466.
[27] ROLL R. A critique of the asset pricing theory's test, Part I: on past and potential testability of theory[J].Journal of financial economics, 1977(4): 129-176.
[28] MARKOWITZ H W. Risk adjustment[J]. Journal of accounting, auditing and finance, 1990(5): 213-225.
[29] MERTON R C. A simple model of capital market equilibrium with incomplete information[J]. Journal of finance, 1987(42): 483-510.
[30] SHARPE W F. Capital asset prices with and without negative holdings[J]. Journal of finance, 1991(46): 489-510.
[31] FLOOD Jr, RAMACHANDRAN N. Integrating active and passive management[J]. Journal of portfolio management,2000,27.
[32] EMERSON R, HALL S G, ZALEWSKA-MITURA A. Evolving market efficiency with an application to some Bulgarian shares[J]. Economics of planning, 1997(30):75-90.
[33] FAMA E,FRENCH K. A five-factor asset pricing model[J]. Journal of financial economics, 2015 (1): 1-22.
[34] DAMATO Karen, MCGOUGH Robert. New gauge measures mutual-fund risk[J]. The Wall Street journal,1998.
[35] ROSENBERG B, Guy J. Prediction of beta from investment fundamentals, Parts 1 and 2[J]. Finacial analysts journal, 1976(53).

教师服务

感谢您选用清华大学出版社的教材！为了更好地服务教学，我们为授课教师提供本书的教学辅助资源，以及本学科重点教材信息。请您扫码获取。

❯❯ 教辅获取

本书教辅资源，授课教师扫码获取

❯❯ 样书赠送

财政与金融类重点教材，教师扫码获取样书

 清华大学出版社

E-mail: tupfuwu@163.com
电话：010-83470332 / 83470142
地址：北京市海淀区双清路学研大厦 B 座 509

网址：http://www.tup.com.cn/
传真：8610-83470107
邮编：100084